Hannes Lindemann

ATME UND DENKE DICH GESUND

Orbis Verlag

Bearbeitet von
Dr. Ilse-Doris Lindemann

Sonderausgabe 1995 Orbis Verlag für Publizistik GmbH, München
© Mosaik Verlag GmbH, München
Redaktion: Monika König
Zeichnungen: Reinhard Künzel
Gesamtherstellung:
Graphischer Großbetrieb Pößneck GmbH
Alle Rechte vorbehalten · Printed in Germany
ISBN 3-572-00701-1

Inhaltsverzeichnis

Einleitung 10

Die PT-Grundübung 13
Entspannung 14
Entspannungsreaktionen 16
Entwicklung des Körpergefühls 18
Mehr Körpergefühl führt zu mehr Lebensgefühl 20
Vorbereitungen auf das Üben 21
Sammlung 23
Die Grundübung im Wortlaut 25
Diskussion über die PT-Grundübung 26
Was bewirkt die Grundübung? 27
Wie und warum »zurücknehmen«? 28
Die Übenden berichten 31
Wer hat keine Konzentrationsstörungen? 33
Wie man seine Konzentrationsfähigkeit verbessern kann 35
Ursachen der Konzentrationsstörungen 36
Pendeln zur Konzentrationssteigerung 39
Konzentrationssteigerung durch PT 40
Die PT-Grundübung im Überblick 41

Sich gesund atmen durch PT-Atmung 43
Vorbemerkung zum Thema Atmung 43
Die Atmung – Spiegel unserer Gemütslage 46
Teil- und Vollatmung 48
Folgen schlechten Atmens 50
»Wehe denen, die wissen, daß sie atmen« 51
Das Wettrennen zwischen Schnecke und Tausendfüßler 52
Die Absicht als Fehler 53
Stottern ignorieren 54

Alte Erfahrungen berücksichtigen 58
Zu flaches Atmen 59
Weitere Fehler beim Atmen 61
Die PT-Atmung 62
Einfach – und doch schwierig 66
Was die Übenden berichten 67
Sich gesund atmen 68
Keine Angst vor Prüfungen 70
Durch Blitzentspannung zur Blitztherapie 72
Überatmung 73
Pranayama 74
Übungshinweise aus dem alten China 76
Schwindelgefühl beim Üben 77
Emotions-Entladungen durch die PT-Atmung? 79
Heraklits drei heilige Handlungen 79
Lachen – eine kostenlose Zwerchfell-Massage 80
Gähnen als Spannungsausgleich 81
Im Atemholen sind vielerlei Gnaden 82
Die Anwendung der PT-Atmung bei der Grundübung 83

Die dritte PT-Übung:
Das Gefühl für Eigengewicht spüren lernen 85

Diskussion des Vorgehens 86
Was die Entwicklung des Gefühls für Eigengewicht
  erleichtern kann 88
Was die Entwicklung des Gefühls für Eigengewicht
  erschweren kann 90
Zur Rhythmisierung des Vorgehens 91
Entspannung, aber nicht Erschlaffung 93
Schwere (Eigengewicht) als Entspannungssymptom 95
Gesetzmäßig ablaufende Veränderungen 95
Gesamtumschaltung – psychologisch gesehen 97
Wie stellt sich das Gefühl des Eigengewichts dar? 97
Muskelhartspann durch Verdrängungen? 98
Erstarrte Gedanken – erstarrte Muskeln? 99
Gelenkte Wachheit und dosierte Entspannung 100
Der Hypnose-Blick 101
Generalisierung mit einem einzigen Atemzug? 102

**Die vierte PT-Übung:
Das Gefühl für Eigenwärme entwickeln 104**

Wortwahl egal 106
Sich wohl fühlen in seiner Haut 108
Wärmebefunde in der Gesamtumschaltung 110
Leibmitte fühlt Eigenwärme 111
»Die Seele steckt im Magen« 113
Herzbeeinflussung 116
Wer führt Protokoll? 117
Protokoll-Beispiel 119

Die fünfte PT-Übung – Endübung 120

Kurzformulierung des PT 122
Endformulierung für Erfahrene 123
Schultern und Hüften »durchatmen« 124
Schulter-Nacken-Gebiet entspannt, fühlt Eigenwärme 125
Entspannung ohne Kopfbeteiligung ist »kopflos« 127
Kann jeder das PT erlernen? 128
Die PT-Erfolge bei Gesunden 129
Begleiterscheinungen 134
PT bei Rückenbeschwerden 136
PT, um warme Füße zu bekommen 138
Trainingseffekt beim PT 141

Vorsätze wirken Wunder 142

Sind Vorsätze auch bei inneren Widerständen wirksam? 143
Selbstanalyse bei Widerständen 144
Vorsatzgebung setzt Hoffen voraus 146
Glauben gibt Kraft 148
Placebos – heilsame Einbildungen? 148
Placebos – auch bei Tieren? 151
»Das Magische steckt tief in uns« 152
Touristen als Feuerläufer 153
Glaube als fixe Idee kann töten 156
Der Glaube als Tat 158
Befürchtungen treten ein 160

Befürchtungen sind Selbstsuggestion 161
Mangelndes Selbstvertrauen 162
Welche Faktoren erleichtern die Realisierung
 von Vorsätzen? 166
Wie sollen Vorsätze aussehen? 167
Verstärkung der Vorsatzwirkung 173
Vorsätze: aufgeschlüsselt oder allgemein? 175
Vorsatzgebung im Jet 176
Vorsätze im Alltag 177
Vorsätze beim Sport 180
Glaube fördert Selbstheilungstendenzen 181
Gute Einfälle für jedermann? 182
»Lernen wir träumen...« 183
Der Zauberer vom Menlo Park 185
Vorsatzschritte zum Lebenserfolg 187
Grenzen der Vorsatzgebung 188
Gefahren durch Vorsätze 189

Hauptsächliche Anwendungsgebiete für das PT 192

SCHLAFSCHWIERIGKEITEN 192

Ursachen der Schlafstörungen 192
Sind Sie ein Kurzschläfer? 195
Leben Langschläfer länger? 197
Schlafstörungen wegtrainieren 198
Schlaftabletten – eine Alternative? 200
Schlafregeln für ältere Menschen 202
Gedankensplitter zum Thema Schlaf 203
Was empfiehlt der Volksmund? 204
Morgendliche Abgespanntheit 205

ANGSTZUSTÄNDE 207

Angst ist nicht gleich Angst 208
Angst kann man messen 210
Erziehung zur Angstbewältigung 211
Angsttherapie 212

BLUTDRUCKSTÖRUNGEN 216

Zeitdruck – Bluthochdruck 217
Weitere ursächliche Faktoren 218
Der Patient als Arzt 221
Was tun bei niedrigem Blutdruck? 223

SCHMERZEN 225

Syndrom Kopfschmerz 226
Ursächliche Faktoren von Kopfschmerzen 227
Linderung von Migräneschmerzen 228
»Konzertierte PT-Aktion« gegen Schmerz 230

Literatur 232

Register 235

Die im Text in Klammern angegebenen Zahlen beziehen sich auf das Literaturverzeichnis S. 232.

Einleitung

Das Psychohygiene-Training (PT) ist ein von mir entwickeltes Atmungs- und Entspannungstraining. Es hat einige Gemeinsamkeiten mit dem Autogenen Training (AT), ist aber mehr im modernen Yoga beheimatet. Im Gegensatz zu beiden Methoden versteht es sich jedoch als ein Ganzheitstraining mit vorwiegend präventiver Zielsetzung. Die Vervollkommnung der Gesundheit ist seine Hauptaufgabe.

Psychohygiene ist Leib- und Seelsorge in einem. Ohne psycho-hygienisch orientiertes Verhalten kann weder das Individuum noch die Gesellschaft gesund sein.

Der Begriff Psychohygiene-Training umfaßt das konzentrative Atmungs- und Entspannungstraining und die aus dem Bereich der Psychohygiene stammenden Themen, in die es eingebettet ist. In dem vorliegenden Buch soll nahezu ausschließlich von dem Entspannungstraining selbst, also von der praktischen Methode, die Rede sein, weil Menschen, die gesund oder gesünder werden wollen, aus ihr am leichtesten Nutzen ziehen können.

Das PT hat sich in den zehn Jahren seines Bestehens als eine Blitzmethode erwiesen, sich schnell zu entspannen, im Nu Kräfte zu gewinnen, sich rasch zu erholen, die Gesundheit zu stabilisieren oder zu verbessern, im Handumdrehen Schmerzen »wegzuatmen«, Angst abzubauen und bei erhöhtem Blutdruck die Werte zu senken. Es gibt keine schnellere und leichtere Methode, mehr Gesundheit zu gewinnen.

Mit PT können Kursleiter (Ärzte, Pädagogen, Psychologen, Krankengymnastinnen, Sozialarbeiter und andere besonders ausgebildete Personen) besser als durch Gesundheitsaufklärung (Vorträge, Filme, Broschüren oder Tonbildschauen) ihre Mitmenschen von falschen Gewohnheiten abbringen. Das PT ist also vor allem ein Gesundheitstraining.

Das Buch ist für den zukünftigen Kursleiter, aber auch für den Kursteilnehmer gedacht. Ein solcher Kurs nützt jedem, der seine Gesundheit kräftigen, besser mit dem Leben fertig werden und sein Selbstwertgefühl stärken will. Wer das AT nicht erlernen konnte, sollte es doch mit dem PT versuchen: zahllose Kursteilnehmer haben es sich ohne Schwierigkeiten zu eigen gemacht, obwohl sie mit dem AT nicht zurechtgekommen waren. Das ist durchaus verständlich, da das PT über das Körpergefühl, über die Atmung und über Autosuggestionen vorgeht, während das AT eine vorwiegend autosuggestive Methode ist.

Wer keine Gelegenheit hat, einen Kurs zu besuchen, kann das PT anhand dieses Buches kennen- und beherrschen lernen.

Das PT ist mehr als ein flüchtiger Seelentrost. Es soll zu einer neuen Lebenseinstellung verhelfen sowie dazu beitragen, daß man der Selbstverwirklichung näherkommt.

Jeder ist auf seine eigene Art gesund: die Gesundheit eines Menschen äußert sich verschieden. Aber immer kann man noch gesünder werden und sich mit Hilfe einer solchen Methode noch besser fühlen. Ausgerechnet der Nobelpreisträger G. B. Shaw, der 90 Jahre alt wurde, stöhnte einmal, das Leben sei eine Krankheit. Da ist es gut, eine Methode zu beherrschen, die es einem leichter machen kann.

Die Anwendungsbreite des PT ist größer als die anderer vergleichbarer Methoden. So hat der Jugendtherapeut W. G. Walter, Göttingen, mit den Kleinen im Kindergarten erfolgreich PT betrieben. Auf der anderen Seite hat die Dipl.-Psychologin L. Sonnenschein vom Psychologischen Institut der Sporthochschule Köln zusammen mit A. Tradt und Professor J. R. Nitsch Leistungssportlern mehrere Entspannungsmethoden vorgestellt und sie dann gefragt, von welcher Methode sie sich für ihre Ziele am meisten versprachen. Sie wählten das PT aus (55). Ebenfalls außerordentlich gute Erfahrungen mit dem PT hat Prof. E. Müller von der Sporthochschule Bonn sammeln können (39, 40).

Wie kann man sich nun das Buch am besten erarbeiten?

Das PT beginnt mit der Grundübung, einer Körpergefühlsübung. Unser Körper kommt uns durch diese Einfühlübung näher, die folgenden Übungen gelingen dadurch leichter. Man kann sie aber auch als selbständige Übung durchführen, vor allem bei Schlafschwierigkeiten. Da durch die Grundübung nichts anderes erreicht werden soll, als den Körper zu spüren, fällt der Leistungsdruck fort. Sie ist daher eine ideale Einschlafübung.

Die PT-Atmung ist die zweite Übung. Sie ist die einzige Entspannungsübung, die man sogar unter Streß – z. B. in der Prüfung oder vor einem öffentlichen Auftritt – erfolgreich anwenden kann. Zahlreiche Sportler haben sie so genutzt. Vor allem dient sie zur Vertiefung der Entspannung. Auch die PT-Atmung kann man isoliert anwenden, beispielsweise, um sich Vorsätze einzuverleiben. Die Entspannungssymptome können besonders schnell unter der verlängerten Ausatmung des PT gefühlt werden.

Die dritte PT-Übung will das Gefühl für Eigengewicht, die vierte das Gefühl für Eigenwärme entwickeln. Sie gelten als Vorbereitungsübungen für die fünfte Übung, die Endübung. In Kurzkursen wird der Kursleiter auf die dritte und vierte Übung verzichten und sofort die Endübung trainieren lassen. Mit zunehmendem Übungserfolg wird der Übungstext immer sparsamer. Lernziel des acht Doppelstunden umfassenden PT-Kurses ist, daß der Kursteilnehmer mit einem einzigen Atemzug Schwere oder Wärme in jedem beliebigen Körperteil fühlen kann, sei es in der linken Hüfte oder in der großen Zehe, im Nacken oder im rechten Knie.

Das Kapitel der Vorsatzgebung – Vorsätze wirken Wunder – ist wegen seiner Wichtigkeit besonders ausführlich. Die Überschrift hätte auch lauten können: Ohne Motivation und Konzentration keine Realisation.

Den Schluß bilden vier Indikationen – Schlafstörungen, Angst, Bluthochdruck und Schmerzen –, die in den offenen Kursen zu den häufigsten Anwendungsgebieten des PT gehören. Daß gerade bei diesen Indikationen der Kontakt zum Therapeuten nicht verlorengehen darf, wird oft genug betont.

Die PT-Grundübung

Je angespannter wir arbeiten, je mehr wir leisten müssen, desto mehr sind wir auf ein gesundes Wechselspiel von Spannung und Entspannung angewiesen. Wir können uns am Abend auf ganz natürliche Art und Weise entspannen, indem wir den Tag als Vorbereitung auf die Nachtruhe bei einem guten Buch oder Gespräch langsam ausklingen lassen. Wir können auch unserem Hobby nachgehen oder uns sportlich betätigen. Leider tun das viel zu wenige Menschen. Und wenn sie es tun, dann oft nicht mit dem Maß an gelassener Hinwendung, das für unser Ziel, die Entspannung, erforderlich ist. Zu viele von uns fliehen in eine Geschäftigkeit und Betriebsamkeit, als hätten sie Angst, sich vom Tagesgeschehen zu lösen und in sich zu gehen. Sogar in der Sexualität sehen manche mehr ein Gebiet der sportlichen Betätigung als der Hingabe.

Einige von uns spüren die innere Unruhe, die sie zu hektischer Aktivität treibt. Sie rührt daher, daß wir uns zwar unbewußt selbst suchen, dabei aber den falschen Weg einschlagen und dann dauernd unterwegs sind, ohne je anzukommen. Daher sei der schnellste Weg zu sich selbst eine Reise um die Welt, meinte der Philosoph Graf Keyserling nach einer Weltumsegelung. Doch man braucht nicht unbedingt um die Welt zu segeln oder über den Atlantik zu schippern, um zu sich selbst zu finden.

Die wichtigste Voraussetzung für Selbstverwirklichung ist eine gelassene Innenschau. Man erreicht sie nur durch Entspannung.

Entspannung ist aber auch für unzählige andere Ziele nötig, vor allem für einen guten Schlaf und für mehr Gesundheit. Wir sollten sie in Blitzesschnelle erreichen können, damit sie uns in Notsituationen umgehend zur Verfügung steht.

Es gibt verschiedene Möglichkeiten, in den Entspannungszustand zu gelangen. Das PT ist eine besonders einfache und abwandlungsfähige Entspannungsmethode, die wir in diesem Buch kennenlernen werden. Zuvor jedoch: Was ist Entspannung?

Entspannung

Wenn man seine Muskeln entspannt, kommt es auch in anderen Bereichen zur Entspannung: im vegetativen und geistigen Bereich. Diese Erfahrung hat man sich bereits vor langer Zeit im Yoga zunutze gemacht, und auch heute noch dient sie als Grundlage für einige Entspannungsmethoden.

Körper und Psyche bilden eine Einheit, eine psychosomatische Ganzheit. Der Mensch ist ein beseelter Organismus.

Wenn man sich über irgend etwas freut, wird das auch äußerlich sichtbar: Mimik und Gestik drücken es im muskulären Bereich aus, das Gesicht ist gerötet, Puls und Blutdruck sind leicht erhöht (vegetativer Bereich), und man ist sich dieses Gefühls natürlich bewußt (Bewußtseinsebene). Alle unsere Gemütsbewegungen lassen sich im muskulären wie im vegetativen Bereich nachweisen.

Es gibt keine Gemütsbewegung ohne körperliches Äquivalent; Angst beispielsweise hat immer auch eine körperliche Komponente.

Gefühle und Umweltreize äußern sich in Muskelbewegungen. Das muskuläre Mienenspiel verrät meist mehr als Worte. Wer seine Gefühle nicht preisgeben will, kann die muskulären Reaktionen zwar bewußt unterdrücken, doch läßt sich sein innerer Spannungszustand oftmals an Kontraktionen der Kaumuskulatur (»Zähne zusammenbeißen«) oder am Spiel der Finger erkennen.

Diese ständigen Reizeinflüsse aus Innen- und Außenwelt führen zu einem Spannungszustand der Muskulatur, der als Tonus bezeichnet wird. Befindet sich der Mensch in einem gesunden Gleichgewicht und reagiert er angemessen, so sprechen wir von einem Eutonus, von einem »guten« Spannungszustand. Reagiert er auf muskuläre Anforderungen unangemessen, oder ist er verspannt oder verkrampft, so bezeichnet man seinen Spannungszustand als dystonisch, er hat einen Dystonus.

Der Autofahrer, der sich durch den Großstadtverkehr hindurchschlängelt, kann nicht erwarten, daß sein Muskeltonus niedrig ist. Und wer dauernd etwas Schlimmes oder Negatives befürchtet, muß ebenfalls damit rechnen, daß der Muskeltonus bei ihm höher ist als bei einem optimistischen und zuversichtlichen Menschen.

Gemütserregungen sind von Muskelerregungen begleitet. Eine Muskeltonus-Erhöhung ist stets abhängig vom allgemeinen Tonus, das heißt vom Erregungsniveau des Organismus. Die Kopplung erfolgt im Hirnstamm, in einer netzartigen Substanz, der sogenannten Formatio reticularis, die auch die unspezifische Aktivierung der Hirnrinde (»Arousal reaction«) in die Wege leitet.

Wenn wir erregt sind, ist also der ganze Körper erregt und nicht nur ein Körperteil.

Dauererregung führt zu Spannungssymptomen und letztlich zu Störungen; sie ist eine Verschwendung von Kraft. Diesen Luxus kann sich keiner leisten. Daher wollen wir lernen, unsere Muskeln zu entspannen. Mit Hilfe des PT läßt sich ein erhöhter Muskeltonus normalisieren. Entspannungstechniken wie das PT machen sich die Erfahrung zunutze, daß man durch eine Herabsetzung des Muskeltonus auch zu einer allgemeinen Beruhigung kommen kann.

Jede Muskelentspannung – auch die lokalisierte – hat die Tendenz, sich im Körper auszubreiten, sie kann zur allgemeinen Muskelentspannung und damit zur allgemeinen Beruhigung der Gefühle führen. J. H. Schultz nannte den Vorgang Generalisierung.

Ein Beispiel für diesen Prozeß ist die Angst. Da sie in der Regel mit einer Muskeltonus-Erhöhung einhergeht, kann sie durch aktive Entspannung, durch das PT, verringert werden. Angst läßt sich übrigens dank der elektrischen Leitfähigkeit der Haut an einem ihrer Symptome, dem Schwitzen (Angstschweiß), recht zuverlässig erkennen und nachprüfen. Beim PT gehen wir deshalb gezielt auf dieses Symptom ein, indem wir nicht nur »Wärme« in der Handinnenfläche erwarten, sondern uns ganz bewußt »trockene Wärme« vorstellen. Das wird von den Übenden als besonders angenehm empfunden. Doch davon ist später noch ausführlicher die Rede.

Entspannungsreaktionen

Entspannung kann sich am leichtesten nach einer Phase der Spannung bemerkbar machen. Leicht spürbare Entspannungsreaktionen sind:

1) Schwere (Eigengewicht). Wir spüren sie meist, wenn wir müde sind, wenn wir »die nötige Bettschwere erreicht« haben, wie der Volksmund treffend sagt. Schwere empfinden wir aber auch nach körperlicher Bewegung. Im AT erreicht man Schwere, indem man sie sich einredet, autosuggeriert: »Der rechte Arm ist ganz schwer.« Beim PT erzielen wir sie in Anlehnung an den Yoga auf eine etwas elegantere Weise: wir spüren die Eigenschwere, das Eigengewicht des Arms auf, der Arm soll die Schwere fühlen und spüren lernen. Daß sich hinter dieser Erwartungseinstellung auch ein autosuggestives Moment verbirgt, ist selbstverständlich.

Schwere bedeutet – physiologisch betrachtet – Muskelentspannung.

2) Wärme. Wenn man sich auf einen Körperteil konzentriert, wird man dort schnell Wärme fühlen – eine uralte Erfahrung aus dem Yoga und aus China. Wärme kann man autosuggestiv wie im AT erzeugen, man kann sie aber auch aufspüren wie im PT, indem man »erwartet«, die Eigenwärme zu empfinden. Mit kalten Füßen schläft man im allgemeinen nur schwer ein; sie sind ein Zeichen, daß die Entspannung, die zum Einschlafen führt, noch nicht ganz erreicht ist.

Wärme bedeutet Gefäßentspannung.

3) Organberuhigung. Sowohl Herz- wie Atmungsfrequenz sinken ab. Im Entspannungzustand zeigen aber auch die übrigen Organfunktionen eine Tendenz zur Beruhigung. Umgekehrt ist beispielsweise bekannt, daß die Magensekretion bei Kampf- und Affektbereitschaft ansteigt, bei Niedergeschlagenheit andererseits ganz eingestellt werden kann. Wer sich also nicht im vegetativen Gleichgewicht befindet, tut gut daran, mit Hilfe kurzer PT-Übungen mehrfach am Tage nach einer Harmonisierung der Organtätigkeit zu streben.

4) **Wohlbehagen.** Entspannung ist ein angenehmer Zustand, der sich im psychischen Bereich als Wohlbehagen und Daseinsfreude, aber auch als Lösung und Befreiung äußert. Wer sich schnell entspannen kann, beherrscht die schnelle organismische Umschaltung – das wichtigste Ziel aller Entspannungsbemühungen. Wir geraten dann also von der Arbeitsphase, der Spannungsphase, in einen Zustand, der der Aufbauphase des Organismus ähnelt.

5) **Gelassenheit.** Sich entspannen heißt: sich loslassen – von Gedankengängen, Tagesrestdenken oder tief eingefahrenen, eingefleischten Ansichten und Denkweisen – und damit frei werden von Vorurteilen, Zwängen und Ängsten, um gelassen zu werden. Wer es gelernt hat, sich in einem solchen Training zu lassen, der wird gelassen (19).

Hinter dem Begriff Gelassenheit stand ursprünglich der Gedanke, sich Gott zu lassen, zu überlassen. Noch heute hört man gelegentlich, dieser oder jener Mensch habe etwas »Gottgelassen« ertragen oder hingenommen. In diesem Sinne schrieb der Arzt und Mystiker Angelus Silesius im »Cherubinischen Wandersmann«:

> »*Was ist Gelassenheit? Ich sag' ohn' Heuchelei,*
> *Daß es in deiner Seel' der Wille Jesu sei.*«

Und 80 Jahre später, etwa 1750, ergänzte der Pietist Gerhard Tersteegen diesen Gedankengang, als er Jesus zum Leser sprechen ließ:

> »*Kind, willst du mich recht fassen,*
> *So mußt du dich mir lassen;*
> *Wer sich und alles läßt,*
> *Der hat mich ewig fest.*«

Daß es hier Querverbindungen zur Religion gibt, leuchtet ein, wenn man sich folgendes klarmacht: Jegliche Versenkung in sich selbst, jedes Anbinden der Gedanken an das Ziel, an die Arbeit, und jedes Sichabschirmen gegen Innen- und Außenreize sind Tugenden, die der religiöse Mensch immer wieder übt.

Durch An- und Rückbindung kommen wir zur Freimachung.

Durch Rückbindung kommen wir auch zur Befreiung: »Als ich mich hingab, fand ich mich.«

Der heilige Benedikt sprach einmal von dem »Wohnen bei sich selber«, dem »habitare secum« und meinte damit, erst wenn wir zu uns selber fänden, könnten wir Gott in uns erkennen. Erst dann fänden wir die Distanz, die Ent-bindung von allen Dingen, zum Leben und zu den Menschen. Diese Distanz ist heute nötiger denn je, wir können sie mit dem PT erreichen.

Gelassenheit ist ein überaus wichtiges Lernziel einer jeden Entspannungsmethode, das jedoch von manchen nur während des Trainierens selbst erreicht wird – weil sie nicht genügend üben, in der Meinung, einmal am Tage sei ausreichend.

Dietrich Bonhoeffer äußerte kurz vor seinem Tode im KZ, auch im Angesicht des Todes sollte man noch Humor aufbringen. Er meinte Gelassenheit, auf deren Boden der Humor wächst.

Entwicklung des Körpergefühls

Unsere erste Übung besteht darin, das Körpergefühl zu entwickeln, unseren Körper zu fühlen.

Wann spüren wir unseren Körper? Oder einen bestimmten Teil unserer Gliedmaßen? Beispielsweise die mittlere Zehe des rechten Fußes? In der Regel nur dann, wenn »etwas damit los ist«, wenn eine Störung vorhanden ist. Auch die Muskeln spüren wir im Ruhezustand nicht; erst wenn wir sie kontrahieren, anspannen, werden wir sie bemerken. Wir spüren unsere Organe leichter und deutlicher, wenn ihnen »etwas fehlt«.

Daher ist Gesundheit auch schon als ein Zustand definiert worden, in dem man seinen Körper nicht spürt.

Im PT jedoch wollen wir lernen, unseren Körper zu spüren, uns selber zu fühlen. Was soll damit bezweckt werden?

Durch die Hinwendung zum Körper, durch diese Konzentration, lenken wir uns von unseren Problemen ab. Der Körper ist sozusagen neutral, wir entspannen uns dabei. Zusätzlich geraten wir durch unsere Erwartungseinstellung leichter in einen Entspannungszustand. Je besser wir uns auf ein Körpergebiet konzentrieren können, je mehr wir uns ihm »hingeben«, desto leichter fällt uns die Verwirklichung, desto deutlicher spüren wir den betreffenden Körperteil.

Wir wollen also lernen, einen möglichst schnellen Kontakt zum Körper herzustellen, damit wir uns im Notfall selbst helfen können, das heißt, damit wir in der Vorstellung in die Organe hineingehen, hineingleiten können, um Störungen, vor allem Schmerzen, »aufzulösen«. Dazu ist es notwendig, daß wir unseren Körper fühlen lernen.

Der Körper ist zwar das Ziel, die Endabsicht jedoch ist meist die Seele. Oder anders ausgedrückt: Der Körper ist die Adresse, das Ziel bin ich.

Wenn wir uns selbst spüren, können wir uns und unsere Wünsche oder Bedürfnisse leichter wahrnehmen. Wir erkennen dann leichter, was uns der Körper sagen will, denn seine Reaktionen sind ja eine Antwort auf unsere Aktionen. An seiner Reaktionsweise erkennen wir unsere Aktionsweise, unsere Handlungsweise, unsere Schwächen und Fehler.

Der Körper, der Organismus, reagiert unbestechlich – nur haben wir oft Schwierigkeiten, seine Sprache, seine Ausdrucksweise, zu verstehen.

Harmonie in unserem Körper, in unserem Hause gewissermaßen, kann um so leichter entstehen, je mehr wir bemüht sind, gelassen zu reagieren oder das Negative nicht immer wahrzunehmen, es manchmal einfach zu überhören.

Wenn Körper, Seele und Geist übereinstimmen und sich im Einklang befinden, wird unser Hormon- und Nervensystem gesundheits- und harmonisierungsfördernde Impulse erhalten und solche Impulse auch wieder aussenden. Es wäre also schön, wenn wir mit uns selber »ein Herz und eine Seele« wären oder wenn wir uns »in unserem eigenen Hause« wohl fühlten.

Innerer Friede fördert die Gesundheit.

Das zeigt sich auch bei Befragungen sehr alter Menschen: unter ihnen gibt es keine innerlich zerrissenen, keine entfremdeten Menschen.

Die Entwicklung des Körpergefühls ist die leichteste Methode, inneren Einklang, Ausgeglichenheit sowie Übereinstimmung von Körper, Seele und Geist zu finden.

Sich seiner eigenen Leiblichkeit zuwenden – das scheint so

leicht und einfach zu sein, aber es erfordert ein systematisches Trainieren. Zuwendung heißt, sich auf den eigenen Körper konzentrieren, bei sich einkehren. Im Yoga gibt es Anleitungen dafür. Sie spiegeln sich in der Arbeitsweise von G. Alexander, E. Gindler, D. Jakobs, H. Souchon sowie anderen Krankengymnastik-Lehrerinnen wider.

Zahlreiche Krankengymnastinnen haben Selbsterfahrungsgruppen gegründet, in denen die Teilnehmer »passiv gleitend in den Körper eintauchen«, um zu fühlen, ob sie vielleicht »halsstarrig«, »verklemmt«, »steif« oder »hart« sind. Mit besonderer Einfühlungsgabe und durch Anleitung zu kontrolliertem Lösen und Lockern bringen die Krankengymnastinnen ihren Patienten bei, wie man sich »entspannt«. Wenn die Ärzte weise sind, arbeiten sie eng zusammen mit diesen »Wundertäterinnen«, wie eine Patientin, der nach jahrelanger Krankheit und ärztlicher Behandlung durch wenige Übungsstunden erheblich geholfen wurde, die Krankengymnastinnen einmal nannte.

Mit dem PT kann man die gleichen guten Erfahrungen sammeln und eine erhebliche Besserung seines Zustandes erreichen, ohne daß man Gefahr läuft, etwas falsch zu machen. Daß dennoch ein Kurs, eine Selbsterfahrungsgruppe, für das Erlernen einer solchen Methode vorteilhaft ist, dürfte einleuchten.

Mehr Körpergefühl führt zu mehr Lebensgefühl

Das Körpergefühl entwickeln heißt unter anderem auch, gefühlsleibhaftiger werden, es heißt Befreiung aus unserem Gefühlsgefängnis und unserer Gefühlsarmut. Das gilt insbesondere für Menschen, deren Gefühlsleben völlig unterentwickelt ist. Wer das Körpergefühl wirklich deutlich bei sich selber spüren lernt, macht sich von vielen Vorurteilen frei und entledigt sich alter Erziehungssünden; er wird nicht nur gefühlvoller, sondern auch in vielen anderen Bereichen ein anderer Mensch.

Körpergefühlsentwicklung bringt Lebensgefühl und Lebenswärme.

Viele von uns haben ein schlechtes Verhältnis zum Körper.

Vor allem Männer betrachten ihn nicht selten als eine Maschine und behandeln ihn dementsprechend. Zu diesen Männern gehören durchaus nicht nur die »Verkopften« und Intelligenzler.

Aber was ist das für ein Mann, der nicht zärtlich sein kann, warmherzig, liebevoll, feinsinnig und empfindungsvoll?

Nur mit Hilfe unseres Körpers können wir mit der Umwelt in Verbindung treten.

Wenn wir unseren Körper nicht zu fühlen vermögen, sind auch unsere sozialen Kontakte eingeschränkt, dann haben wir »kein Gefühl« oder »kein richtiges Gespür« für das Leben. Von der »Weisheit des Leibes« erfahren wir dann auch nur wenig.

Aus diesen Andeutungen mag man erkennen: Jede Psychotherapie sollte von Krankengymnastik oder von einer Körpergefühlsmethode begleitet werden. Betonen wir noch einmal: Die Entwicklung des Körpergefühls fördert das Lebensgefühl.

Vorbereitungen auf das Üben

In meinen Bonner Kursen für zukünftige PT-Kursleiter hatte eine erfahrene Krankengymnastin die Aufgabe übernommen, den Teilnehmern bei der Entwicklung ihres Körpergefühls zu helfen. Es fiel ihr auch nicht schwer, die Kursteilnehmer auf Selbstbeobachtung umzupolen, sie zu lehren, sich den Leib zu erarbeiten, sich im Körper gleichsam zu Hause zu fühlen, die Mitte (nicht unbedingt »Hara«) zu spüren und während der Bewegung auch zu bewahren. Die Übungsstunde wurde stets liegend begonnen und mit Bewegung beendet.

In einem gewöhnlichen Kurs ist diese Form der Entwicklung des Körpergefühls selten möglich; deshalb übt man nur im Sitzen und beschränkt eine solche Übung auf etwa zehn Minuten.

Wir bezeichnen als »PT-Grundübung« eine Übung, die die Basis für die weiteren Übungen bildet; daher steht sie am Anfang. Während dieser PT-Grundübung wollen wir den Körper erspüren und erfühlen, es soll zu einem Spannungsausgleich kommen. In der zweiten Übung wird sie mit der Atmung kombiniert. Grundübung heißt sie auch deswegen, weil sie das Realisieren der nachfolgenden Übungen vorbereitet und erleichtert.

Unsere Übungsstellung im Kurs ist in der Regel die aufrechte Sitzhaltung (siehe Zeichnung Seite 24): um sie einzunehmen, richtet man sich zunächst auf, sackt dann in der Wirbelsäule unmerklich wieder ein wenig zusammen und lehnt sich gegen die Rückenlehne des Stuhls.

Die Hände liegen auf den Oberschenkeln, ohne sich gegenseitig zu berühren – das würde ablenken. Die Unterschenkel bilden mit den Oberschenkeln einen Winkel von etwa 100 Grad, die Knie sind leicht gespreizt. Die Augen sind im allgemeinen während der ganzen Übung geschlossen, der Kopf ist ein wenig nach vorn geneigt; zahlreiche Übende ziehen es vor, während des Übens den Kopf aufrecht zu lassen. Die Schuhe sind für die Entwicklung des Körpergefühls oft etwas hemmend. Wer sie leicht ausziehen kann, sollte das tun. Man spürt die Zehen dann deutlicher.

Eine aktive Sitzhaltung (siehe Zeichnung Seite 24), wie Schultz sie in Form der Droschkenkutscherstellung für das AT empfiehlt, ist bei diesem modifizierten Training nicht angebracht, weil das Vornübergebeugtsein die freie Atmung behindern würde.

Dagegen ist eine Sitzhaltung wie der Lotossitz, der zum Symbol des Yoga geworden ist, empfehlenswert; allerdings sitzt man dann meist auf dem Boden. Wer diese Yogastellung auf dem Stuhl einnehmen will, setze sich nur auf die vordere Hälfte des Stuhles und versuche, so aufrecht zu sitzen, daß er auf den beiden Sitzhöckern sitzt oder lastet (siehe Zeichnung Seite 24).

Selbstverständlich kann die PT-Grundübung auch im Liegen durchgeführt werden, jedoch besteht dabei die Gefahr, daß die Atmungsbewegung verändert wird und daß man zu schnell einschläft, was nicht immer erwünscht ist.

Solange man das PT noch nicht richtig beherrscht, tut man gut daran, in einem ruhigen Raum zu üben, bei abgedunkeltem Licht und nicht zu nahe an einer Außenwand, damit in der kalten Jahreszeit keine kühle Luft über den Körper, insbesondere über die Stirn, streicht.

Anfangs ist es auch aus lernpsychologischen Gründen von Vorteil, wenn man stets zur gleichen Zeit trainiert: vor dem Einschlafen, wobei man selbstverständlich seine individuelle Einschlafstellung einnehmen darf, oder in der Mittagszeit, wobei dann nach Möglichkeit im Liegen geübt werden sollte, damit sich die Zwischenwirbelscheiben, die Bandscheiben, binnen 20 Minuten durch Osmose und Diffusion wieder aufladen können. Wer also mit seinem Rücken Schwierigkeiten hat, sollte diesen Hinweis nach Möglichkeit beachten.

Wenn der Übende weniger als 20 Minuten trainiert, ist der osmotische Prozeß noch nicht beendet. Während der Mittagspause sollten vor allem ältere Übende diese Zeit einhalten und genau überlegen, was für sie wichtiger ist: ausgiebig zu essen oder zu trainieren. Ich verzichte viel lieber auf das Essen. Das Üben im Liegen während der Tagesmitte hat also einen besonderen gesundheitlichen Wert.

Bevor wir zur Grundübung kommen, die wir im einzelnen noch genau beschreiben, müssen wir uns der Sammlung zuwenden.

Sammlung

Das Ziel der Sammlung, wie sie in der Yoga-Meditation üblich ist, ist die Einstimmung auf die Übung, ein Zur-Ruhe-Kommen sowie eine Konzentrationserleichterung. Die darauf folgende Übung läßt sich dann leichter realisieren.

In der Praxis erfolgt die Sammlung stets in der gleichen Weise. Man nimmt die Trainingsstellung ein, kontrolliert, ob man bequem sitzt oder ob sich der Körper irgendwo meldet und korrigiert nötigenfalls Haltungsfehler. Dann hebt man ein-, zweimal die Schultern und läßt sie wieder entspannt fallen. Der Blick wird bei geschlossenen Augen auf die Nasenspitze gerichtet, auf die Nasenwurzel oder auf die durch die Atmung zustande kommende Bauchbewegung. Das trägt zur Konzentrationssteigerung bei.

Wenn man zusätzlich noch etwas tun will oder kann, dann achtet man dabei auf die Atmungsbewegung. Die Atmung läuft aber wie gewöhnlich ab; lassen Sie die Atmung geschehen, verändern Sie den Atemrhythmus noch nicht.

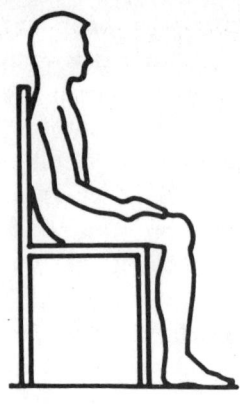

1. Aufrechte Sitzhaltung:
Zunächst aufrichten –
dann geringfügig zusammensacken –
sich dabei gegen die Rückenlehne stützen –
Hände liegen auf den Oberschenkeln –
die Unterschenkel stehen fast senkrecht –
Knie leicht gespreizt.
Evtl. Schuhe ausziehen.
Kopf in der Regel aufrecht.
Pharaonensitz.

2. Die Droschkenkutscherstellung empfiehlt sich im PT nicht, weil die freie Atmung bei ihr behindert ist.

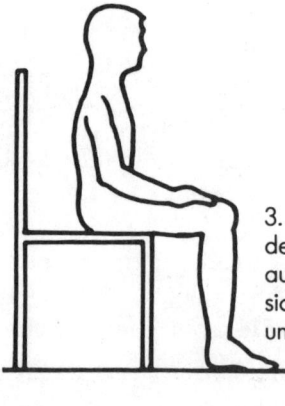

3. Empfehlenswert ist auch – in Anlehnung an den »Yogasitz« – die aktive Sitzhaltung:
auf der vorderen Hälfte des Stuhles sitzen –
sich aufrichten –
unmerklich in sich zusammensacken.

Die Dauer dieser Sammlung, dieses Sicheinstimmens, beträgt je nach Ausgangsstimmung zwischen 30 und 60 Sekunden; wenn man erregt ist, vielleicht auch noch geringfügig länger.

Die Grundübung im Wortlaut

Trainingsstellung einnehmen: Schultern heben und fallen lassen – auf die Bauchbewegung achten.

Ich bin vollkommen ruhig und heiter.
Mein Bewußtsein ist im rechten Unterarm – ich spüre ihn.
Ich fühle die rechte Hand – die Handinnenfläche – die Finger.
Ich spüre den linken Unterarm.
Ich fühle die linke Hand – die Handinnenfläche – die Finger.
Ich bin vollkommen ruhig und gelassen.

Ich fühle die Nackengegend – Kopfhaut entspannt – Stirn glatt – Augenlider ruhig – Gesicht entspannt.
Ich bin vollkommen ruhig und heiter.

Ich fühle die Leibmitte – die rechte Leistengegend – den rechten Oberschenkel – das rechte Knie – den Unterschenkel – den Fuß – die Fußsohle – große Zehe – zweite Zehe – dritte – vierte – und fünfte Zehe.
Ich bin vollkommen ruhig und gelassen.

Ich fühle die linke Leiste – den linken Oberschenkel – das linke Knie – den Unterschenkel – den Fuß – die Fußsohle – die große Zehe – zweite Zehe – dritte – vierte – und fünfte Zehe.
Ich bin vollkommen ruhig und gelassen.

Ich fühle die linke Hüfte – die rechte Hüfte – die rechte Nierengegend – die linke Nierengegend. Jetzt bin ich wieder in der Leibmitte – in der Tiefe.
Ich fühle mich vollkommen wohl in meinem Körper – ich fühle mich wohl in meiner Haut – rundherum wohl.
Ich bleibe vollkommen ruhig und heiter.

Zurücknahme: recken – strecken – dehnen – und gähnen.

Dauer: etwa 8–10 Minuten.

Diskussion über die PT-Grundübung

Den Text der Grundübung kann man sich möglichst plastisch vorstellen, man kann aber auch mit seinem Bewußtsein einfach an den betreffenden Orten verharren.

Eine wichtige Frage lautet: Wo soll man bei der Grundübung am besten beginnen? In einigen meiner vielen Kurse habe ich beim Gesicht angefangen, in anderen Kursen beim Nacken, und schließlich habe ich zwei Jahre lang diese Übung bei den Füßen begonnen. Aber deutliche Unterschiede in der Wirkung ließen sich nicht erkennen. Einige Gründe sprechen dafür, daß man an einem dieser drei Punkte beginnt. Auch beim Sonnengeflecht, in der Leibmitte, habe ich schon begonnen, um am Ende auch wieder dorthin zurückzukehren. Das jedoch schien mir etwas für Erfahrene zu sein.

Wenn also jemand den Wunsch hat, besonders stark sein Gesicht zu entspannen, um beispielsweise entstehenden Falten entgegenzuwirken, soll er ruhig dort beginnen und enden. Und wer häufig unter Nackensteife leidet, kann im Nacken anfangen und aufhören. Auf jeden Fall jedoch sollte man aus lernpsychologischen Gründen anfangs möglichst immer nach dem gleichen Schema verfahren.

Wer heute so startet, morgen anders und übermorgen wieder anders, gelangt im allgemeinen schwerer zum Erfolg als der konsequent und systematisch Trainierende.

Es kommt auch gar nicht so sehr auf den Text an, man kann ihn ändern. Es kommt nicht einmal darauf an, wie viele Körperregionen in das Programm einbezogen werden – die Grundübung kann erheblich erweitert werden, man kann sie aber auch verkürzen, indem man beispielsweise Knie und Hüften ausläßt. Wir haben alle möglichen Versuche angestellt und die unterschiedlichsten Vorgehensweisen durchexerziert, ehe wir bei diesem Verfahren geblieben sind, einfach, weil es sich am meisten bewährte.

Man kann verschiedener Meinung darüber sein, ob ein Kursleiter stark suggestiv vorgehen darf oder nicht. Ich bin gegen ein betont suggestives Vorgehen, weil es nicht wenige Kursteilnehmer abstößt oder zum Lachen bringt. Wer Erfahrungen mit solchen Kursen sammeln konnte, wird die Suggestionsstärke von Stunde zu Stunde abwandeln, je nachdem wie unruhig die Gruppe ist oder wie lebhaft es gerade kurz vor dem Üben war. Leises Vor- oder Begleitsprechen hat jedoch im allgemeinen Vorteile.

Es gibt Kursleiter, die während der ersten Zusammenkunft noch nicht üben lassen. Ich lasse grundsätzlich in der ersten Stunde schon üben, damit die Kursteilnehmer sofort ein Erfolgserlebnis bekommen. Die praktischen Übungen sind für die meisten Teilnehmer das Wichtigste am ganzen Kurs – so enttäuschend das auch für manchen Kursleiter sein mag. Üben in der ersten Stunde verstärkt zusätzlich die Motivation.

Natürlich kann man auch bei einem so leicht erlernbaren Verfahren Fehler machen. Der häufigste Fehler – er wird gelegentlich auch von Kursleitern begangen – liegt darin, daß man zu schnell vorgeht. Man durcheilt den Körper, ohne irgendwo ausreichend lange zu verweilen. Wie will man bei solcher Unrast fühlen und tasten, spüren und empfinden? Die übliche Verweildauer in den einzelnen Körperpunkten beträgt zwei ruhige Atemzüge, also etwa 20 Sekunden.

Insgesamt sollte die Grundübung zehn Minuten nicht unbedingt überschreiten, denn im Bedarfsfall hat man meist auch nicht viel Zeit. Überdies fördert kurzes Üben die Konzentration.

Kursteilnehmer sollten entsprechend dem Terminplan diese Grundübung eine Woche lang täglich ein- bis zweimal zu Hause durchführen. Wer sie aus dem Buch lernt, sollte dies ebenfalls tun, damit er den logischen Aufbau beherrschen lernt.

Was bewirkt die Grundübung?

Durch die Grundübung wird der Übende zunächst einmal ruhig und entspannt, wenn auch das Primärziel in der Regel weniger die Entspannung als vielmehr die Vorbereitung auf die folgenden Übungen ist.

Durch diese Art des Vorgehens können später auch Übende, denen es mit Hilfe des klassischen AT nie gelungen ist, Wärme in den Füßen zu realisieren, ihre Füße warm bekommen, wie uns immer wieder bestätigt wurde.

Wir bahnen uns mit der Grundübung in die meisten »Wetterecken« des Körpers – in den Nacken, die Schultern, den Leibraum, die Hüften und in die Knie – einen Weg, auf dem wir im Bedarfsfall oder in Notsituationen Störungen direkt angehen können.

Noch leichter ist es, vor allem durch die darauf folgenden Übungen, Wärme in die Füße zu projizieren, wenn man bei der Grundübung in der Leibmitte, beim Sonnengeflecht, beginnt und – über das kleine Becken, die Leistengegend, Oberschenkelinnenseite, Kniekehle, Wade, Knöchelgegend – die Fußsohle und jede Zehe einzeln noch mitbearbeitet.

Durch Konzentration auf einen Körperteil entsteht dort automatisch Wärme, eine Erfahrung, die im Yoga und in Methoden chinesischer Herkunft genutzt wurde, die man aber im AT bisher offenbar nicht genügend berücksichtigte.

Wenn man sich auf die Arme konzentriert, ohne an Schwere, Eigengewicht oder Wärme zu denken, spürt man häufig dennoch Schwere und Wärme. Das haben mir Teilnehmer wie Kursleiter bestätigt, und zwar auch aus Schulklassen, die noch nichts vom AT gehört hatten. Daher muß selbst bei dieser – scheinbar absichtslosen, in Wirklichkeit jedoch höchst potenten – Methode »zurückgenommen« werden.

Durch die Konzentration auf einen ganz bestimmten Körperteil läßt sich selbstverständlich auch eine therapeutische Wirkung erzielen, beispielsweise kann man eine arthrotischkranke Hüfte gedanklich durchatmen, durchfühlen und durchspüren, sich nötigenfalls auch eine Gesundung bis ins einzelne vorstellen.

Die Wirkungen der PT-Grundübung entsprechen letztlich denen der Endübung. Oftmals sind sie allerdings nicht ganz so ausgeprägt. Wir werden sie insgesamt später besprechen. Unterstreichen wir noch einmal:

Die Grundübung kann auch als unabhängige Übung eingesetzt werden. Sie ist höchst wirkungsvoll.

Wie und warum »zurücknehmen«?

Obwohl das Wort »Schwere« bei der PT-Grundübung gar nicht gebraucht und Schwere auch längst nicht in allen Fällen gespürt wird, muß man dennoch zurücknehmen. Die Schwere kann nämlich gelegentlich auch nach dem Üben noch eintreten. Wer aber Schwere spürt, muß am Ende des Trainierens »zurücknehmen«, lautet eine Forderung, die wir vom AT her schon kennen. Im Yoga hingegen scheint man nicht zurückzunehmen. Geschickte Yogalehrer stellen ihre Übungen jedoch stets so zusammen, daß auf Übungen, bei denen Schwere eintreten kann, Dehnübungen folgen. Und Dehnen ist ein physisches Zurücknehmen.

In meinen AT-Kursen habe ich es nur zweimal erlebt, daß ein Kursteilnehmer tagelang mit einem »schweren rechten Arm« herumlief, weil er nicht richtig zurückgenommen hatte. Das ist zwar nicht schlimm und behinderte beide auch nicht, weil sich dieses Gefühl nur undeutlich als Hintergrundsempfinden bemerkbar machte. Aber besonders angenehm ist es natürlich auch nicht.

Anfangs glaubte ich, bei dieser Grundübung ohne die Zurücknahme auskommen zu können. Jedoch schon im ersten Kurs schliefen mir während dieser Übung vier Teilnehmer ein, was die übrigen natürlich belustigte. Wenn spätabends nach der Arbeit trainiert wird, vielleicht sogar nach dem Abendessen, ist es kein Wunder, daß ab und zu jemand einschläft. Grundsätzlich sollte der Kursleiter also zurücknehmen lassen, dann wird diese – für die Nichtbetroffenen spaßige, für die Betroffenen aber vielleicht peinliche – Situation verhindert. Auch die Müden und zur Erschlaffung Neigenden, die beim Üben leicht einschlafen, werden sofort wach, wenn der Kursleiter zurücknimmt. Er muß aber vorher die Zurücknahme erklären.

Der Kursleiter bleibt mit den Übenden in Kontakt, auch wenn sie »eingeschlafen« sind. Ich habe bisher rund 30 000 Personen in Entspannungstechniken eingeführt und unterrichtet, aber wach geworden sind sie alle beim ersten Zurücknehmen. Es hat sich auch bewährt, wenn der Kursleiter ankündigt, in etwa 20 oder 30 Sekunden erfolge die Zurücknahme. Bei unserem Vorgehen weiß der Übende, daß nach »Ich bleibe vollkommen ruhig und heiter« die Zurücknahme erfolgt.

Das Zurücknehmen kann im Sinne des AT imperativ und

sehr energisch erfolgen (»Arme fest – tief atmen – Augen auf«), jedoch ist eine etwas behutsamere Art dem PT angemessener; außerdem ist das sanfte Zurücknehmen physiologisch. Ich habe beide Methoden jahrelang durchprobiert und bin von der gebieterischen Zurücknahme des AT abgekommen. Im übrigen kann man es getrost den Kursteilnehmern überlassen, ob sie die befehlende oder die sanfte Zurücknahme vorziehen. Nicht wenige Übende klagen nämlich darüber, im Kurs werde zu schroff zurückgenommen, so daß sie jedesmal einen Schreck bekommen hätten. Das kann man leicht umgehen, indem man die Zurücknahme vorher im normalen Tonfall ankündigt.

Der längere Text für die Zurücknahme kann im Kurs folgendermaßen aussehen:

> »Wir nehmen jetzt langsam zurück und recken und strecken und dehnen uns und gähnen ganz genüßlich und freuen uns, daß wir wieder da sind.«

Auch hier kann der Text natürlich variiert werden, so daß eine Kurzformel dann etwa so aussähe:

> »Ich nehme zurück:
> recken – strecken – dehnen – und gähnen.«

Dies ist eine physiologische und natürliche Zurücknahme, die den Tieren, beispielsweise den Hunden und vor allem den Katzen, abguckt sein könnte. Man benötigt für diesen Vorgang etwa 10 bis 20 Sekunden.

Selbstverständlich braucht nicht zurückgenommen zu werden, wenn man beim Trainieren zu Hause mittags oder abends einschläft und das auch bezweckt hat. Manche AT-Kursleiter lehren, das Zurücknehmen solle auch erfolgen, wenn man beim Trainieren gestört (gestreßt) werde. So wird ausgerechnet das Beispiel eines Arztes angeführt, der während des Übens angerufen wurde und offenbar wegen seiner »schweren« Hände nicht in der Lage war, den Telefonhörer abzunehmen.

Das spricht keineswegs gegen meine schon früher geäußerte Ansicht, es sei nicht notwendig, bei plötzlichen Unterbrechungen zurückzunehmen. Denn dieser Kollege wollte wohl gar nicht ans Telefon gehen; sein durch das Training erreichter Zustand war ihm vielleicht besonders angenehm. Oder er hatte von vornherein gar nicht die Absicht, sich beim Üben stören zu lassen. Er hatte sich programmiert, nicht ans Telefon zu gehen, sein Pflichtgefühl ließ ihn zwar aufstehen, sein ihm unbewußter Widerwille dagegen spielte ihm einen Streich – wie wir es nicht erst seit den Arbeiten des französischen Apothekers Emile Coué (1857–1926) zur Genüge wissen.

Jede laute Störung, jedes unliebsame Unterbrechen des Übens ist ein Disstreß, der sofort die erreichte Entspannung im Sinne der organismischen Umschaltung zunichte macht. Die Ruhephase ist fürs erste gestört, man fällt sofort in die Spannungsphase zurück.

Es kommt also ganz entscheidend darauf an, ob man innerlich bereit ist, auf Störungen zu reagieren oder nicht. Man kann sich darauf einstellen, dann gibt es keine Probleme. Oder man kann eine solche Unterbrechung des Trainierens als persönliche Belästigung, als einen Eingriff in die Privatsphäre betrachten; dann kommt es unter Umständen zu Erscheinungen wie in diesem Fall.

Daß auch hysterisch strukturierte Personen in solchen Situationen absonderlich reagieren können, ist bekannt. Gerade für sie gilt der Rat, die Zurücknahme möglichst genau durchzuführen.

Die Übenden berichten

Wenn man die Kursteilnehmer nach dem Trainieren der Grundübung fragt, was sie gespürt hätten, als sie sich beispielsweise den rechten Arm »erwanderten«, bekommt man die verschiedensten Antworten, die aber samt und sonders an Yoga-Erfahrungen erinnern: »Der rechte Arm war anfangs viel schwerer und umfangreicher als der linke.« »Als ich den rechten Arm mit dem linken verglich, fühlte er sich geschwollen an.« »Ich hatte den Eindruck, daß der rechte Arm immer leichter wurde.« »Der linke Arm kam erst in die Existenz, als ich mich auf ihn konzentrierte. Bis dahin war er ätherisch, während der rechte Arm sofort grobe Realität war.« »Ich habe sonst noch nie meinen Körper gefühlt, aber bei diesem unaufdringlichen Vorgehen des Nichtwollens war ich sofort der Körper selbst.«

Selbstverständlich sind solche Antworten zu respektieren. Wem sie unverständlich oder gar phantastisch erscheinen, der möge daran denken, daß Amputierte sogar fehlende Gliedmaßen spüren können. Die Erklärung ist einfach, denn auch im Gehirn kommt es natürlich während der Übung zu Veränderungen, zu einem Spannungsausgleich, der sich ganz verschieden bemerkbar machen kann, wie: der rechte (oder der linke) Arm fühlt sich leicht an, geschwollen, umfangreicher, größer, schwebend usw.

Das ungewohnte Bewußtmachen des Körpers üben die Kursteilnehmer etwa eine Woche lang zweimal am Tage. Nach dieser Woche haben sie unter anderem berichtet: »Zum ersten Mal seit langer Zeit habe ich – etwas überraschend für mich – warme Füße bekommen, obwohl ich mich schon mittels einer anderen Methode darum bemüht hatte.« »Ich finde es sehr angenehm, durch einfache Hinwendung meinen ganzen Körper fühlen zu können.« »Ich spüre jetzt, daß ich auch einen Körper habe, sonst liefen alle Prozesse im Kopf ab. Ich meine, ich war viel zu kopflastig.« »Im Leib habe ich eine warme Bewegung gespürt, die Zehen kann ich, jede einzeln, deutlich spüren.« »Erst jetzt ist mir so richtig bewußt geworden, daß ich nicht nur einen Körper habe, sondern daß sich darin auch ganz und gar mein Ich befindet.«

Wie schon gesagt, neigen manche Übende dazu, während des Trainings ungewollt einzuschlafen. Mit Vorsätzen oder Autosuggestionen können sie das gut verhindern, und zwar müssen sie sich während des Übens wiederholt und frühzeitig – also bevor sie eingeschlafen sind – motiviert sagen: »Während des Übens bleibe ich wach (hellwach)«. Oder sie suggerieren sich: »Bis um 23.00 Uhr bleibe ich ganz wach«, wenn es darum geht, die abendliche Einschlafsitzung für notwendige Vorsätze zu nutzen und erst später einzuschlafen.

Eine Teilnehmerin ließ mich wissen, sie sei nur gekommen, um das Einschlafen zu lernen, das klappe mit der Grundübung »ganz prima« und »da brauche ich jetzt wohl nicht mehr zu kommen«. Ein Kurs bietet aber viel mehr als nur die

Möglichkeit, eine kleine Störung zu beheben; das hat auch diese Teilnehmerin schließlich eingesehen. Sie hat für sich aber etwas Entscheidendes festgestellt, was sich immer wieder bestätigte:
Die PT-Grundübung ist eine wunderbare Einschlafübung.
Andere Kursteilnehmer haben für sich eine uralte Erfahrung wiederentdeckt: die schnelle Erholung, die Neubelebung durch die Konzentration auf den eigenen Körper. So heißt es in dem Protokoll einer 52jährigen Ministeriums-Angestellten: »Ich bin immer wieder überrascht, wie mich diese einfache Übung in der Mittagspause erfrischt.«

Eine andere Übende hatte anfänglich Schwierigkeiten, sich zu entspannen: »Ich kann mich einfach nicht fallenlassen, ich kann mich nicht hingeben. Erst seit ich mir vorstelle, daß ich direkt mit dem Fahrstuhl oder mit einer abwärts laufenden Rolltreppe in die Entspannung hineinfahre, klappt mein Training viel besser.«

Wer hat keine Konzentrationsstörungen?

Immer wieder klagen in den Kursen Teilnehmer, sie könnten sich nicht konzentrieren. Die meisten Mißerfolge bei der Erzielung von Entspannungseffekten gehen auf das Konto von Konzentrationsschwierigkeiten. Aber daß jemand nach acht Doppelstunden behauptete, er habe überhaupt keine positiven Reaktionen verspürt – das habe ich in all meinen Kursen noch nie erlebt.

Wer die Entspannungseffekte erst am Ende des Kurses deutlich spürt, also sehr spät, gibt auf Befragen meist an, er könne sich schlecht konzentrieren. Daher sollten wir uns ganz kurz mit der Konzentration befassen.

Wie lange kann man sich überhaupt ungeteilt oder fokal auf etwas konzentrieren, ohne mit den Gedanken ein einziges Mal abzuschweifen? Ungeübten ist dies nur für knapp zehn Sekunden möglich, spätestens dann kommt es zu Abschweifungen. Wohlgemerkt, gemeint ist nicht die Aufmerksamkeit während eines Unterrichts, sondern die punktuelle, fokussierende Konzentration, das Sichkonzentrieren auf einen Körperteil, bei dem keine Reize oder Impulse aus dem Innern oder dem Umfeld wahrgenommen werden. Versuchen Sie es einmal, und Sie werden merken, wie schwierig es ist.

Wenn man sich darüber ärgert, daß die Gedanken abschweifen, verschlimmert man meist nur die Situation; man darf also nicht unwillig auf seine Unkonzentriertheit reagieren, vielmehr muß man, ohne zu reagieren, erneut die Aufmerksamkeit auf den Körper lenken. Unsichere haben es manchmal schwer, den roten Konzentrationsfaden beizubehalten. Ihre negative Erwartung schaut ihnen gleichsam über die Schulter.

Andere wollen es wiederum zu gut machen, so daß es zu paradoxen, nämlich zu negativen Wirkungen kommt. Voraussetzung aber ist, daß man sich nicht durch allzu starkes Wollen, durch einen zu starken Wunsch nach Verwirklichung anspannt oder gar verkrampft. Vielleicht läßt es sich so ausdrükken: Wollen – ja, aber stets mit Gelassenheit.

Sich willkürlich konzentrieren können ist eine Fähigkeit, die von zahlreichen Faktoren wie Übung, Reife, Energie, Vitalkraft, Hormonspiegel, Ermüdungsgrad, Interesse, Motivation sowie von psychischen Faktoren abhängig ist. Unser Ziel ist, uns so sehr auf einen Körperteil konzentrieren zu können, daß für andere Gedanken kein Platz mehr da ist und daß wir durch die vorliegende Aufgabe völlig absorbiert werden.

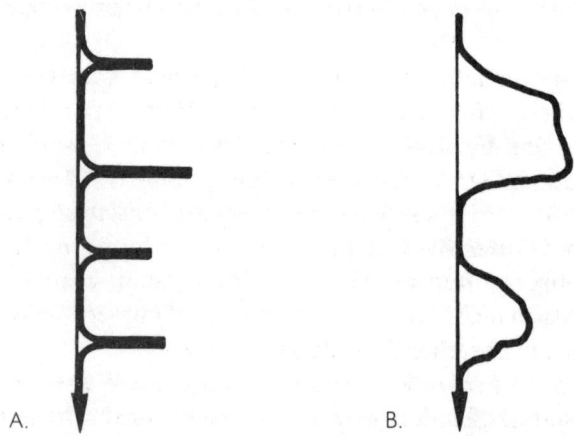

A. kann sich gut konzentrieren, er kommt sofort wieder zum Konzentrationsziel zurück.

B. schweift für längere Zeit von seiner Aufgabe ab, sein Trainingserfolg läßt auf sich warten.

Wer sich anfangs nicht gut konzentrieren kann, darf sich damit trösten, daß man die späteren Übungen auch realisieren kann, wenn man trotz kurzer gedanklicher Abschweifungen oder Unterbrechungen immer wieder einigermaßen schnell auf sein Konzentrationsziel zurückkommt. Die Zeichnung auf Seite 34 soll dies verdeutlichen.

Wie man seine Konzentrationsfähigkeit verbessern kann

Das Lauschen nach innen, die Konzentration auf die verschiedenen Körperteile – das muß man erst lernen. Nur wenigen gelingt es auf Anhieb. Trotz der allgemeinen Klage von Eltern und Pädagogen, ihre Kinder könnten sich oft schlecht konzentrieren, gibt es auch heute noch zahlreiche Kinder, die sich ausgesprochen gut zu konzentrieren vermögen. Voraussetzung ist selbstverständlich, daß sie motiviert sind, und daß sie Interesse an dem haben, womit sie sich beschäftigen.

Erwachsene jedoch müssen die Fähigkeit, sich zu konzentrieren, trotz großer Bereitschaft häufig durch konsequentes Trainieren erst wieder erwerben. Ein Entspannungstraining reicht für etwa die Hälfte der Übenden zur Korrektur leichter Konzentrationsschwächen aus. Die andere Hälfte sollte ihre Konzentration durch bestimmte Zusatzübungen steigern lernen.

Eine punktuelle Konzentration kann man trainieren, wenn man auf ein Stück weißes Papier in die Mitte einen Punkt setzt und ihn drei bis fünf Minuten fest anschaut. Je weniger man dabei durch Geräusche oder Gedanken abgelenkt wird, desto besser. Auch hier sollte der Maßstab nicht zu streng angelegt werden. Quirlen die Gedanken »wie eine Herde von Affen im Mangobaum« herum, wie es im Yoga heißt, kümmert man sich einfach nicht darum, sondern kommt immer wieder gelassen auf die anstehende Aufgabe zurück.

Wenn man seine Konzentration auf diese Weise ein wenig verbessert hat, kann man sich – was manchmal schwierig ist – in Gedanken auf eine Blume, einen Stein oder ein Foto konzentrieren. Oder man versucht, aus dem Gedächtnis ein Bild oder einen Gegenstand so genau wie nur irgend möglich zu beschreiben. Oder man schaut aus dem Fenster, prägt sich einen Bildausschnitt im Detail ein und versucht anschließend, das Gesehene möglichst exakt wiederzugeben.

Die Konzentration schärft sich auch, wenn man während der Grundübung seine Aufmerksamkeit sehr intensiv auf die Körperteile richtet, die gerade an der Reihe sind. »Das ist, wie wenn man seine Konzentration an seinen Leib festbindet«, sagte einmal ein Kursteilnehmer treffend. Später werden wir lernen, die Konzentration mit der Atmung zu koppeln. Gelegentlich kommt auch der Herzschlag in Frage.

Konzentrationssteigerung ist einer der am häufigsten genannten Erfolge im PT; umgekehrt ist die Unfähigkeit, sich zu konzentrieren, eine der häufigsten Ursachen für Mißerfolge oder auch für verzögerte Erfolge in einem Entspannungstraining, obwohl es sich dabei oft weniger um eine wirkliche Unfähigkeit handelt als um Zerstreutheit, Ungeübtheit und Ungewohnheit. Daher soll hier noch einmal auf einige ursächliche Faktoren eingegangen werden, zumal das PT ja auch ein »konzentratives« Training ist.

Ursachen der Konzentrationsstörungen

Von einer Konzentrationsstörung spricht man erst, wenn die Aufmerksamkeitsdauer ständig unter den für die entsprechende Altersgruppe gültigen Erfahrungswerten liegt. Die Aufmerksamkeitsdauer ist abhängig vom Alter, von der Motivation, von der Art der Tätigkeit sowie von der Konstitution.

Der Schulanfänger ist in der Lage, sich wenigstens zehn Minuten lang einer gestellten Aufgabe zu widmen, ohne dabei abzuschweifen. Ein zehnjähriges Kind kann diese aufgabenbezogene Konzentration auf etwa 20 Minuten ausdehnen. Beim 14jährigen Kind ist die Konzentrationsdauer etwa die gleiche wie beim Erwachsenen; sie beträgt rund 30 Minuten. Wird diese Grenze durch den Unterricht oder eine Aufgabe überschritten, so läßt die Konzentration deutlich nach.

Kinderärzte, denen ein Schulkind wegen Konzentrationsmangel vorgestellt wird, fragen als erstes: »Kann sich das Kind mit seinen Spielsachen beschäftigen?« Wenn der kleine Patient spielen oder konzentriert seiner Lieblingsbeschäftigung nachgehen kann, bleibt nicht mehr viel von der Diagnose Konzentrationsstörung übrig. Dann ist in der Regel eine Motivationsstärkung notwendig. Und sie ist meist über die Mutter gut zu erreichen. Hier ein Fall von Motivationshemmung:

Ein neunjähriges langaufgeschossenes Mädchen wurde wegen »Konzentrationsschwäche« dem Arzt vorgestellt. Es war ein Einzelkind. Die Mutter beaufsichtigte seine Schularbeiten peinlich genau. Bei näherer Befragung stellte sich heraus, daß sie ihr Kind keine fünf Minuten aus den Augen ließ und es immer wieder beim Spielen und Arbeiten störte. Auf Anraten des Arztes nahm die Mutter an einem PT-Kurs teil, lernte die Übungen schnell realisieren und sich selbst ruhigstellen, so daß sie ihr Kind in der Folgezeit in Ruhe ließ. Bei normaler Intelligenz fiel es dem Mädchen leicht, seine Schularbeiten ohne fremde Hilfe jeweils binnen kurzer Zeit zu beenden, was die Mutter (»Meine Tochter ist ja so unselbständig«) sehr überraschte. Das Verhältnis von Mutter und Tochter wurde distanzierter und dennoch besser, wie vor allem die Tochter nach vier Monaten spontan feststellte. Die Zensuren wurden ganz im Gegensatz zu den Erwartungen der Mutter etwas besser.

Wenn sich die Eltern zu stark in die banalsten Angelegenheiten ihrer Kinder einmischen, kann deren Motivation zur Arbeit systematisch zerstört werden. Sowohl durch Überforderung wie durch Unterforderung oder Vernachlässigung kann die Motivation absinken. Natürlich können auch zahlreiche Krankheiten – eine chronische Blutarmut (Anaemie) zum Beispiel – die besten Absichten eines Menschen zunichte machen.

Kinderpsychotherapeuten unterscheiden im wesentlichen folgende Ursachen einer Konzentrationsstörung: minimale frühkindliche Hirnschädigungen, vegetative Regulationsstörungen mit Krankheitswert, Teilleistungsstörungen wie etwa die Legasthenie und zahlreiche psychische Störfaktoren, die sich beispielsweise in Unlustgefühlen, Teilnahmslosigkeit und Arbeitsscheu äußern können, Symptome, die auf die Schulsituation übertragen auch als neurotische Leistungshemmung bezeichnet werden.

Bei Erwachsenen kommen Widerstände gegen den Kursleiter oder Abwehrmechanismen hinzu, die sich aus dem Werdegang des Betroffenen ableiten lassen. Kinder wie Erwachsene haben Konzentrationsschwierigkeiten, wenn sie müde sind, wenn sie gestreßt werden oder wenn ein hormonelles Ungleichgewicht vorliegt, wie es gelegentlich bei Patienten mit einer Überfunktion der Schilddrüse beobachtet wird.

Wer Konzentrationsschwierigkeiten beheben will, muß viel Geduld mit sich selbst und den Betroffenen aufbringen. Geheimtips oder -pillen gibt es nicht, wenn man von einigen leicht zu behandelnden krankheitsbezogenen Ursachen absieht. So hat man gelegentlich den Eindruck, daß Personen, vor allem Kinder, die übermäßig viele Süßigkeiten essen oder in Form von Limonaden trinken, aufgrund des dadurch meist entstehenden Vitamin-B_1-Mangels nervös und fahrig werden. Diese Unruhe kann sich schnell legen, wenn den Betreffenden der Vitamin-B-Komplex in Form von medizinischer Hefe zugeführt wird oder wenn sie die einseitige Kost aufgeben.

Herrscht im Elternhaus eine gespannte und ungesunde Atmosphäre, so brauchen sich die Eltern nicht zu wundern, wenn ihr Kind darunter leidet und wenn seine Schulleistungen zurückgehen. Ebenso sollte eine übersteigerte Leistungserwartung auf seiten der Eltern abgebaut werden, was vor allem bei den Vätern auf Widerstand, ja oft auf Unvermögen stößt. PT und angewandte Psychohygiene können aber zur Entspannung der familiären Situation ganz erheblich beitragen.

Weder Eltern noch Kinder dürfen also ungeduldig werden, wenn die Lösung von Schulaufgaben fraktioniert, in Schüben, erfolgt. Ermahnungen und Vorhaltungen bringen kaum eine Besserung. Vorsicht ist geboten, wenn man solchen Kindern Nachhilfeunterricht geben lassen will: der Nutzeffekt scheint fraglich zu sein; manchmal verschlechtert sich die Konzentrationsstörung dadurch sogar noch, weil die Kinder ohnehin schon überfordert sind oder mit ihrer Situation nicht fertig werden.

Pendeln zur Konzentrationssteigerung

Manchen Kindern macht es Spaß, ihre Konzentrationskräfte durch den Pendelversuch zu beweisen. Pendeln in der Form, wie es hier geschildert wird, geht offenbar auf Chevreuil (1812) zurück und ist dann in der Folgezeit immer wieder aufgegriffen worden, beispielsweise auch von Sir Francis Galton (1822–1911), von F. Mohr in seinen »Psychophysischen Behandlungsmethoden« (1925), von dem Psychiater Ch. Baudouin im Coué-Konzept oder von J. H. Schultz im AT.

Und in der Tat, an dem Pendeln läßt sich vieles demonstrieren. Sie brauchen dafür einen Bindfaden, der so lang ist wie Ihr Unterarm. An ihn knoten Sie einen kleinen Schlüssel oder einen Ring. Dann nehmen Sie ein Stück DIN-A4-Papier, das Sie mit dem Bleistift in etwa vier gleiche Teile unterteilen. Dieses Blatt Papier legen Sie gerade vor sich hin, so daß eine der Bleistiftlinien parallel zu der Tischkante und Ihren Schultern verläuft. Mit Daumen und Zeigefinger halten Sie nun das Ende des Fadens so ruhig wie möglich. Ihren Ellenbogen dürfen Sie auf dem Tisch abstützen.

Jetzt stellen Sie sich intensiv vor, das Pendel schlage von links nach rechts aus, Hand und Finger halten Sie jedoch nach wie vor ruhig. Sie werden beobachten, daß sich das Pendel schon nach kurzer Zeit in die gewünschte Richtung bewegt. Es wird im allgemeinen um so mehr ausschlagen, je besser Sie sich auf diese Bewegung konzentrieren können. Wenn Sie sich anschließend als Ziel setzen, das Pendel soll von vorn nach hinten ausschlagen, so wird es sofort seine Richtung ändern. Ob Kreisform, ob Ellipse, ob Gerade – Sie können jede Bewegung vorausbestimmen – sofern es Ihnen gelingt, sich darauf zu konzentrieren. Daher ist diese Art des Pendelns ein Gradmesser der Konzentrationsfähigkeit. Weil aber nahezu alle Übenden auf Anhieb damit Erfolg haben, wollen wir die Übung nicht überbewerten. Zudem kann man das Pendel auch bei nur »halber Aufmerksamkeit« in jede Richtung bewegen. So mußte ich einmal im Fernsehen auf ein mir vorher unbekanntes Stichwort hin einen Kurzvortrag halten und gleichzeitig die Pendelbewegung in eine gewünschte Richtung bringen. Es klappte gut.

Dennoch: wer sich wirklich schlecht konzentrieren kann, wird durch derartige Pendelversuche seine Konzentration ein wenig verbessern und vor allem verlängern können.
Daß solches Pendeln nicht das geringste mit Magie zu tun hat, sollte einleuchten. Durch die Vorstellung der beabsichtigten Bewegung kommt es zu Erregungspotentialen, die sich, ohne daß wir es spüren können, in feinste Muskelströme und Bewegungsimpulse umsetzen.
Natürlich kann man mit dem Pendeln auch nachweisen, daß der unbedingte Wille, diese oder jene Bewegung auszulösen, auf Schwierigkeiten stößt. Baudouin spricht vom »Gesetz der das Gegenteil bewirkenden Anstrengung« (2) (siehe dazu auch S. 53 und S. 214).

Konzentrationssteigerung durch PT

1. Nicht zu lange üben. Mehr Zeitaufwand heißt nicht mehr Konzentration.
2. Gehen Sie von der Erwartung aus, daß die Konzentrationsfähigkeit jeden Tag besser wird.
3. Je unruhiger ein Übender ist, desto schwerer wird es ihm meist fallen, sich zu konzentrieren. In solchen Fällen wird die Konzentrationsfähigkcit in der Regel besser, wenn man sich vorher bewegt hat. Sie kann sich auch steigern, wenn Sie während des Übens die ruhige Ein- und Ausatmung mitverfolgen oder auf die Atmungsbewegung achten.
4. Bleiben Sie beim Üben bei einem Vorgehen: konsequentes Vorgehen fördert die Konzentration.
5. Kontrollieren Sie sich nicht dauernd selbst, die Selbstkontrolle lenkt ab, kann unter Umständen sogar gegenteilige Wirkungen provozieren.
6. Versetzen Sie sich an den jeweiligen Ort des Geschehens, z. B. in den rechten Unterarm. Und bleiben Sie stets dort – mit Ihrer Konzentration, Ihrer Aufmerksamkeit und Vorstellung, Ihrem Fühlen.
7. Wenn doch Gedanken aufkommen, lassen Sie sie ziehen wie die Wolken am Himmel. Schenken Sie einer solchen Störung keine Beachtung, sondern kehren Sie gelassen wieder zur Übung zurück.

8. Bewerten Sie während des Übens weder solche Gedanken noch Ihren Übungserfolg. Ärgern Sie sich nicht über Mißerfolge.
9. Vergessen Sie nicht, jeden Tag für ein bis drei Minuten den Pendelversuch durchzuführen.
10. Daneben sollten Sie sich nötigenfalls auch noch mit Konzentrationsaufgaben befassen.

Die PT-Grundübung im Überblick

Die Grundübung ist die erste PT-Übung. Sie ist eine Körpergefühlsübung, eine »Wanderung« durch den Körper.

Herkunft: Im Yoga gibt es ähnliche Übungen.

Lernziel: Der Übende soll das Gefühl für seinen Körper entwickeln lernen und mehr Ruhe, Entspannung und Gelassenheit, kurz: mehr Gesundheit gewinnen lernen.

Trainingsstellung einnehmen: Schultern heben und fallen lassen – Brille abnehmen.

Sammlung: auf die Bauchbewegung achten (alternativ: Blick auf die Nasenspitze oder Nasenwurzel richten) bei geschlossenen Augen.

Grundübung: Ich bin vollkommen ruhig und heiter.
Meine Aufmerksamkeit ist im rechten Unterarm – ich spüre ihn.
Ich fühle die rechte Hand – die Handinnenfläche – die Finger.
Ich spüre den linken Unterarm – ich fühle die linke Hand – die Handinnenfläche – die Finger.
Ich bin vollkommen ruhig und gelassen.

Ich fühle die Nackengegend – Kopfhaut entspannt – Stirn glatt – Augenlider ruhig – Gesicht entspannt.
Ich bin vollkommen ruhig und heiter.

Ich fühle die Leibmitte – die rechte Leistengegend – ich spüre den rechten Oberschenkel – das rechte Knie – den Unterschenkel.
Ich fühle den Fuß – die Fußsohle – die große Zehe – zweite Zehe – dritte – vierte – und kleine Zehe.
Ich bin vollkommen ruhig und gelassen.

Ich fühle die linke Leistengegend.
Ich spüre den linken Oberschenkel – das linke Knie – den Unterschenkel.
Ich fühle den Fuß – die Fußsohle – die große Zehe – zweite Zehe – dritte – vierte – und kleine Zehe.
Ich bin vollkommen ruhig und gelassen.

Ich fühle die linke Hüfte – die rechte Hüfte – die rechte Nierengegend – die linke Nierengegend.
Mein Bewußtsein ist wieder in der Leibmitte – in der Tiefe.
Ich übe regelmäßig und jeden Tag.
Ich fühle mich vollkommen wohl in meinem Körper.
Ich fühle mich wohl in meiner Haut – rundherum wohl.
Ich bleibe vollkommen ruhig und heiter.

Zurücknahme: recken – strecken – dehnen – und gähnen.

Dauer: etwa 8–10 Minuten

Übungshäufigkeit: Man übt am besten 1–2mal am Tage, bis die nächste Übung kommt – also für etwa 1–2 Wochen. Als selbständige Übung einmal am Tag und bei Bedarf.

Sich gesund atmen durch PT-Atmung

Wir tun unser ganzes Leben lang etwas, was wir dennoch höchst mangelhaft beherrschen – was ist das?
So könnte man fragen, wenn man das Thema Atmung abhandelt. Denn richtiges Atmen ist eine Kunst, auf die sich längst nicht alle Menschen verstehen. Darüber hinaus kann es zu einer außerordentlich wirksamen, noch dazu absolut kostenlosen Therapie werden. Durch richtiges Atmen kann man seine Gesundheit stärken und vermehren.
Unser Übungsziel ist es, diese Kunst zu erlernen. Dazu bietet sich die PT-Atmung an. Sie besteht, kurz gesagt, aus einer etwas tieferen Einatmung als gewöhnlich und einer gezügelten, verlängerten Ausatmung mit anschließender Pause.
Was kann man mit der PT-Atmung alles erreichen? Man wird besonders schnell ruhig und gelassen, man lernt, sich rasch zu entspannen, so daß man leichter einschläft. Man kann schnell wieder zu Atem kommen, das heißt, man kann sich leicht von Müdigkeit und Aufregung erholen. Man kann Angst abbauen, Streßreaktionen verringern, psychosomatische Symptome und Störungen gut beeinflussen, und man kann sich bei vielen Erkrankungen helfen, unter anderem auch einen erhöhten Blutdruck ein wenig senken.

Vormerkung zum Thema Atmung

Das erste, was der Mensch zu lernen habe, sei das Atmen, meinte schon Buddha. Die Atmung steht am Anfang und am Ende unseres irdischen Lebens. Man sollte meinen, das, was wir lebenslang tun, müßten wir auch besonders gut können. Doch weit gefehlt. Atmen ist eine Kunst.
Der Zweck der Atmung ist der Gasaustausch in den Lungenbläschen sowie in der Peripherie. In der Lunge wird Sauer-

stoff aus der Luft aufgenommen und Kohlendioxid abgeatmet. Man spricht von äußerer Atmung. Dagegen wird der Gasaustausch von Sauerstoff und Kohlendioxid, der zwischen Blut und Körpergewebe erfolgt, auch innere Atmung genannt.

Die Aufnahme von Sauerstoff und die Abgabe von Kohlendioxid durch die Haut – sie beträgt etwa zwei Prozent – bezeichnen wir als Hautatmung.

Die Einatmung (Inspiration) ist ein aktiver Vorgang, eine Spannungsphase: der Brustraum wird durch Kontraktionen des Zwerchfells und der Zwischenrippenmuskeln aktiv erweitert, so daß die Lungen dieser Bewegung passiv folgen müssen, da sich ja kein Vakuum bilden kann. Die Rippen werden angehoben, während sich gleichzeitig das Zwerchfell abflacht und senkt.

Durch die Vergrößerung des Brust- und Atemraumes entsteht ein negativer Druck, ein Leerraum, der sofort von der Lunge ausgefüllt wird, da in ihr etwa atmosphärischer Druck herrscht. Die Lunge wird sozusagen nachgesaugt, ihr Raum vergrößert sich, die Luft muß automatisch in diesen Raum nachströmen.

Der vorübergehend entstandene Unterdruck bewirkt unter anderem auch, daß sauerstoffarmes und kohlendioxidreiches Blut aus der Peripherie, vor allem aus dem unteren Körperbereich, nachgesaugt wird.

Die Einatmung erfolgt immer durch die Nase, die Ausatmung nach Möglichkeit ebenfalls.

Bei der Ausatmung (Exspiration) verkleinert sich der Brustraum durch Senken der Rippen. Das geschieht durch die Schwerkraft und wird unterstützt durch elastische Fasern, die sich im Lungengewebe befinden. Das Zwerchfell wölbt sich in der Ausatmungsphase nach oben. Die Luft wird aus dem Lungenraum herausgeschoben. Gleichzeitig wird nun auch das sauerstoffreiche Blut aus der Lunge in Richtung Herz transportiert, der Lungenkreislauf wird entlastet.

Die Ausatmung ist ein vorwiegend passiver Vorgang, ein Entspannungsvorgang.

Das hat Goethe unnachahmlich im Eingangszyklus des »Westöstlichen Diwan« in Verse gekleidet:

»Im Atemholen sind zweierlei Gnaden,
Die Luft einziehn, sich ihrer entladen.
Jenes bedrängt, dieses erfrischt;
So wunderbar ist das Leben gemischt.
Du danke Gott, wenn er dich preßt,
Und dank ihm, wenn er dich wieder entläßt.«

Richtiges Atmen erleichtert ganz erheblich die Arbeit des Herzens. Oberflächliches Atmen dagegen erschwert sie.

Wichtigster Atemmuskel ist das Zwerchfell; fällt es aus, kommt es zum Erstickungstod. Im Gegensatz zur Rippenmuskulatur kann das Zwerchfell von uns nicht isoliert beeinflußt werden, es gehört zu den unwillkürlichen Muskeln. Die Anwendung einer Eisernen Lunge kann die Lähmung des Zwerchfells ausgleichen.

Unsere durchschnittliche Gesamtluftmenge (Vitalkapazität) beträgt etwa 2,5–4,5 Liter. Sie läßt sich leicht messen, wenn man nach einem besonders tiefen Atemzug in ein sogenanntes Spirometer ausatmet, auf dessen Anzeigevorrichtung der Wert dann abzulesen ist. Gelegentlich gibt es Sportler, de-

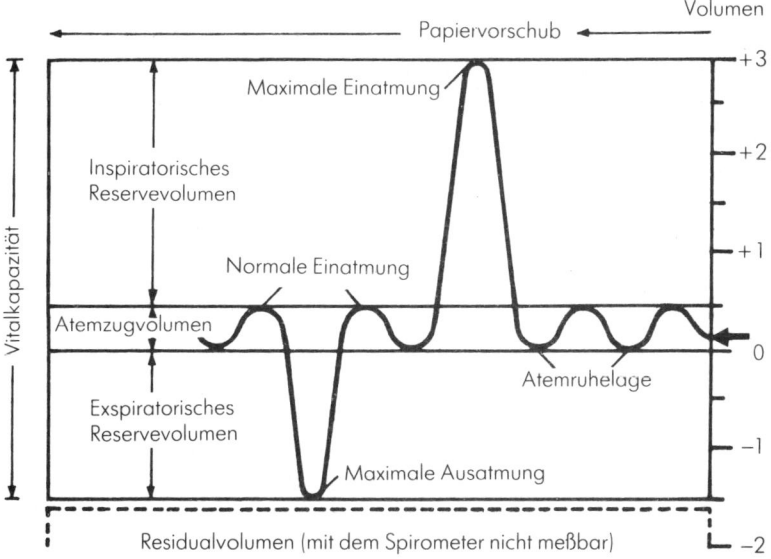

Aus S. Silbernagl & A. Despopoulos: Taschenatlas der Physiologie. S. 75
Thieme, Stuttgart 1979.

ren Vitalkapazität ganz erheblich über dieser Norm liegt, so sollen bei Eddie Merckx, dem hervorragenden Radsportler, mehr als sechs Liter gemessen worden sein. Nach einer besonders tiefen Ausatmung verbleibt immer noch ein Rest in der Lunge, die sogenannte Residualluft. Sie beträgt etwa einen Liter.

Unsere gewöhnliche Atmungsluft (Respirationsluft) beträgt nur etwa einen halben Liter pro Atemzug. In zahlreichen Yogabüchern älteren Datums liest man, unser Körper bekäme infolge dieser flachen Atmung nicht genügend Sauerstoff. Schon 1931 hat der Physiologe W. R. Heß – der später für andere Forschungsarbeiten den Nobelpreis erhielt – jedoch nachweisen können, daß die Versorgung des Blutes mit Sauerstoff auch bei schlechter Atmung stets gesichert ist.

Ziel der Atemübungen ist also niemals, dem Körper mehr Sauerstoff zuzuführen (38). Das kann im Gegenteil sogar zu Komplikationen führen, wie wir noch sehen werden.

Das Volumen der Einatmungsluft besteht zu 20,94 Prozent aus Sauerstoff, zu 78 Prozent aus Stickstoff, zu 0,03 Prozent aus Kohlendioxid sowie aus Edelgasen, Schmutzstoffen und Wasserdampf. Die Ausatmungsluft dagegen enthält nur noch 16 Prozent Sauerstoff, jedoch vier Prozent Kohlendioxid und außerdem natürlich noch die gleiche Menge Stickstoff sowie Wasserdampf und Schmutzstoffe.

Der Kohlendioxidgehalt des Blutes steigt durch Bewegung an, wodurch das Atemzentrum angeregt wird: wenn man sich bewegt, atmet man schneller, als wenn man ruht. Bei starker Anstrengung kann sich der normale Bedarf von sieben bis acht Litern Luft in der Minute auf mehr als das Zehnfache erhöhen.

Die Atemfrequenz beträgt beim Neugeborenen etwa 40 Atemzüge in der Minute, beim 20jährigen etwa 20 und beim 30jährigen etwa 16, danach bleibt sie ungefähr konstant.

Die Atmung – Spiegel unserer Gemütslage

In vielen Sprachen gibt es zwischen den Worten Atmung und Geist eine Verbindung. Im Griechischen heißt »pneuma« (enthalten u. a. in Pneumonie = Lungenentzündung) sowohl

Hauch wie Seele. Ebenso nannten die alten Römer »spiritus« sowohl Hauch wie Geist und Seele; das Wort ist in Respiration, inspirieren und vielen anderen Begriffen enthalten. Selbst das Wort »Seele« bedeutete im Griechischen (psüchä) sowie im Altdeutschen (sêla) bewegender Hauch. Bei den Indern heißt »prana« Aushauch und Lebenskraft, und auch im Chinesischen, im Hebräischen und in vielen anderen Sprachen spiegelt sich dieser Zusammenhang zwischen Atmung und Geist, Kraft, Lebenshauch usw. wider.

Schon früh war es also ein uraltes Erfahrungsgut, das Zusammenspiel zwischen Atmung und Psyche ganzheitlich zu sehen. Und das ist es in der Tat. Die Atmung reagiert auf alles, was mit uns und in uns geschieht: auf Haut- und Umweltreize, auf das, was wir denken, fühlen und erleben. Sie ist der Spiegel unseres jeweiligen physischen und psychischen Befindens, unserer Gedanken und nicht unserer Worte. Durch die Atmung wird das Innen mit dem Außen, das Außen mit dem Innen, das Es mit dem Ich und das Ich mit dem Es verbunden. Unser Atem ist stets Ausdruck unseres Soseins. Ob wir körperlich reagieren oder seelisch – die Atmung reagiert mit. Sie reagiert bei allen körperlichen und seelischen Reaktionen mit. Kein »Organ« reagiert so leicht nachweisbar und empfindlich mit wie die Atmung. Das ist einer der Gründe, warum Atmungstherapie überraschend schnelle Erfolge erzielen kann.

Wie sehr sich die Atmung beeinflussen läßt, wissen wir alle vom Besuch eines atemberaubenden Filmes. Je nach dem Spannungsgrad wird sie flacher oder tiefer, sie kann fliegen oder stoßweise erfolgen. Auf dem Höhepunkt der Spannung vergißt man das Atmen, es herrscht ringsherum eine atemlose Stille, denn nicht nur einem selbst, sondern allen Zuschauern hat die Handlung den Atem verschlagen. Nach der Lösung der Spannung atmet man befreit auf, man kommt wieder zu Atem.

Die Atmung ist eine organismische Äußerung, die meist verbesserungsfähig ist. Nur dem Menschen ist es gegeben, seine Organe zu belehren, wußte schon Goethe. Aber machen wir davon genügend Gebrauch?

Der »Atemarzt« Ludwig Schmitt – er starb 1964 – hielt die

Psychotherapie für überflüssig, weil er meinte, mit richtig eingesetzter Atmung könne man sich immer selbst helfen (38). Wenn jahrtausendalte Erkenntnisse nicht genutzt werden und Atmungsmethoden in Vergessenheit geraten, so ist das bedauerlich, besonders in der heutigen kostenbewußten Zeit. Denn bevor eine teure und zeitraubende psychoanalytische oder -therapeutische Behandlung eingeleitet wird, sollte in zahlreichen Fällen erst einmal auf die Möglichkeit einer Atmungstherapie hingewiesen werden, die nur einen Bruchteil dessen kostet, was für andere Behandlungsmethoden aufgebracht werden muß.

Die Atmung spielt in unserem Training deshalb eine so wichtige Rolle, weil man sich schon durch Beachtung einiger weniger Regeln für richtiges Atmen wunderbar selbst helfen kann.

Teil- und Vollatmung

Jede Teilatmung (Brust-, Hoch-, Flanken-, Bauchatmung) enthält stets auch einige Elemente der Vollatmung. Man erkennt das deutlich bei der Bauchatmung. Sie wird oft mit der Zwerchfellatmung gleichgesetzt, was aber nicht ganz richtig ist; denn bei der ausgesprochenen Bauchatmung wird der vordere Anteil des Zwerchfells übermäßig betont, während der seitliche (Flanken) und dorsale (Rücken) Anteil vernachlässigt werden.

Um zu spüren, wie das Zwerchfell arbeitet, legt man am besten einmal die Hände beim Einatmen auf den Bauch, beim nächsten Atemzug auf die Flanken und dann nach hinten auf die Nieren. Wie stark haben sich Flanken und Rücken bei der Einatmung mitbewegt? Wenn Sie mit dem Ergebnis nicht zufrieden waren, versuchen Sie einmal, sich bei der Einatmung auf die Flanken zu konzentrieren und so zu tun, als ob Sie nur dorthin atmeten. Die Rückengegend ist noch etwas schwieriger zu beatmen, aber auch dort sollte es Ihnen gelingen. Unter Umständen kann man diese Übung leichter durchführen, wenn man auf dem Bauch liegt, so daß sich die Rückenpartien notgedrungen nach oben ausdehnen.

Unser Ziel heißt Zwerchfellatmung: alle Anteile der großen

Muskelplatte Zwerchfell sollen sich ausreichend mitbewegen, auch die hinteren.

So wie ein Gefäß von unten nach oben aufgefüllt wird, so ähnlich ist es auch mit der Lunge. Die oberen Lungenanteile werden also bei der Zwerchfellatmung durchaus auch mit neuer Atemluft gefüllt.

Als Rippenatmer bezeichnet man den, der vorwiegend den oberen Lungenraum beatmet – eine Atmung, die er sich abgewöhnen sollte.

Wer hauptsächlich mit dem Zwerchfell atmet, darf davon ausgehen, daß sich etwa zwei Drittel des Luftvolumens in den unteren Lungenbereichen sammeln, während der Rippenatmer weitgehend auf dieses Reservoir verzichtet. Daher kommen Zwerchfellatmer in der Regel nicht so schnell außer Atem und sind nicht so schnell aus der Ruhe zu bringen wie die Rippenatmer.

Wer am Schreibtisch arbeitet, neigt dazu, vorwiegend die Lungenspitzen zu beatmen, weshalb man den »Schreibtischtätern« immer wieder ausgleichende Bewegung empfiehlt. Laufen und Wandern zwingen nämlich dazu, mehr mit dem Zwerchfell zu atmen – daher heißt es nicht ganz zu Unrecht, Laufen sei die beste Atemschulung.

Sänger haben eine hervorragende Atmungstechnik. Überhaupt verdanken wir zahlreichen Gesangs- und Sprechpädagogen wichtige Anregungen hinsichtlich der Atmungstherapie.

Gelegentlich hört man auch von Personen, die erst dann richtig zu atmen begannen, als sie ein Blasinstrument spielen lernten. So machte mich einmal ein Anwalt aus Zürich darauf aufmerksam, daß seine Brustatmung auf ganz einfache Weise verschwand: Er hatte ein Alphorn geschenkt bekommen, und je öfter er darauf übte, desto mehr wandelte sich seine Brustin eine Zwerchfellatmung um.

Wer schon in der Kindheit lernt, richtig zu atmen, kann dadurch sogar die Form seines Brustkorbes verändern; ein flach- und schwachbrüstiges Aussehen verwandelt sich dann in ein sportliches.

Folgen schlechten Atmens

Ungeachtet der berechtigten Frage, wie im Einzelfall schlechtes Atmen entstanden ist – kommen beispielsweise psychosoziale Motive in Frage oder ist es einfach eine Angewohnheit? –, wollen wir uns hier den Folgen zuwenden. Atmungstherapeuten sind davon überzeugt, daß falsches Atmen zu geschwollenen Nasenvenen führen kann, so daß manches Kind den Eindruck erweckt, es habe Polypen. Wenn ein solches Kind ihrer Meinung nach einige Minuten lang die Vollatmung durchführt, wird seine Nase oft wieder frei, womit sich eine Operation erübrigt.

Tiere atmen noch richtig mit dem Zwerchfell. Aber schon bei Hunden kann man feststellen, daß sie unter Disstreß (Angst, schlechtes Gewissen) ihren ausgewogenen Atmungsrhythmus ein wenig verändern. Auch bei uns, die wir fortwährend psychosozialen Belastungen ausgesetzt sind, müsse sich die Atmung zwangsläufig verschlechtern, könnte man argumentieren. Durch ausgleichende Bewegung läßt sich zwar einiges retten, doch selbst Kinder kommen oftmals nicht mehr zu einem vernünftigen Bewegungsausgleich. So gibt der Atemfachmann L. Schmitt an, daß bereits mehr als 80 Prozent der Schulkinder falsch atmen.

Die Pädagogin H. Deinert beobachtete sechs Oldenburger Grundschulklassen, »bei denen die Kinder (1.–4. Schuljahr) nicht wußten, daß es um ihre Atmung ging«. Das Ergebnis: »Von 100 Kindern waren durchschnittlich 13 heiser, sämtliche 100 atmeten durch den Mund, davon nur 14 geräuschlos, 86 mit schleifendem Rachengeräusch. Beim Rechnen schnappten 79 von 100 Kindern bei Empfang der Aufgabe nach Luft und hielten praktisch bis zu ihrer Lösung den Atem an...« (21).

Wenn man diese Untersuchungen aus einem ländlichen Gebiet verallgemeinern würde, so hieße das: falsches Atmen ist bei Schulkindern üblich oder normal. Fehlatmung aber bleibt Fehlatmung, auch wenn alle falsch atmen.

Die Korrektur dieser falschen Atmung, das heißt der ihr zugrunde liegenden Fehleinstellung (mangelnde Gelassenheit), obliegt den Pädagogen ebenso wie den Eltern.

Mit falscher Atmung ist oftmals auch eine schlechte Haltung verbunden, besonders bei Kindern. Denn eine gute Haltung wird stark von einer guten Atmung bestimmt, erst in zweiter Linie ist die Spannkraft der Rückenmuskulatur dafür zuständig. Wer Haltung bewahren will, sorge sich erst einmal um seine Atmung.

Schlechtes Atmen wird aber auch – bei entsprechender Disposition – mit der Entstehung von Krampfadern und Hämorrhoiden in Verbindung gebracht, weil es den Rückstrom des Blutes zum Herzen erschwert. Man kann nicht genug betonen, daß richtiges Atmen die Herzarbeit entlastet.

Seit jeher ist bekannt: nervöse Menschen atmen schlecht. Sicherlich ist ihre schlechte Atmung eine Folge ihrer Nervosität. Psychisch Kranke »atmen nicht aus sich heraus«, sie zeigen mit großer Regelmäßigkeit eine verminderte Zwerchfellatmung, so daß die mittleren und oberen Lungenanteile unverhältnismäßig stark beatmet werden. Ein Großteil von ihnen beobachtet sich selbst zu sehr, und das ist für sie nicht gut.

»Wehe denen, die wissen, daß sie atmen«

Von allen Funktionen nimmt die Atmung eine Sonderstellung ein: sie geschieht im Schlaf von selbst, sie arbeitet autonom, wir sprechen von einer Es-Atmung; wir können sie jedoch auch bewußt beeinflussen, beispielsweise verlangsamen oder beschleunigen, vertiefen oder verflachen bis zum völligen Stillstand (Ich-Atmung). Wenn aber die Atemnot zu groß geworden ist, greift die Natur, das Atemzentrum, zur »Selbsthilfe«: es kommt zur befreienden Tiefatmung.

Eine Schwierigkeit liegt nun darin, daß es immer einige Übende gibt, die ihre Sache besonders gut und gewissenhaft machen wollen. Sie greifen in diesem Bestreben in den Einatmungsvorgang ein, anstatt so lange zu warten, bis der Organismus von selbst den Impuls zur Einatmung gibt. Es wird übersehen, daß man ja mit dem Atmen in die tiefsten Schichten des Organismus eingreift. Wir dürfen also unser eigenes Lebensnervensystem nicht schulmeistern, das geht auf lange Sicht nicht gut. Ohne ein gewisses Maß an Gelassenheit kann man nicht richtig atmen.

Bewußtes Atmen zerreißt die Bewegungseinheit der Atmung. Das unwillkürliche Geschehen, der unbewußte Ablauf der Atmung, leidet dann, und er ist entscheidender als die willensmäßig eingeleitete Atmungsphase.

Wer sich also bewußt dem Atmungsvorgang zuwendet, läuft große Gefahr, die Atmungseinheit zu zerstören. Uns selbst beobachtend, zerreißen wir unbewußt ablaufende Prozesse, das heißt, wir greifen in vegetative Vorgänge ein. Aus diesem Grunde rief ein französischer Kulturkritiker völlig zu recht aus: »Wehe denen, die wissen, daß sie atmen!« (38).

Es ist zwar richtig, daß man unter Umständen durch bewußtes Atmen munter wird oder auch einschläft, daß der Kopf dadurch »klar« werden kann, aber manchmal auch Schwindelgefühl entsteht. Wir können durch willkürliches Atmen also alles nur Mögliche erreichen, jedoch das, was beim PT angestrebt wird, Entspannung und Gelassenheit, erreichen wir auf diese Weise kaum.

Unser Ziel ist daher die Passivierung des Atmungsablaufs. Das Geschehen-lassen oder, wie es im Yoga heißt und wie es vom AT übernommen wurde, das »Es atmet mich«. Oder: »Es atmet in mir.«

Das Wettrennen zwischen Schnecke und Tausendfüßler

Die Geschichte ist bekannt: da fragt jemand einen Tausendfüßler, wie er es mache, daß sich seine »1000« Füße gleichzeitig bewegen. Seitdem kann er nicht mehr »im Gleichschritt« laufen.

In etwas epischerer Version lautet diese Geschichte: Eine Schnecke und ein Tausendfüßler wollen ein Wettrennen über 100 Zentimeter machen. Normalerweise ist die Schnecke viel langsamer als der Tausendfüßler, sie hat nicht die geringsten Siegeschancen. Aber was heißt hier »normalerweise«, fragt sich die Schnecke. Es kommt doch auf die Situation an, überlegt sie sich. »Ich brauche einen Trick«, kommt sie – viel klüger, als sie zu sein scheint – zum Schluß.

Die Schnecke fragt also bewußt naiv: »Sag mal, ich muß immer mit meinem ganzen Körper ›laufen‹, aber du, wie machst du das? Du hast so viele kleine schöne Füße, die sich alle gleichmäßig und harmonisch bewegen.«

Der Tausendfüßler antwortet: »Das weiß ich auch nicht. Ich komme vorwärts, das genügt mir. Darüber denke ich nicht nach.«

Doch ehrgeizig wie Schnecken sind, fragt sie weiter: »Aber das muß man doch wissen, wie man so viele schöne Füße richtig und gleichförmig bewegt. Achte doch einmal beim Wettrennen darauf, wie du es schaffst, daß deine Füße nicht miteinander in Kollision geraten.«

Der Startschuß ertönte.

Es sah ganz so aus, als habe die Schnecke einen Frühstart gehabt. Das jedoch rührte daher: der Tausendfüßler kam einfach nicht vom Fleck. Er achtete so sehr auf die Reihenfolge seiner Fußbewegungen, daß sich seine vielen Füße verhedderten. Sie gehorchten ihm einfach nicht mehr.

»Mein Gott, so etwas gibt's doch gar nicht«, sagte sich der Tausendfüßler und versuchte nun mit doppeltem Eifer, die Füße Millimeter um Millimeter vorzusetzen.

Aber er bekam seine Füße nicht unter Kontrolle. Das machte ihn nervös, er wurde immer aufgeregter. Bald wußte er nicht mehr, wie er denn früher vorangekommen war.

Die Schnecke indes grinste sich eins, sie rückte zügig vor und brachte Zentimeter um Zentimeter hinter sich.

Bald durcheilte sie das Ziel, während der Tausendfüßler immer noch bemüht war herauszufinden, was ihm aufgetragen worden war.

Diese Geschichte dürfte symptomatisch sein für Schwierigkeiten, die auch dem PT-Übenden begegnen können.

Die Absicht als Fehler

Tun heißt nicht, daß man auch weiß, wie und was man tut. Die Absicht, das Atmen passiv geschehen zu lassen, mißlingt manchmal. Und genau so ist es mit der Intention, die Ausatmungsphase zu verlängern. Der beabsichtigte Zweck ist manchmal ein Hindernis auf dem Weg zum Ziel. Ch. Baudouin sprach von dem Gesetz der das Gegenteil bewirkenden Anstrengung. Anders ausgedrückt:

Je automatischer ein Vorgang – Atmung, Autofahren, Laufen, Sport, Sprechen usw. – abläuft, desto unkomplizierter und komplikationsloser läuft er im allgemeinen ab. Wohl nahezu jeder von uns dürfte das an sich selbst erlebt haben. Aber müssen wir denn nicht für unsere Vorhaben – AT, PT, Atmungsübung – absichtlich wollen? Nämlich etwas erreichen oder verbessern wollen? In der Tat, das Ziel, die Absicht dürfen wir nicht aus dem Auge verlieren, unsere Absicht ist natürlich zielgerichtet. Dennoch: wir müssen bei aller Absicht mit der erforderlichen Gelassenheit vorgehen. Wer zu viel will, erreicht wenig. Die Vorstellung regiert die Welt, nicht der Wille oder das Wollen, das wußte auch schon Napoleon, wenngleich er nicht danach handelte.

Am wenigsten Schwierigkeiten bereitet die PT-Atmung denen, die fast unmerklich ihre Ausatmung verzögern und sich dabei gleichsam selber über die Schulter schauen.

Wer sich zu absichtsvoll auf die Absicht konzentriert, erzeugt deutlich nachweisbare Spannungen im Organismus. Wir müssen, wie wir es auch vom Zen her kennen, versuchen, das Ziel mit absichtsloser Absicht zu erreichen. Wer sich bei diesem Vorhaben anstrengt, wirkt der Absicht entgegen. Das gilt speziell für die PT-Atmung bei Sprechbehinderungen wie Stammeln, Stottern und anderen Störungen.

Stottern ignorieren

Zahlreiche Eltern wissen nicht, daß Stottern bei ihren drei- bis vierjährigen Kindern ein Durchgangsstadium ist. Anstatt die Sprechfehler zu überhören, weisen sie ihre Kinder zurecht, gelegentlich so stark, daß es den Kindern buchstäblich die Sprache verschlägt. Bei ihren Jungen scheinen die Eltern besonders ungeduldig zu sein, denn es stottern fünfmal mehr Jungen als Mädchen.

In der Bundesrepublik stottern rund eine Million Menschen. Viele von ihnen werden in die Vereinsamung getrieben, in die Verzweiflung, einige sogar in den Selbstmord. Pädagogen und wohl auch die meisten anderen Menschen nehmen die Stotterneurose nicht ernst genug, zumal etwa zwei Drittel der sprachgestörten Kinder nicht therapiert werden. Zu viele von ihnen landen letzten Endes unnötigerweise in der Sonderschule.

Das persönliche Leid der Betroffenen ist so stark, daß sich in jüngster Zeit zahlreiche Stotterer-Selbsthilfegruppen gebildet haben, die gute Erfolge erzielen.

Psychotherapeuten weisen auf etwas hin, was in der Therapie offenbar nicht immer genügend berücksichtigt wurde: die Stärkung des Selbstvertrauens. Die Minderung des Selbstvertrauens führe zur gesteigerten Willensleistung und Anspannung, zur Verkrampfung und – wie sie es nennen – »damit zur motorischen Stauung im oralen Bereich«. Selbstvertrauen ist das Vertrauen zum eigenen Gefühl, nicht nur zur eigenen Leistung.

Erfolge in der Behandlung von Stotterern sind oft Anfangserfolge. Wie häufig hört man nicht als Kursleiter bei Kurs-Halbzeit von Teilnehmern, ihr Stottern habe sich erheblich gebessert. Am Schluß des Kurses jedoch ist davon nicht mehr die Rede. Mit dem PT haben wir bessere Erfolge erzielt als mit dem AT, weil die psychohygienische Thematik als Hauptlernziel die Stärkung der psychischen Gesundheit hat und damit auch die Kräftigung des Selbstvertrauens.

Die Selbsthilfegruppen haben im wesentlichen ein doppeltes Ziel: einmal soll die Gemeinschaft das Selbstvertrauen stärken, indem Minderwertigkeitsgefühle abgebaut werden; zum andern sollen die Betroffenen in ihrer Gruppe lernen, sich so anzunehmen, wie sie sind und wie sie sprechen. Dadurch kann das unbedingte Wollen vermieden werden, das das Lernziel aufhebt.

Von der Seniorin der Stottertherapie, Helene Fernau-Horn, stammen zahlreiche Empfehlungen, die auch für uns wichtig sind. In ihrem ausgezeichneten Buch »Die Sprechneurosen« weist sie auf den psychosomatischen Hemmungszirkel des Stotterers hin, einen »Funktionsautomatismus mit negativen Vorzeichen: Vorstellung des Versagens – Angst vor der Bloßstellung – Atemhemmung – Tonhemmung – Sprechhemmung. Es galt ganz einfach«, schreibt sie, »anstelle dieses Zirkels mit negativen Vorzeichen den gleichen Zirkel, nur mit positiven Vorzeichen, langsam und stetig einzuschleifen. Das heißt: Der Hemmungszirkel kann nur außer Kraft gesetzt werden durch einen genau entsprechenden Ablaufzirkel. Die Aufeinanderfolge der psychosomatischen Funktionen muß genau die gleiche sein wie beim Hemmungszirkel, nur stets mit umgekehrtem Vorzeichen. Also: anstelle der negativen Vorstellung des Versagens muß die positive Vorstellung des Gelingens erarbeitet werden, anstelle der Gemütserregung und Angst müssen Ruhe und Gelassenheit treten, anstelle von Atem-, Ton-, Sprechhemmung der Atem-, Ton-, Sprechablauf.«

Unsere PT-Atmung unterscheidet sich geringfügig von der Atmungsform, die Frau Fernau-Horn empfiehlt:

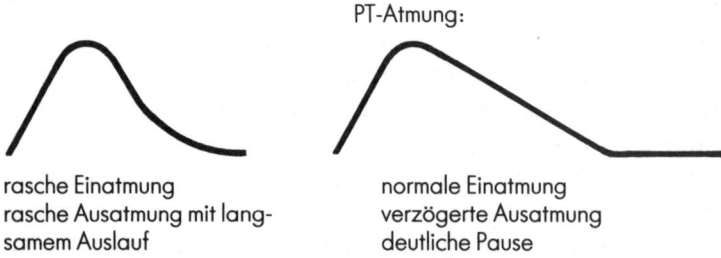

rasche Einatmung
rasche Ausatmung mit langsamem Auslauf

normale Einatmung
verzögerte Ausatmung
deutliche Pause

Die Hinweise von Frau Fernau-Horn richten sich an den Sprechenden, während die PT-Atmung für den Ruhenden gedacht ist.

Die Autorin ist davon überzeugt, daß das Führen eines Trainingskalenders mit vorgedruckten Wochentagen unerläßlich für ein Weiterkommen ist. Das entspricht dem von uns empfohlenen Trainingsprotokoll.

Nicht mit dem Willen, nicht mit bewußter Anstrengung dürfe man gegen das Stottern angehen, sondern man müsse sich eine positive Vorstellung von seiner Sprechsicherheit in seine Seele ein-bilden. Sie vergleicht die permanente Formelanwendung mit den Tropfen einer Tropfsteinhöhle, »die unaufhörlich, eintönig herunterfallen ..., die du wieder und wieder, leise und rhythmisch in dich hineinsprechen sollst, während du im Zustand tiefer Ruhe und Gelassenheit mit geschlossenen Augen daliegst. Jede Formel, die du sprichst, enthält wie der Wassertropfen einen flüchtigen Bestandteil, nämlich die Worte, die verklingen, und einen festen Bestandteil, nämlich das Spürchen Ruhe, Sicherheit und Zuversicht...«

Solche »Tropfsteinformeln« bewirkten eine direkte Ein-Bildung des Ablaufzirkels. Hier ein Beispiel, wie man eine Formelgruppe gestalten könnte (14):

»Meine Ruhe wächst von Tag zu Tag.
Meine Sicherheit wächst von Tag zu Tag.
Meine Zuversicht wächst von Tag zu Tag.«

Fordert man Stotterer auf, absichtlich zu stottern, dann können sie es in der Regel nicht. Das erinnert an einen störenden chronischen Schluckauf, der meist auch verschwindet, wenn man dem Opfer anbietet, das nächste Mal erhalte es 5 DM, wenn es wieder einen Schluckauf produziere.

Aber zurück zu den Hinweisen von Frau Fernau-Horn. Sie spricht von einem Ermutigungstraining, das der Vorsatzbildung im AT oder PT entspricht. Sein Ziel ist klar: Abbau von Angst und Vermehrung des Selbstvertrauens. Auch sie weist darauf hin, daß ja durch die mit dem Sprechen verbundene verlangsamte Ausatmung Druck und Spannung und damit zugleich momentane Angst abgeleitet würden. Ihre Merksätze kann man nur unterstreichen:

»Ich vertraue fest darauf:
Training hebt die Sprechangst auf!«

Vielleicht wirkt noch verstärkend diese Änderung:
»Felsenfest vertraue ich darauf:
stetes Training hebt die Sprechangst auf.«

»Mut haben, heißt anpacken,
Ausdauer haben, heißt immer wieder anpacken!«

Die Familie spielt eine entscheidende Rolle sowohl bei der Entstehung wie bei der Behandlung des Stotterns. Auch sie muß genau wie der Betroffene lernen, gelassen zu werden:

Am Ende eines PT-Kurses erfuhr ich von der Mutter eines Stotterers, das PT-Entspannungstraining und die Psychohygiene hätten sie so sehr beruhigt und gestärkt, daß sich das sogar auf die (randneurotische) Stotterstörung ihres Sohnes positiv ausgewirkt habe. Sie wolle jetzt ihren Mann und den

Sohn zum Kurs schicken. Am Ende des nächsten Kurses bestätigte dann der Sohn, seine Störung sei nur noch in Streßsituationen zu bemerken, er habe keine Schwierigkeiten mehr in der Schule, seine Lehrer seien viel netter und »aufmerksamer« als früher.

Vergessen wir nicht: Unsere Schwächen werden wir in der Regel nicht durch einen Kurs zum Verschwinden bringen, sondern nur durch lebenslanges Training. Jeder Mensch braucht Impulse für sein Wohlergehen, der Stotterer eben auf anderen Gebieten als wir.

»Es werden mehr Menschen durch Übung tüchtig als durch ihre ursprüngliche Anlage« – das sagte schon Demokrit (ca. 465–380).

Alte Erfahrungen berücksichtigen

Seit erdenklichen Zeiten ist bekannt, daß man sich, will man Atmungstherapie betreiben, in die Atmungsvorgänge »einschleichen« muß, um Erfolg zu haben. Es ist also auf keinen Fall richtig, den Übenden zu empfehlen: »Nun alle mit dem Zwerchfell atmen.« Oder: »Bitte schön tief atmen.« Oder: »Strecken und einatmen, dann beugen und ausatmen.« Bei hochgestreckten Armen kommt es im übrigen zu einer Behinderung der Zwerchfellatmung, so daß die nicht gewünschte Hochatmung gefördert wird. Man muß behutsamer vorgehen.

Störungen treten vor allem dann auf, wenn wir aktiv oder langsam einatmen, ohne die Pause nach der Ausatmung zu beachten. Das vegetative Nervensystem regelt diese Vorgänge automatisch, an uns liegt es lediglich, diese Impulse zu respektieren.

Wer also richtig oder natürlich atmen lernen will, muß besonders viel Fingerspitzengefühl dafür haben. Oder er wendet sich von vornherein an einen Atmungstherapeuten.

Ich kann daher nur Hinweise geben, die im übrigen auch schon zum großen Teil vor Jahrtausenden in Indien und China bekannt waren (42, 48, 35 u. a.). Zuerst einmal muß man dies beachten:

Jede Atmungsmethode beginnt mit einer vertieften Ausatmung.

Dann wartet man, bis die Einatmung von allein erfolgt. Sie ist also auch etwas tiefer als die gewöhnliche Einatmung. Auf die Einatmung folgt keine Pause, die Atmung kippt ohne Pause um, es kommt zur Ausatmung, die länger sein sollte als die Einatmung. Eine normale Atemkurve kann ungefähr so aussehen:

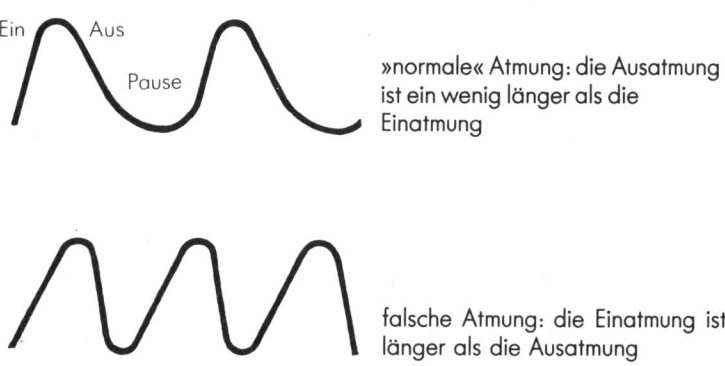

»normale« Atmung: die Ausatmung ist ein wenig länger als die Einatmung

falsche Atmung: die Einatmung ist länger als die Ausatmung

Die Pause nach der Einatmung, das Luftanhalten oder Atemhalten ist gewollt und künstlich. In einigen Atmungstechniken des Yoga, mit denen ganz andere Ziele erreicht werden sollen, mag das Atemhalten seine Berechtigung haben; im PT vermeiden wir es. Schon Buddha, der selbst aus dem Yoga kam, wehrte sich gegen das willentliche Anhalten des Atems nach der Einatmung.

Zu flaches Atmen

Die natürliche Atmung ist weich, ihre Kurvendarstellung zeigt Rundungen und keine Zacken. Ein- und Ausatmung sowie Pause verlaufen in einem Rhythmus. Bei genauer Analyse sieht man, daß sich die Atemzüge einer in Ruhe befindlichen Person zwar einigermaßen ähneln, jedoch nicht gleich sind. Das Ziel einer Atmungsübung sollte also nicht die Gleichförmigkeit der Atemzüge sein. Nicht einmal im Schlaf verlaufen die Kurven der Atemzüge gleich.

 zu schnelles und flaches Atmen

Ein solches schnelles und flaches Atmen findet sich häufig bei nervösen Menschen. Sie atmen am Tag etwa 18 000–25 000mal und gelegentlich noch öfter; das sind 14–18mal pro Minute.

In der Atmungskunst des Yoga gibt es Anweisungen (48), wie man seine Atmung auf 3600 Atemzüge am Tage reduzieren kann. Daran läßt sich erkennen, wie groß die Differenz zwischen nervösem und gelassenem Atmen sein kann.

Da bei schneller und flacher Atmung in der Regel auch die Herzfrequenz erhöht ist, bedeutet sie auf die Dauer eine große Anstrengung für den Organismus. Es hat Vorteile, wenn sowohl Herz- wie Atemfrequenz niedrig sind. Das kann man auf die verschiedenste Art und Weise erreichen, vor allem durch langsam gesteigerte Leistungen im Sport (32). Ein anderer Weg führt über eine tiefere Atmung. Man sollte sich aber niemals ohne Absprache mit seinem Hausarzt ein Ziel setzen, beispielsweise sich nicht, ohne ihn konsultiert zu haben, vornehmen, eine Pulszahl von 60 Schlägen pro Minute zu erreichen.

Zu flaches Atmen heißt auch: es herrscht Bewegungsmangel im Bauchraum. Seine Organe müssen dann unter erschwerten Bedingungen arbeiten. Nicht umsonst haben Atemtherapeutinnen oftmals so überraschende Erfolge bei der Behandlung von Verstopfung, Gallenblasenbeschwerden, Magenstörungen, Darmreizungen, um nur einige Beispiele zu nennen. Richtiges Atmen bei psychosomatischen Erkrankungen ist also Ganzheitstherapie und keine Symptom-Kuriererei wie sonst so häufig gerade bei diesen Leiden.

Flachatmer machen in der Regel nach dem Ausatmen keine Pause. Diese notwendige Pause – sie ist ja ein Zeichen der Ruhe – brauchen wir nur dann nicht einzuhalten, wenn wir einmal »außer Atem« geraten sind, sei es durch Bewegung oder Erregung. Jede innere oder äußere Bewegung führt zu einer Atmungsveränderung, jeder anhaltende Reiz natürlich ganz besonders. Das kann so weit gehen, daß es zur Pendelat-

Pendelatmung

mung kommt, die zwar nach Dauersportleistungen – wenn man sich schnell wieder erholen will – angebracht ist, sonst aber nicht.

Weitere Fehler beim Atmen

Bei nervösen Menschen, auch bei Menschen mit mangelndem Selbstwertgefühl, findet man nicht ganz selten ein sogenanntes paradoxes Atmen, wobei der Bauch beim Einatmen eingezogen und beim Ausatmen vorgewölbt wird. Eine solche Fehlatmung kann man wegtrainieren.

Einen lobenswert »langen Atem« – wie der Volksmund ihn nennt – haben Menschen, die im Sport und bei der Verfolgung ihrer Ziele ausdauernd sind. Diesen langen Atem haben auch Redner, die sich bemühen, die Satzzeichen in die Atempausen zu bringen. Sie sprechen dadurch deutlicher, klarer, wirkungsvoller als Menschen, die ohne Rücksicht auf Satzzeichen im Stakkatostil loslegen und vielleicht auch noch hörbar einatmen. Sprechhygiene geht einher mit guter Atmung.

Asthma ist eine anfallsweise auftretende Behinderung der Atmung durch einen Krampf der Muskelschicht der kleinen Bronchien. Gleichzeitig wird im Anfall ein zäher Schleim abgesondert, der den quälenden Lufthunger verschlimmert. Da die Einatmung nun aber ein aktiver und kräftiger Prozeß ist, die Ausatmung dagegen ein mehr passiver und schwächerer, bleibt das Zwerchfell beim Asthmatiker in der Einatmungsstellung fixiert – der Kranke kann nur mühselig ausatmen, so daß es zur mangelhaften Versorgung des Blutes mit Sauerstoff kommt. Die Folge ist, daß sich Hände und Füße – im schweren Anfall auch das Gesicht – bläulich verfärben, der ganze Körper fühlt sich kalt an. Dieser Zustand ist von hochgradiger Angst begleitet, die sich bis zur Todesangst steigern kann.

Lernziel des Asthmatikers ist, sich schnell entspannen zu können. Das erreicht er durch alle drei Übungen unseres Trainings. Wenn der Asthma-Kranke ruhig und gelassen ist, wird auch seine Muskulatur ruhig und weniger zur Verkrampfung neigen. Diese Erfahrung haben wir hundertfach bestätigt bekommen.

Verspannungen und Verkrampfungen machen sich durch

eine verspannte und verkrampfte Einatmung bemerkbar. Wer unter Spannung steht, dessen Einatmung wird gestört. Wer unter Dauerspannungen steht, darf damit rechnen, daß sich seine Atmung ebenfalls dauerhaft verändert.

Umgekehrt kann man unter Nutzung der physiologischen Zusammenhänge durch methodisches Atmen mehr Ruhe in den Organismus bringen, so daß sich Verspannungen und Verkrampfungen ein wenig lösen. Auch erfahrene Psychotherapeuten haben die Einwirkungsmöglichkeit der Atmung auf das körperliche und geistige Geschehen erkannt. 1949 bestätigte beispielsweise der Psychotherapeut G. R. Heyer (46) diese alte Yoga-Erfahrung: Die Atmung »ist wie keine andere Funktion des Menschen geeignet, die via regia seiner Selbstfindung und -gestaltung zu sein«.

Es wäre zu wünschen, daß sich auch die moderne Medizin mehr als bisher dieses starken und heilsamen Rückkoppelungseffektes erinnert. Man hat ihn schon früher geschätzt, weshalb die Atmung in alten Religionen und Heiltechniken eine wichtige Rolle spielte. Wir denken, wie wir atmen; wir atmen, wie wir denken – diese von der Gymnastiklehrerin G. Stebbins schon kurz nach der Jahrhundertwende wieder aufgegriffene Yogaweisheit (in ihrem Buch »Dynamic Breathing and Harmonic Gymnastics«) besagt, was man im Verhalten eines Menschen täglich beobachten kann: Inneres äußert sich (durch die Atmung), und Äußeres »innert« sich.

Die PT-Atmung

Auf die Frage, wie man atmen soll, antworteten Eingeweihte im alten China: »Nur der Kranke atmet mit der Lunge; der Gesunde atmet mit der großen Zehe.« Kranke atmen flach. Die mechanischen Auswirkungen der flachen Atmung bleiben umschrieben, die Saug- und Massagewirkung ist gering. Bei der Vollatmung des Gesunden wird der ganze Körper durchwellt – bis zur großen Zehe.

Der Gesunde durchatmet seinen ganzen Körper.

Auch wir wollen das lernen. Was bezweckt nun die Atmung im PT im einzelnen?

Das Ziel der PT-Atmung ist, den Organismus als Ganzes zu

erreichen und zu bewirken, daß sich die Ausatmungsentspannung im Körper ausbreitet, generalisiert, daß sich mehr Ruhe im Organismus einstellt und daß der Weg für eine schnell verfügbare allgemeine Entspannung geebnet wird.

Man setzt sich für die PT-Atmung aufrecht, aber nicht überstreckt hin. Die Schulterblätter werden, soweit dies ohne Anstrengung möglich ist, zusammengeführt. Dadurch kommt es zu einer Entlastung des Zwerchfells. Die Brille wird, falls vorhanden, abgenommen. Die Hände ruhen auf den Oberschenkeln, die Handinnenflächen dürfen nach oben zeigen. Hals und Leib sind frei von beengenden Kleidungsstücken. Die Schultern werden ein-, zweimal hochgehoben und wieder fallen gelassen. Kontrollieren Sie, ob Sie auch wirklich entspannt sitzen. Die Sammlung als Einstimmung erfolgt wie schon angegeben.

Jede Sitzung einer PT-Atmung wird mit einer vertieften Ausatmung begonnen. Danach wartet man, bis die Einatmung von allein kommt. Sie ist in der Regel etwas tiefer, als man es sonst gewohnt ist. Dann wird verzögert ausgeatmet, worauf die Pause folgt.

Stichwortartig:
Vorbereitung: Sammlung/Einstimmung –
vertiefte Ausatmung unmittelbar vor der
PT-Atmung:
– Die Einatmung ist tabu. Sie geschieht automatisch.
– Keine Pause nach der Einatmung, die Atmung »kippt um«.
– Die Ausatmung erfolgt »gezügelt« und leicht verstärkt.
– Die Pause nach der Ausatmung muß deutlich spürbar sein.

Das Verhältnis zwischen Einatmung, Ausatmung und Pause ist selbstverständlich individuell immer verschieden. Die Ausatmung ist auch schon bei der normalen Atmung ein wenig länger als die Einatmung. Manchmal allerdings sind die Unterschiede sehr gering. Und gar nicht selten sind Ein- und Ausatmung gleich lang, wobei die Pause durchaus richtig eingehalten wird. Daß sogar völlig Gesunde gelegentlich länger einatmen als ausatmen, deutet nicht auf psychische Schwierigkeiten hin: es wäre voreilig, von zeitweiser schlechter Atmung unbedingt auf mangelnde Gesundheit zu schließen – unser Organismus kann sehr viel selbst regulieren, und stets bedarf es mehrerer Symptome, um eine Diagnose stellen zu können.

Die PT-Atmung fordert als erstes, den aktiven Vorgang der Einatmung nicht zu verändern; die Einatmung ist tabu. Das soll nun nicht heißen, daß gelegentliches bewußt tiefes Einatmen keinen Nutzen habe, vielleicht sogar Schaden anrichte. Vielmehr ist gemeint, daß es auf die Dauer der Gesundheit nicht dienlich ist.

Die zweite Forderung lautet, nach der Einatmung keine Pause zu machen, die Atmung soll »umkippen« wie die Tide.

Das dritte und entscheidende Kriterium der PT-Atmung ist die gezügelte Ausatmung. Im Griechischen heißt Zwerchfell phrän = Zügel. In Sängerkreisen spricht man von der »Zwerchfellstütze« und versteht darunter das antagonistische (entgegengesetzte) Zusammenwirken von Zwerchfell und Bauchmuskeln während der Ausatmungsphase. Wichtig ist also: die PT-Ausatmung erfolgt langsamer als die normale Ausatmung, sie ist verhalten, wobei das Zwerchfell »zügelt« und die Bauchmuskeln ganz leicht und deutlich spürbar gegenhalten. Im Yoga spricht man (35) vom Atmen mit »kontrollierter Bauchwand«. Wenn man bei der Ausatmung einmal darauf achtet, spürt man sofort, was damit gemeint ist.

Bei übertriebener Bauchatmung ist diese Kontrolle kaum möglich, weil dann die Bauchmuskulatur so entspannt ist, daß sich der Leib extrem stark vorwölbt. Er fällt sozusagen vor.

»Bei langer Ausatmung ist man im Atem, bei umgekehrtem Atemrhythmus mit kurzer Aus- und langer Einatmung außer Atem«, schreibt die Krankengymnastin D. Jacobs (21). Man sollte in diesem Zusammenhang darauf hinweisen, daß Menschen, die sich durch Lachen, aber auch durch Weinen, Schluchzen oder gar Singen und Reden »Luft machen«, vorwiegend die Ausatmung verlängern: Streßabbau durch verlängertes Ausatmen. Das muß auch schon im alten Griechenland bekannt gewesen sein, denn in Athen gab es eine Stimmgymnastik wie heute bei uns eine Krankengymnastik. Psychosomatische Störungen wurden damals durch Schreien, Rufen, Singen, Deklamieren, Lachen, Weinen u. ä. behandelt (Anaphonesis). Die positive Wirkung beruhte auf dem Zwerchfelltraining, dem verlängerten Ausatmen.

Unsere PT-Atmung macht sich solche Hinweise zunutze, sie ist auch mit aus der Erfahrung heraus entstanden, daß man während der Ausatmungsphase die Entspannungsreaktionen verstärken kann.

In den Kursen wurde ich des öfteren gedrängt, doch einmal Zeitangaben für das Verhältnis zwischen Ein- und Ausatmung zu machen. Hier sind einige wahllos herausgegriffene Beispiele für die Atmung gesunder Personen, die nicht wußten, worum es ging:

Frau, 17 Jahre,	Ein = 2,2 sec.,	Aus = 2,4 sec.
Frau, 23 Jahre,	Ein = 1,9 sec.,	Aus = 1,9 sec.
Frau, 50 Jahre,	Ein = 3,9 sec.,	Aus = 4,1 sec.
Frau, 52 Jahre,	Ein = 4,0 sec.,	Aus = 3,8 sec.
Frau, 59 Jahre,	Ein = 2,4 sec.,	Aus = 2,9 sec.
Mann, 21 Jahre,	Ein = 3,3 sec.,	Aus = 4,2 sec.
Mann, 35 Jahre,	Ein = 3,1 sec.,	Aus = 2,6 sec.
Mann, 41 Jahre,	Ein = 2,1 sec.,	Aus = 2,8 sec.
Mann, 56 Jahre,	Ein = 2,9 sec.,	Aus = 2,7 sec.
Mann, 57 Jahre,	Ein = 3,2 sec.,	Aus = 3,6 sec.
Mann, 59 Jahre,	Ein = 3,1 sec.,	Aus = 4,5 sec.
Mann, 62 Jahre,	Ein = 3,5 sec.,	Aus = 3,4 sec.

Nun gibt es Autoren (u. a. 22), die das Verhältnis zwischen Ein- und Ausatmung mit 2:4–6 Sekunden angeben. Solche Verhältniszahlen habe ich in der Praxis nie gefunden.

Die Pause nach der Ausatmung darf nicht forciert werden, sie muß sich von selbst ergeben. Ihre Dauer wird ähnlich wie bei einem Computersystem ohne unser Zutun bestimmt. Reize und Meldungen aus der Peripherie, von zentralen Stellen, aus dem Blut und auch aus der Umwelt werden automatisch zu einem Atemimpuls vereinigt. Dieses System ist so kompliziert, so wunderbar, daß man sich hüten sollte, gewaltsam einzugreifen. Eben daher lassen wir die Einatmung geschehen.

Eine einfache Methode, die Ausatmung verlängern zu lernen, besteht darin, daß man beim Einatmen im Sekundentakt bis drei zählt und beim Ausatmen nach Möglichkeit bis fünfzehn.

Das gleiche können Sie erreichen, indem Sie in diesem Buch einen Abschnitt laut lesen und sehen, wie weit Sie mit einem Atemzug kommen. Das wiederholen Sie jeden Tag. Schon nach zwei Wochen werden Sie deutlich mehr Worte lesen können als zu Beginn des Versuches. Eine Pause nach der Ausatmung sollte aber in beiden Fällen eingehalten werden.

Einfach – und doch schwierig

Auch einfache Dinge haben ihre Tücken. Nicht allen fällt diese leicht zu lernende Atmung auch wirklich leicht. Einige atmen zu bewußt, zu zielstrebig, zu ehrgeizig, so daß sie sich dadurch selbst im Wege stehen. Andere gehen zu sehr »mit dem Kopf« an die Aufgabe heran, anstatt erst einmal zu versuchen, die eigene Atmung zu spüren, um sich dann unmerklich in den Ausatmungsvorgang »einzuschleichen«. Wer diese beiden Hauptfehler begeht, kann paradoxe Reaktionen auslösen, das heißt, er wird anfangs nicht ruhiger, sondern vielleicht sogar unruhiger.

Je unbewußter die PT-Atmung abläuft, desto besser, desto weniger besteht die Möglichkeit, etwas falsch zu machen. Wenn man sich vor allem daran erinnert, daß die Einatmung nicht verändert werden soll, hat man schon viel gewonnen. Denn man kann sonst ja kaum etwas falsch machen. Die Sänger – aber auch manche Redner – sind doch Künstler darin, mit der Ausatmung dosiert und gezügelt umzugehen. Und sie arbeiten oder singen in der Regel mehrere Stunden am Tage. Das gleiche gilt auch für Musiker, die Blasinstrumente spielen.

Die PT-Atmung wird nur ein bis zwei Minuten in dieser Weise durchgeführt.

Wann soll man sie anwenden?

Der große Vorteil dieser Methode ist: man kann sie auch im Geschehen selbst anwenden – vor und während eines unangenehmen Gespräches, immer, wenn man mehr Ruhe gewinnen will; sogar beim Autofahren läßt sich die PT-Atmung ohne Gefahr und Schwierigkeit einsetzen. Selbstverständlich werden die Augen dabei offengelassen. Daß der Ruheeffekt dadurch etwas leidet, wird in Kauf genommen, dennoch ist der Erfolg deutlich spürbar. Wer während der Arbeit gestreßt wurde, kann sofort oder auf dem Nachhauseweg im Auto oder in der Straßenbahn damit beginnen, seine Spannungen auszuhauchen, abzubauen. Dies ist der große Vorzug gegenüber anderen Methoden, die eine möglichst optimale Ruhe, innen wie außen, erfordern, um wirken zu können.

Da die PT-Atmung zu einer vertieften Entspannung führt, wird der Übende auch automatisch leichter und schneller einschlafen als sonst. Daß die Entspannung die Tendenz hat, sich im Körper auszubreiten, ist ja vom Einschlafen her bekannt. Durch diese Generalisierung werden motorische wie angrenzende vegetative Zentren im Zwischenhirn beruhigt, der Körper schaltet von der Arbeits- in Richtung Ruhe- oder Aufbauphase um. Diesen Vorgang können wir unterstützen; wer die PT-Atmung und/oder das PT beherrscht, wird die Umschaltung sogar sofort willkürlich einleiten können, er erreicht »an jedem Ort, zu jeder Zeit Ruhe und Gelassenheit«.

Was die Übenden berichten

Wenn man Kursteilnehmer, die eine Woche lang geübt haben, fragt, welche Erfahrungen sie damit gemacht haben, erhält man Antworten wie diese: »Während der Arbeit beruhigte mich das ungemein«, schrieb eine Sekretärin aus einem Ministerium in ihr Protokoll. Ein 52jähriger Pädagoge mit einem labilen Hochdruck: »Ich messe meinen Blutdruck mehrfach am Tage. Nach dem Üben hatte ich jeweils einen niedrigeren Blutdruck als vorher. Ich nehme jetzt weniger blutdrucksenkende Mittel.« So etwas sollte jedoch nur nach Rücksprache mit dem Arzt geschehen. »Ich wende diese Atemtechnik abends vor dem Einschlafen an und sonst regelmäßig nur dann, wenn ich meine, es täte mir gerade gut. Dann atme ich in der von Ihnen angegebenen Weise vier, fünf, selten sechs Atemzüge lang. Schon diese Frequenz beruhigt mich«, berichtete ein junger Jurist. Eine Musikstudentin: »Seitdem ich die PT-Atmung anwende, kann ich mein Lampenfieber besser bekämpfen, so daß ich nicht mehr darunter leide.«

Sich gesund atmen

Was können wir mit der PT-Atmung alles erreichen?
1) Wenn die Atmung ruhiger wird, wird auch der Übende ruhiger. Wenn der Trainierende die Pause nach der Ausatmung gelassen erwarten kann, wird er auch in anderen Situationen gelassen bleiben. Die Atmung beeinflußt den ganzen Menschen und nicht nur ein Symptom.
2) Die verlängerte Ausatmung führt zu einer physiologischen Entspannung des gesamten Organismus – eine alte Erfahrung aus dem Yoga, die im AT unter der Bezeichnung »Generalisierung« bekannt ist.
3) Dadurch, daß sich der Übende der Atmung zuwendet und dennoch nahezu unbeteiligt das jeweilige Geschehen beobachtet, löst er sich von seinen Alltagssorgen und -gedanken. Er kommt zu sich selbst und fühlt sich wohl »in seinem eigenen Hause«. Das kann man nicht von vielen Menschen sagen. Die Abkehr von der Umwelt während der Übung, das Sichzurückziehen in sich selbst, kann der Selbstfindung dienlich sein.
4) Regelmäßiges Trainieren setzt Konzentration voraus; dadurch bessert sich bei vielen die Konzentrationsfähigkeit. Die PT-Atmung ist eine »konzentrative Atmungsmethode«.
5) Der Übende erfährt an sich selbst die Ganzheit von Leib und Seele. Wenn er sich nicht geistig auf die Übung einstellt, wenn er seine Emotionen/Affekte mit in das Training einbringt und sich schließlich nicht dem körperlichen Geschehen zuzuordnen weiß, wird es nicht zur gewünschten Einheit von Geist, Seele und Körper kommen. Dann bleibt er zerrissen, nervös, zerfahren und ist nicht in der Ordnung.
6) Der Übende wird bei konsequentem Trainieren »ein ganzer Kerl« – der in seiner Mitte ruht, nicht so leicht aus sich herausfällt, nicht in Betriebsamkeit flieht und sich seinem Gewissen stellt. Er gewinnt Selbstbeherrschung und Besonnenheit.
7) Die PT-Atmung führt zu einer Verstärkung der Vorsätze, der Vorstellungkräfte sowie des Meditationsgeschehens. Man durchatmet den gesamten Körper, kann warme Ausatmungsluft in kalte Füße »senden«, kann Angstvorstellungen beseiti-

gen und bei gesicherter Diagnose Schmerzen lindern – kurz, man kann sich gesund atmen.

8) Dieses Sich-gesund-Atmen sollte am besten schon in den Schulen systematisch gelehrt werden.

Atmungstherapeuten und andere Kompetente haben unzählige Male auf die Notwendigkeit des richtigen Atmens in den Schulen hingewiesen. Die von mir ausgebildeten Pädagogen berichten von so ermutigenden Erfolgen, daß sich auch die Eltern darum kümmern sollten. Wenn Goethe in der »Pädagogischen Provinz« sagt: »Bei uns ist der Gesang die erste Stufe der Ausbildung; alles andere schließt sich daran und wird dadurch vermittelt«, so steht dahinter eigentlich die gleiche Überlegung.

Singen heißt: richtig atmen lernen.

Richtig atmen lernen heißt: mehr Gesundheit gewinnen.

9) In gewisser Weise ist die PT-Atmung eine Atem- oder besser eine Atmungsschulung (Pneopädie). Das Wort Schule kommt ursprünglich aus dem Griechischen (s-cholä) und bedeutet soviel wie »Muße«. In der Muße lernen wir. In der Muße sind wir entspannt. Schulung heißt so gesehen: lernen in der Entspannung.

Durch neuere Ergebnisse aus den Suggestologie-Instituten in Sofia und Moskau wurde noch einmal bestätigt, daß man in der Entspannung – eventuell bei unaufdringlicher Musik – viel besser lernen kann als in gespannter Atmosphäre.

10) Die körperliche Leistungsfähigkeit wird geringfügig, die geistige dagegen ganz erheblich verbessert.

Die Atmung in Ordnung bringen heißt, den ganzen Menschen in Ordnung bringen.

Wenn die Atmung stimmt, stimmt der Mensch. Man beachte: stimmen kommt von Stimme. Was sich dahinter verbirgt, ist wiederum die verlängerte Ausatmung.

Christian Morgenstern meinte einmal, der Körper sei der Übersetzer der Seele ins Sichtbare. Für die Atmung trifft das ganz besonders zu.

11) Die PT-Atmung kann zum Einschlafen führen. Umgekehrt kann man auch wach bleiben, wenn man zwerchfellerschütternde Bewegungen (Lachen, Husten, stoßweises Ein- und Ausatmen) ausführt.

12) Wenn man einen erhöhten Blutdruck hat, kann man durch die PT-Atmung den Blutdruck senken.
13) Angst, vor allem Erwartungsangst, kann abgebaut werden.
14) Erregungszustände lassen sich durch PT-Atmung lindern. Wendet man die Methode präventiv an, kann es zu einer flacheren Reaktionskurve kommen, zu einer Distanzierung vom Disstressor oder – wie es im AT heißt – zu einer »Resonanzdämpfung der Affekte«.

15) Sowohl voraussehbarer Schock – beispielsweise wenn man als Unerfahrener bei einem Unfall Erste Hilfe leisten muß – wie auch bereits eingetretener Schock lassen sich im Schweregrad verringern. Es wäre unverzeihlich, wenn Erste-Hilfe-Leitfäden eine solche »konzentrative Atmungsmethode« nicht berücksichtigten.

Was der Volksmund aus tiefster Erfahrung empfahl: »Nun atmen Sie erst einmal tief durch«, können wir heute physiologisch begründen. Mit der PT-Atmung greifen wir tief ins psychosomatische Geschehen ein.

16) Zahlreiche Mütter, die die PT-Atmung beherrschten, konnten ihr Kind sehr viel leichter zur Welt bringen, indem sie diese Methode während der Austreibungsperiode anwendeten. Auch die Geburtsschmerzen seien nie quälend gewesen, gaben sie zusätzlich an. So haben denn auch einige Lehrkräfte an Hebammenschulen die PT-Atmung in ihr Ausbildungsprogramm aufgenommen.

17) Eine junge Schweizerin litt seit Jahren unter Tunnelangst. Was das gerade in der Schweiz bedeutete, braucht nicht erst betont zu werden. Mit Hilfe der PT-Atmung schaffte sie es, sich von dieser Angst zu befreien.

Keine Angst vor Prüfungen

Wohl alle Menschen müssen sich zu irgendeiner Zeit ihres Lebens mit der Examensangst auseinandersetzen. Wie immer ist auch in einer solchen Situation das Ausmaß der Angst bei jedem verschieden. Eine normale Angst kann sich bei vielen sogar leistungssteigernd auswirken: dann ist der Prüfling auf dem Qui-vive, er befindet sich in einem gesunden Spannungszustand, der ihn anregt, aber nicht erregt oder aufregt.

Zahlreiche Faktoren beeinflussen Verlauf und Ergebnis einer Prüfung – beispielsweise die Prüfungsorganisation, die äußeren Bedingungen, die individuelle Angstbereitschaft von Prüfling und Prüfer, der Gesundheitszustand und die Streßtoleranz von beiden und vieles andere mehr. Wer die Prüfungssituation unbewußt als Gefahrenquelle ansieht, weil er durch seine eigene Entwicklung so geprägt wurde, kann leicht neurotisch reagieren – mit übersteigerter Angst, konfusem Denken (»habe ich das gesagt?« oder »das meinte ich aber so« usw.), mit widersprüchlichen Antworten oder sogar mit Denkblockaden, so daß er Daten, die er normalerweise sofort zur Hand hat, nicht mehr reproduzieren kann.

Bis zu einem gewissen Grade ist eine solche Reaktion sogar biologisch, weil streßbedingt.

Wenn sich der Prüfling intensiv auf die Prüfung vorbereitet und seine übermäßige Prüfungsangst mit Hilfe der PT-Atmung überwunden hat, verschafft er sich selbst bei sehr negativen Prüfungsfaktoren erhebliche Vorteile.

Entspannung heißt das Zauberwort, wenn man Zugang zu seinem eigenen Wissensschatz erhalten will. Und sie läßt sich am Ort der Tat durch die PT-Atmung am schnellsten erreichen – sie könnte auch Ihre Geheimmethode werden, weil man sie unbemerkt und unauffällig anwenden kann.

Schüler und Studenten, die meine Kurse und Vorlesungen besuchten, haben häufig darauf hingewiesen, daß sie sich mit der PT-Atmung vor schriftlichen Arbeiten oder in mündlichen Prüfungen gut und oft sogar sehr gut helfen konnten. Pädagogen, die ihren Schülern vor Klassenarbeiten oder Prüfungen empfehlen, die PT-Atmung anzuwenden, berichten, die Zensuren der Kinder hätten sich im Schnitt um eine halbe bis eine Note verbessert. Wenn die Kinder mit der PT-Atmung vertraut sind, bitten sie von sich aus ihre Lehrer, diese Atmung vor jeder Klassenarbeit mit ihnen zu praktizieren. Weiter hören wir von den PT-Lehrkräften, daß die Kinder so sehr von »ihrer« Atmung überzeugt sind, daß sie sie auch anderen beizubringen versuchen.

Durch Blitzentspannung zur Blitztherapie

Mit der PT-Atmung werden in allen Bereichen der Präventivmedizin schnelle Erfolge erzielt. Ein stets nervöser und gereizter, sich dauernd verhaspelnder Schüler nannte diese Art zu atmen »meine Blitzmethode«, die ihm in seiner Klasse einen schon nicht mehr erhofften Erfolg schenkte. Er kann jetzt, wie er in einem meiner Kurse stolz berichtete, jedem Lehrer klare Antworten geben, während er früher nur halbe Sätze zustande brachte. Es sind also die Distanz zu sich selbst sowie die Entängstigung, die ihm bei normaler Intelligenz zu diesem schönen Erfolg verhalfen.

Während andere Entspannungsmethoden einer großen Anlaufzeit bedürfen, kann die PT-Atmung einen Menschen tatsächlich in wenigen Atemzügen zur Ruhe bringen. Das Wort »Blitztherapie« ist im Vergleich zu den meisten übrigen psychotherapeutischen Methoden berechtigt. Die PT-Atmung ist in der Tat eine besonders stark und überraschend schnell wirkende psychophysische Beruhigungsmethode, die von jedem angewendet werden kann.

Die PT-Atmung ist »ein Stoß ins Vegetativum« mit Instantwirkung.

Besonders im Sport trägt die PT-Atmung bei Startfieber und Erregungszuständen oft zur Leistungssteigerung bei. Sie kann Erwartungsängste jeglicher Art durch eine Blitzentspannung sowie durch Konditionierung auf ein normales Maß reduzieren.

Und der größte Vorteil – das muß immer wieder betont werden – ist sicherlich: die PT-Atmung läßt sich in jeder Situation anwenden. Im Liegen, im Sitzen, im Stehen, im (langsamen) Gehen – man kann sich immer mit wenigen Atemzügen ruhigstellen, in plötzlichen Notfällen wie in chronischen Konfliktsituationen. Streßsituationen verlieren dadurch einen Teil ihrer schädlichen Wirkungen.

Ein Ziel der PT-Atmung und des ganzen Trainings ist, daß der Übende nicht »labil« reagiert, sondern »normal« oder wenn möglich »stabil«. Eine stoische Reaktionsweise anzustreben, würde uns wahrscheinlich alle überfordern. Wir wollen also durch das PT-Training lediglich »Distanz« erreichen, uns distanzieren von kränkenden Erlebnissen, unter die Haut gehenden Ereignissen, von den eigenen Gefühlen und Leidenschaften, die das normale Maß überschreiten. Zwar sollte man Gefühle ruhig äußern und sich zu ihnen bekennen. Dennoch kann man sich ihnen überlegen zeigen. Dieser Abstand zu sich selbst und den Geschehnissen um einen herum kann auch zu einer humorvollen Einstellung führen. Vor allem jedoch führt er zu größerer Objektivität und besserer Entscheidungsfähigkeit.

Überatmung

Wenn man zu tief und zu schnell atmet, dem Körper also in der Zeiteinheit mehr Sauerstoff zuführt als notwendig, können ganz bestimmte Reaktionen auftreten. Der Körper gibt dann mehr Kohlendioxid ab, als ihm guttut, er gelangt in einen Zustand der »respiratorischen Alkalose«, die sich in Unruhe, Angst, Herzklopfen, Kribbeln in den Händen, Pelzigwerden im Mundbereich, Pfötchenstellung der Hände (Geburtshelferhand), rhythmischen Zuckungen und Bewußtlosigkeit manifestiert. Wenn man bei den ersten Symptomen vor lauter Angst noch weiter tief und schnell atmet, kann es zu der sogenannten Hyperventilationstetanie (Überatmungskrämpfe) kommen.

Stabile Menschen müssen schon etwa 15 Minuten in dieser falschen Weise atmen, ehe Krämpfe entstehen. Aber das Problem ist: vegetativ Labile müssen nicht unbedingt überatmen, bei ihnen kann das Atemminutenvolumen schon unter normalen Bedingungen 83 bis 96 Prozent über dem Sollwert liegen, sie zeigen also eine Anlage zum Hyperventilationssyndrom.

Ich selbst habe während meiner vielen Kurse noch nie dergleichen erlebt. Aber für den Allgemeinpraktiker ist die Hyperventilation, die Überatmung, ein häufig vorkommendes Bild. Betroffen werden vor allem Kinder und junge Frauen. Das erste Auftreten ist für die Betroffenen natürlich ein Schock. Wenn hier nicht klipp und klar aufgeklärt wird, kann es zu einer Bahnung des Geschehens kommen: es genügen dann bei den dafür Disponierten nur wenige Atemzüge, um den Krampfmechanismus auszulösen.

Kinder haben manchmal sehr schnell heraus, wie sie sich auf legale Weise um eine Klassenarbeit herumdrücken können. Sie überatmen sich und melden sich dann mitleiderregend bei ihrem Lehrer: »Ich habe wieder meine Krämpfe.« Der schickt sie sofort nach Hause, um gar nicht erst ein Risiko einzugehen.

Gefährlich aber kann es am Schwimmbeckenrand werden, wenn vor Tauchversuchen zu lange tief geatmet wird. In der Regel setzt bei solchen Unfällen unmerklich eine Bewußtlosigkeit ein, die fatal enden kann, wenn der Betroffene nicht sofort aus dem Wasser gezogen wird (12). Der Amerikaner Albert B. Craig jr. hat, angeregt durch Befragungen bei Tauchunfällen, in Versuchen nachweisen können, daß der Sauerstoffdruck durch die vorangegangene Hyperventilation nicht mehr ausreicht, um das Gehirn zu versorgen. Der Sauerstoffmangel im Blut wird zwar durch Chemorezeptoren dem Atemzentrum signalisiert, aber deren Reaktion ist nur schwach, sie warten auf die stärkeren Reize der Kohlensäurespannung. Der Kohlensäuredruck jedoch ist durch die Hyperventilation reduziert, der Zwang zum Einatmen fehlt, so daß die Hirnzellen und mit ihnen auch die Regulationszentren im Hirn nicht genügend Sauerstoff erhalten: der Taucher gleitet in die Bewußtlosigkeit hinüber. Meist ohne Warnzeichen.

Ein solches »Schwimmbad-black-out« könnte nahezu jeder Taucher erleben. Zum Glück jedoch wissen Schwimm- und Sportlehrer schon seit einigen Jahren darüber Bescheid, so daß jetzt keine Komplikationen mehr aufgetreten sind.

Zum Hyperventilationssyndrom kann es auch kommen, wenn man das Grillfeuer anblasen will oder wenn Luftmatratzen, Kissen oder die Kenterschläuche eines Faltbootes aufgeblasen werden.

Pranayama

Ganz im Gegensatz zu den Asanas, den im Westen am meisten bekannten »Yoga-Übungen«, lassen sich Atmungsübungen auch in den ältesten Formen des Yoga nachweisen. Atmungsübungen sind im alten Indien von größter Bedeutung – ein Zeichen von Lebenserfahrung. Als Visamitra, einer der Urweisen, bis zu dem großen Gott Indra gelangt, wird »ihm eine Gnade gewährt«. »Ich möchte dich erkennen«, bittet Visamitra. Da antwortet der Gott: »Ich bin Atem. Du bist Atem... Alle Wesen sind Atem... Im Atem durchdringe ich alle Räume...«

In der Bibel lesen wir: »Gott ist Geist.« Und Atem und Geist sind bekanntlich in zahlreichen Sprachen gleichlautende Worte. Von orientalischen Gelehrten wissen wir, »daß der Mensch durch korrekte Atmung seine geistigen Kräfte sowie Selbstbeherrschung, Scharfblick, Moral, Glücksfähigkeit und selbst sein geistiges Wachstum bedeutend erhöhen könne«.

Solche Angaben hat es offenbar auch in anderen Kulturkreisen gegeben, so zum Beispiel im alten Griechenland. Genau wie in Indien wurde dort Atemtherapie und -pädagogik betrieben, aber erst viel später schrieb man das vom Meister auf den Schüler Übertragene nieder. Auf diese Weise mögen Irrtümer entstanden sein. Zahlreiche Yogakenner aus Indien wie Europa bezeichnen »Prana« als ein geistiges Prinzip, so Swami Sivananda (35): »Prana ist die Summe aller im Universum vorhandenen Energien.«

Einer der besten Yogakenner unserer Zeit, der Belgier André van Lysebeth, geht in seinem Buch »Die große Kraft des Atems« davon aus, daß Prana in der Atmosphäre durch die kleinen negativen Ionen manifestiert werde. »Pranayama bedeutet also die yogische Wissenschaft über die Kontrolle des Prana im menschlichen Wesen.«

Zu diesem Satz könnte man viel sagen, er bringt uns hier nicht weiter, ebenso auch nicht das zitierte Buch. Denn wie will man verstehen, daß Prana in folgenden Punkten absorbiert wird: in den Nervenendungen der Nasengruben, in den Alveolen der Lungen, in der Zunge sowie in der Haut? Natürlich könnte man sich darauf berufen, daß es auch früher schon »Kräfte« gegeben hat, deren Wirkung man zwar kannte, die jedoch erst in jüngerer Zeit physikalisch nachgewiesen wurden (Elektrizität, Magnetismus, Gravitation u.a.).

Der Wissenschaftler C. F. von Weizsäcker meint dazu, »daß der Begriff des Prana mit unserer Physik nicht unvereinbar zu sein braucht. Prana ist räumlich ausgedehnte, belebende, also zunächst einmal bewegende Potenz. Die Quantentheorie beschreibt etwas davon nicht völlig Entferntes unter dem Namen der Wahrscheinlichkeitsamplitude« (61).

Der Inder S. Kuvalayananda (26) ist im Gegensatz zu Lysebeth davon überzeugt, daß das Sanskrit-Wort Prana nur »Atem« bedeutet und daß Pranayama »Atempause« heißt, da »Ayama« mit Pause zu übersetzen sei. Dieser Fachmann sieht keinen Grund dafür, Prana mit »psychischer Kraft« in Verbindung zu bringen.

Diese Meinungsverschiedenheit wird unbedeutend, wenn man sich vorstellt, man atme Kraft ein. Dann handelt es sich um eine Autosuggestion, deren Anwendung den Indern lange vor Coué und Autogenem Training bekannt war. Auf diese Weise könnte man sich tatsächlich mit »Prana« aufladen, mit Kraft, Gesundheit, Freude – was immer man sich wünscht. Wer sich dessen bewußt bleibt, daß jede eindringliche Vorstellung in unserem Organismus zu chemischen Rückwirkungen führt, wird autosuggestiv auch Erfolge erzielen. Wir werden im Kapitel über die Vorsätze noch darauf zurückkommen.

Übungshinweise aus dem alten China

Während die Yogaübungen ursprünglich einen mehr religiösen Sinn hatten, strebten die chinesischen Atmungsübungen primär schon ein therapeutisches Ziel an; sie sind auch einfacher als das komplizierte Pranayama des Yoga.

Atmungsübungen – man wußte es auch früher schon – müssen über einen Zeitraum von Monaten systematisch durchgeführt werden, ehe der Übende eine positive Wirkung spürt. Schneller zeigen sich Erfolge, wenn man, wie wir es im PT ebenfalls tun, die Atmungsübungen mit der gezielten Entspannung kombiniert. Eine weitere positive Verstärkung tritt ein, wenn man sie mit Autosuggestionen verknüpft.

Im alten China war auch schon bekannt, daß ungeduldiges Üben paradoxe Wirkungen hervorrufen kann. Dyskinetische Phänomene (Muskelzuckungen) können die Folge sein, sie entsprechen den autogenen Entladungen. Bevor er zu trainieren beginnt, kontrolliert der Übende, ob er auch wirklich entspannt sitzt oder liegt, es wird still in und um ihn, er läßt sich los, schaltet sein Denken ab und überhört innere wie äußere Reize. Die Atmung soll »leicht, weich und ausgewogen« sein, hörbares Atmen soll man vermeiden (Palos).

Die Aufmerksamkeit wendet sich ganz einem Körperteil zu, beispielsweise dem rechten Zeigefinger. Alles hat so gelassen wie nur irgend möglich zu geschehen, als ob der Übende sein eigener Beobachter wäre. Die vertiefte Atmung führt zu einem Versenkungszustand, in einen Zustand der vollkommenen passiven Ruhe, den wir heute hypnoid nennen und dessen chinesische Bezeichnung gleichlautend ist.

Die Chinesen und übrigens auch die Inder kennen ebenfalls das Problem des unkonzentrierten Übens. In solchen Fällen raten sie, der Übende solle sich auf einsilbige Wörter konzentrieren wie »Sung« (Ruhe) oder »Ching« (Stille) oder »Fang« (lockern). Im Deutschen bieten sich an: ruhn; still; froh; Dank oder ähnliche Begriffe.

Während man sich auf diese Wörter konzentriert, soll die Zunge nach Möglichkeit am oberen Gaumen ruhen. Eventuell – auch das wurde schon im alten China empfohlen – kann bei Unkonzentriertheit unmittelbar vor dem Üben eine Wanderung oder ein Spaziergang einen Zuwachs an innerer Ruhe bringen. Wenn die Gedanken (»Affen«) tanzen, kann man sie durch Zählen von eins bis zehn und wieder zurück »zähmen«. Man kann aber auch seine Aufmerksamkeit auf den Nabel fixieren, auf die Nasenspitze oder einen anderen Punkt. Das allerdings werden wir bei den nächstfolgenden Übungen automatisch tun.

Vor allem soll man sich auch um die Ursachen der Unkonzentriertheit kümmern und versuchen, sie abzustellen. Gedanken kommen ja nicht aus Zufall ins Bewußtsein.

Früher wurden die taoistischen Übungen oft als Nei-kung (innere Arbeit) und die buddhistischen als Kung-fu (Arbeit) bezeichnet.

Schwindelgefühl beim Üben

Wohl in jedem Kurs klagt jemand über Schwindelgefühl, eine häufige Begleiterscheinung des PT-Trainings. Nicht immer sind die Gründe erkennbar. Schwindelgefühl muß stets als ein

Warnsymptom angesehen werden, beispielsweise falscher, verkrampfter oder zu schneller Atmung.

Was ist zu tun? In der Regel wird man empfehlen, die Übungen weiterhin durchzuführen. Bei zu tiefer Atmung sollte die Atmungstiefe etwas reduziert werden. Oder der Betreffende muß gezielter auf seine Entspannung achten. Entspannt sollte sowohl die Sitzhaltung wie die Einstellung zum Üben sein. Wenn eine angstvolle Erwartungshaltung die Ursache des Schwindelgefühls ist, kann der Übende beim Einatmen denken: »Ich atme tief und ruhig ein«, beim Ausatmen: »Ich atme langsam und gelassen aus« und während der Pause: »Ich genieße die Pause«. Dadurch wird er abgelenkt, er muß sich »doppelt« konzentrieren.

Bei niedrigem Blutdruck oder wenn man einzuschlafen droht, können andere Vorsätze helfen: »Während des Übens bleibe ich in Schwung.« Oder: »Blutdruck bleibt konstant.« Oder: »Beim Üben bin ich ruhig und munter.« Oder: »Üben klappt prima.«

Beim Üben im Liegen – nur selten gebe ich Kurse, bei denen die Teilnehmer liegend trainieren können – habe ich ein solches Schwindelgefühl noch nicht erlebt, dennoch kann es auch im Liegen auftreten. Entsteht es unabhängig vom Üben, sollte man auf jeden Fall seinen Arzt zu Rate ziehen.

Wer einen besonders labilen Blutdruck hat, kann damit rechnen, daß es bei ihm unter Umständen zu einem Blutdruckabfall kommt. Das Blut sackt in den Bauchraum und in die Beine. Unterstützt wird dieser Vorgang sogar noch durch einen leichten Saugeffekt während der tiefen Atemzüge, die auch zur Entlastung des Herzens führen. Nur ist dann der Entspannungsgrad der Blutgefäße so groß, daß man beinahe schon von einer Erschlaffung der Gefäßmuskulatur sprechen kann. Ziel muß also sein, die Entspannungstiefe dosieren zu lernen. Wir können es, indem wir beim Üben die Augen offen halten oder Finger oder Zehen geringfügig bewegen.

Gelegentlich mag es notwendig sein, daß ein Übungsteilnehmer eben doch im Liegen trainiert, weil seine Angst vor einem möglichen oder tatsächlich schon erlebten Schwindelgefühl zu groß ist. Und: »Wer liegt, kann nicht mehr umfallen«, lautet eine alte Soldatenweisheit.

Emotions-Entladungen durch die PT-Atmung?

In meinen PT-Kursen habe ich noch nie erlebt, daß sich bei den Trainierenden verdrängte und aufgestaute Emotionen entluden. Vielleicht rührt das daher, daß wir die Atmung im Sitzen üben und dabei überdies die Augen offen lassen. Der Versenkungsgrad ist also nicht so tief, wie wenn mit geschlossenen Augen und liegend trainiert wird. Wenn allerdings – wie bei dem Psychologen H. G. Petzold – auf Schaumstoffmatten liegend »konfliktorientierte Atemarbeit« geleistet wird, kann man offenbar andere Erfahrungen machen.

Kommt dann vom Kursleiter zusätzlich die Aufforderung, man solle mit dem Ausatmen seine »Gefühle mit hochbringen und sie herauslassen« (46), so erfolgen, wie der Autor schreibt, auch »oftmals« heftige Emotionsausbrüche. In einem solchen Fall mögen sie sogar erwünscht sein, weil therapeutisch gearbeitet wird, während wir in unseren Kursen im allgemeinen primär-präventiv vorgehen.

Je tiefer der Versenkungsgrad, desto häufiger kann mit Entladungen gerechnet werden.

Um Entladungen ganz anderer Art handelt es sich im folgenden Beispiel.

Heraklits drei heilige Handlungen

Wer Homer gelesen hat, wird sich des zwerchfell-erschütternden Lachens seiner Helden erinnern. Für Heraklit (540–480) waren Lachen, Gähnen und Niesen »drei heilige Handlungen«, denen Goethe später am liebsten noch das Schreien vorangestellt hätte.

Wieviel die alten Griechen von einer guten Zwerchfell-Tätigkeit hielten, wissen wir von ihren Anaphonesis-Schulen. Und vielleicht kommt Janov mit seiner Urschrei-Methode ihnen und Goethe am nächsten.

Schreien, Lachen, Gähnen, Niesen, Weinen, Husten, Blasen, Pfeifen, Singen, Stöhnen, Seufzen sind Zwerchfell-Tätigkeiten und -Erschütterungen und damit auch Impulse für Atmung und Streßabbau.

Lachen – eine kostenlose Zwerchfell-Massage

Was das Lachen betrifft, so hat der Volksmund recht, Lachen ist gesund. Es ist eine kostenlose Zwerchfell-Massage. Wer andere Leute zum Lachen bringt, ist im Grunde ein Therapeut, genaugenommen ein Psychotherapeut. Dieser Ansicht mußte Paracelsus gewesen sein, als er meinte, zehn ernsthafte Ärzte würden einen lachenden Hanswurst nicht aufwiegen. Offenbar gehörte er zu den Ärzten, die gern lachten, und offenbar hat er sich über seine ernsten Kollegen geärgert.

Was denn ist am Lachen so gesund? Bleibt das Zwerchfell als wichtigster Atemmuskel durch das Lachen dehnbar und elastisch? Das ist sicherlich nicht der Hauptgrund. Von mehr gesundheitlichem Wert dürfte schon die Zwerchfell-Erschütterung sein, die wie eine Massage im Leibraum wirkt. Und dann vor allem die Entspannung, deren Wert man besonders leicht erkennen kann, wenn in einer kritischen Phase einer Konferenz/Gruppenzusammenkunft ein erlösendes, humorvolles Wort fällt.

– Entspannen Sie Ihr Gesicht, und Sie sind entspannt.
– Ein herzhaftes Lachen wiegt (beinahe) eine Entspannungsübung auf.
– Lachen gehört zu den besten Antistreß-Maßnahmen.
– Warum scheuen wir uns so sehr zu lachen? Lebensstümper antworten darauf: Weil wir nichts zu lachen haben. Manchmal möchte man weinen über eine solche Aussage..., aber lachen wir lieber.

Entspannen wir also unsere Gesichtsmuskeln – zur Freude der anderen Muskeln. Und der Umgebung. Machen wir ein I-Gesicht, wie es im Yoga heißt. Das amerikanische »keep smiling« ist lebensnotwendig, für viele Streßgefährdete ist es Notwehr. Lächle, und die Welt lacht mit dir, heißt es; weine, und sie weint mit dir.

Das Weinen kann übrigens auch eine sehr positive Wirkung haben, weil es Streß abbaut. Wenn Frauen gestreßt werden, weinen sie oftmals. Wenn Männer gestreßt werden, gehen viele von ihnen ins Wirtshaus. Wieviel weiser ist doch das Weinen.

Im Volksmund heißt es »Schreikinder – Gedeihkinder«.

Was wohl nur eine Beruhigung für allzu besorgte Mütter sein soll – und doch: Schreien ist Zwerchfellarbeit, es ist verlängertes Ausatmen, und damit vor allem Streßabbau.

Auch beim Niesen wird das Zwerchfell drastisch trainiert, mehr aber noch wird die Streßtoleranz der Umgebung geprüft. Aber zurück zum Lachen: Neueste Forschungsergebnisse besagen, daß Lachen die körperlichen Abwehrkräfte etwas steigert.

Gähnen als Spannungsausgleich

Das Zurücknahme-Ritual des PT ist der Natur abgelauscht, den Tieren. »Recken – strecken – dehnen und gähnen« wird nach einer kurzen Entspannung auch von uns Menschen gern praktiziert. In der Regel ist es verpönt, in Gesellschaft zu gähnen. Im PT tun wir es, müssen wir es sogar tun, wenn wir den Anspruch erheben wollen, daß wir physiologisch zurücknehmen. Es geht ja nicht allein um die Aufhebung eines vegetativen Regelkreises, nämlich des Entspannungszustandes, sondern es geht auch um den physiologischen Spannungsausgleich im Körper.

Daher glaube ich, daß das Zurücknehmen im AT nicht optimal ist, sondern nur eine zweitbeste Lösung. Dieses energische, manchmal auch »militärische« Zurücknehmen im AT mit seiner Formel »Arme fest – tief atmen – Augen auf« kann gelegentlich wieder Spannungen in den Organismus hineinbringen, es kann zwar den angenehmen autogenen Entspannungszustand durchbrechen, ihn beenden und aufheben, aber kann es auch die feinen Differenzen im Sauerstoff- und Kohlensäuregehalt des Blutes ausgleichen?

Warum nehmen denn Tiere nicht energisch zurück, sondern sanft und vorsichtig? Warum gähnen sie stets dabei? Sicher, da kommt ein »verborgener« Reflex ins Spiel: wenn Sie im Sitzen einmal einen Arm nach oben und den anderen nach unten strecken, richtig strecken, dann müssen Sie gähnen. Verborgen ist der Reflex, weil wir ihn zu selten in Anspruch nehmen. Zahlreiche Menschen wissen gar nicht, wie sie auf Anhieb das Gähnen auslösen können.

Kurz: ich bin davon überzeugt, daß der Sauerstoffgehalt in

den feinsten Haargefäßen durch die Zurücknahme im AT nicht wieder ausgeglichen wird. Das können wir nur erreichen, wenn wir den ganzen Körper »recken – strecken – dehnen« und wenn wir dabei gähnen. Also müßten auch die Beine an diesem Prozeß teilhaben, was leider nicht immer möglich ist.

Unsere PT-Zurücknahme ist eine urtümliche Äußerung, die gesunden naturgemäß geläufiger ist als nervösen Menschen: denn nervöse befinden sich ja in einem leichten Spannungszustand. Erst am Schluß eines Kurses sind sie in der Lage, herzerfrischend zu gähnen.

Gähnen ist ein tiefes Einatmen, dem – alles auf reflektorischer Basis – ein langgezogenes Ausatmen folgt. Halten wir also fest:
– Gähnen dient dem Spannungsausgleich in verschiedenen Bereichen.
– Wer gähnt, gewinnt Genuß.
– Die PT-Zurücknahme ist eine physiologische und harmonisierende Maßnahme.

Im Atemholen sind vielerlei Gnaden

Sind im Atemholen nur »zweierlei Gnaden« enthalten, wie Goethe dichtete? Welche Gefühle und Eindrücke verbinden sich mit dem Atemrhythmus? Dies versuchte die amerikanische Psychologin und Kennerin von Entspannungsmethoden Beata Jencks, Salt Lake City, von ihren Studenten zu erfahren. Genannt wurden folgende Eindrücke:

Ausatmung	**Einatmung**
Entspannung	Spannungssteigerung
Schwere	Leichtigkeit
Ruhe	Belebung
Wärme	Kühle
Dunkelheit	Helle
Weichheit	Härte, Festigkeit
Feuchtigkeit	Trockenheit
Müdigkeit	Erfrischung
Erdulden, Ausdauer	Tempo, aufgerüttelt

Ausatmung	Einatmung
Nachsinnen, Beschauung	Wachheit
Gleichmut	Beherztheit
Gedankentiefe	Aufgeschlossenheit
Konzentration	Kreativität
Introversion	Extraversion
Langeweile	Erregtheit
Zufriedenheit	Neugier
Niedergeschlagenheit	Fröhlichkeit
Erleichterung	Heiterkeit
Freigebigkeit	Gier

Nach Beata Jencks: Your Body, Biofeedback at its best. Nelson Hall/Chikago 1977

Atmung ist – wie wir bereits wissen – in der Tat mehr als nur ein Luftholen. Es ist auch mehr als nur Sauerstoffzufuhr. Atmung ist immer eine ganzheitliche Einwirkung auf den Organismus. Je mehr man sich bei der Atmung vorstellt, desto eher wird sie auch autosuggestive Wirkungen haben, so daß sich sagen läßt:

Die positiven atemtherapeutischen Wirkungen beruhen häufig auch auf Autosuggestionswirkungen.

Die Anwendung der PT-Atmung bei der Grundübung

Diese Übung soll nur zeigen, wie die PT-Atmung in das Übungsprogramm eingebaut wird. In einem PT-Kurs wende ich sie nur ein einziges Mal am Ende der zweiten Doppelstunde an.

Trainingsstellung einnehmen: Schultern heben und fallen lassen – Brille abnehmen.

Sammlung: auf die Bauchbewegung achten (alternativ: Nasenspitze) bei geschlossenen Augen.

Grundübung: Ich bin vollkommen ruhig und heiter.
Mein Bewußtsein ist im rechten Unterarm – ich spüre ihn.
Ich fühle die rechte Hand – die Handinnenfläche, ich lasse die verlängerte Ausatmung dorthin fließen.

Ich spüre den linken Unterarm – ich fühle die linke Hand – die Handinnenfläche, ich lasse die verlängerte Ausatmung dorthin fließen.
Ich bin vollkommen ruhig und gelassen.

Ich fühle die Nackengegend – Kopfhaut entspannt – Stirn glatt – Augenlider ruhig – Gesicht entspannt.
Ich bin vollkommen ruhig und heiter.

Ich fühle die Leibmitte, die warme verlängerte Ausatmungsluft strömt in die Leibmitte.
Ich fühle die rechte Leistengegend.
Ich spüre den rechten Oberschenkel – das rechte Knie – den Unterschenkel.
Ich fühle den Fuß – die Fußsohle, ich lasse die verlängerte Ausatmung dorthin fließen.
Ich bin vollkommen ruhig und gelassen.

Ich fühle die linke Leistengegend.
Ich spüre den linken Oberschenkel – das linke Knie – den Unterschenkel.
Ich fühle den Fuß – die Fußsohle, ich lasse die verlängerte Ausatmung dorthin fließen.
Ich bin vollkommen ruhig und gelassen.

Ich fühle die linke Hüfte – die verlängerte Ausatmung fließt dorthin – ich fühle die rechte Hüfte – die verlängerte Ausatmung fließt dorthin.
Ich fühle die rechte Nierengegend – die verlängerte Ausatmung fließt dorthin – ich fühle die linke Nierengegend – die verlängerte Ausatmung fließt dorthin.
Meine Aufmerksamkeit ist in der Leibmitte – in der Tiefe.
Ich fühle mich vollkommen wohl in meinem Körper.
Ich fühle mich wohl in meiner Haut – rundherum wohl.

Ich bleibe vollkommen ruhig und heiter.

Zurücknahme: recken – strecken – dehnen – und gähnen.

Dauer: etwa 8–10 Minuten

Zu den folgenden Übungen: Es empfiehlt sich, sie der Reihe nach durchzuführen. Aber unter Umständen kann sich beispielsweise der Erfahrene das stufenweise Vorgehen ersparen und gleich mit der Endübung auf Seite 120/121 beginnen.

Die dritte PT-Übung: Das Gefühl für Eigengewicht spüren lernen

Die Eigengewichts-Übung ist (vorwiegend) eine Muskelentspannungsübung.

Lernziel: die PT-Atmung in die Grundübung integrieren und Eigenschwere entwickeln lernen; mehr Ruhe und Gelassenheit gewinnen lernen.

Trainingsstellung einnehmen: Schultern heben und fallen lassen, prüfen, ob ich entspannt sitze/liege.

Sammlung: auf die Nasenspitze schauen, Augen schließen.

Eigengewichts-Übung: Ich bin vollkommen ruhig und heiter.
Ich spüre meinen rechten Unterarm – verlängerte Ausatmung dorthin fließen lassen – rechter Unterarm entspannt – spürt Eigengewicht – spürt Eigengewicht – Eigengewicht.

Ich spüre meinen linken Unterarm – verlängerte Ausatmung dorthin fließen lassen – linker Unterarm entspannt – spürt Eigengewicht – spürt Eigengewicht – Eigengewicht.

Arme entspannt – spüren Eigengewicht – spüren Eigengewicht – Eigenschwere.
Ich bin vollkommen ruhig und gelassen.

Schulter-Nacken-Bereich entspannt – spürt Eigenschwere – Schwere. Kopfhaut entspannt – Stirn glatt – Augenlider ruhig – Gesicht entspannt – Kaumuskeln, Unterkiefer locker – und gelöst.
Ich bin vollkommen ruhig und heiter.

Ich spüre den rechten Oberschenkel – verlängerte Ausatmung dorthin fließen lassen – rechter Oberschenkel entspannt – spürt Eigengewicht – spürt Eigengewicht – Eigengewicht.
Ich spüre den rechten Unterschenkel – rechter Unterschenkel entspannt – spürt Eigengewicht – Eigengewicht.
Ich bin vollkommen ruhig und gelassen.

Ich spüre den linken Oberschenkel – verlängerte Ausatmung dorthin fließen lassen – spürt Eigengewicht – spürt Eigengewicht – Eigengewicht.
Ich spüre den linken Unterschenkel – linker Unterschenkel entspannt – spürt Eigengewicht – Eigengewicht.
Beine entspannt – spüren Eigengewicht – Eigengewicht.
Meine Aufmerksamkeit ist in der Leibmitte – in der Tiefe.
Ich bin vollkommen ruhig und gelassen.

Arme und Beine entspannt – spüren Eigengewicht – Eigengewicht. Ich übe regelmäßig jeden Tag.
Ich bin entspannt – ruhig – und gelassen.
Ich bleibe vollkommen ruhig und heiter.

Zurücknahme: recken – strecken – dehnen – und gähnen.

Dauer: etwa 6–10 Minuten

Diskussion des Vorgehens

Der Übende denkt sich dieses Übungsschema, er stellt es sich geistig vor. Die Worte sind weniger wichtig als das Ziel und eine gewisse Systematik.

»Ich bin vollkommen ruhig und heiter« – bei dem Wort »heiter« kann man auch während der ganzen Übung bleiben. Wem es nicht liegt, der möge »gelassen« wählen.

»Ich spüre meinen rechten Unterarm« – dafür kann man naürlich auch andere Ausdrücke wählen: »Mein Bewußtsein ist im rechten Unterarm« oder »meine Gedanken sind im Unterarm« oder »meine Aufmerksamkeit« usw. Wir beginnen mit dem rechten Arm, weil die meisten Menschen Rechtshänder sind, dieser Arm ist ihnen am vertrautesten, dort spüren sie tatsächlich das Eigengewicht leichter.

»Verlängerte Ausatmung dorthin fließen lassen« – für die meisten Übenden ist es leicht, ihre Ausatmung an den Ort des Geschehens fließen zu lassen. Aber es gibt doch immer wieder einzelne, denen die Zuwendung zur Atmung Schwierigkeiten macht, ihr Atemrhythmus wird anfangs dadurch leicht gestört.

Vom Yoga her wissen wir, daß durch das Lenken der Ausatmung in einen Körperteil leichter eine Gefühlswahrnehmung stattfindet.

»Rechter Arm entspannt« – entspannt bedeutet schwer, so daß diese Formulierung die folgende »spürt Eigengewicht« nicht nur vorbereitet, sondern auch verstärkt. Es werden also hier Autosuggestion (»rechter Arm entspannt«) und die Entwicklung des Körpergefühls (»spürt Eigengewicht«) wirksam. Die Aufforderung »Ausatmung dorthin fließen lassen« wirkt ebenfalls als Verstärkung, so daß wir mehrere Wirkungsprinzipien unterscheiden können:

1. die positive Erwartungseinstellung (»natürlich wird es klappen«) zu Beginn des Trainierens, die im Grunde genommen eine allgemeine Autosuggestion ist;
2. die gezielte Autosuggestion »rechter Arm entspannt«;
3. die Verstärkung des Erfolges durch die verlängerte Ausatmung;
4. beim PT handelt es sich um eine Körpergefühlsübung, das Gefühl für das Eigengewicht wird geschärft;
5. durch die dauernden Wiederholungen kommt es zu einer vertieften Wirkung;
6. das Erarbeiten beider Seiten (linker und rechter Arm), obwohl es genügte, wie im AT nur eine Seite zu wählen, führt ebenfalls zu einer verstärkten Wirkung;
7. der ganze Körper, vor allem auch der Kopf, wird erarbeitet;
8. der Übende weiß, daß er praktisch nichts falsch machen kann; das verleiht ihm zusätzliche Sicherheit.

Die Begriffe Eigengewicht, Eigenschwere, Eigenwärme findet man im Yoga, sie wurden auch in die Krankengymnastik übernommen.

Übende wie Kursleiter können leicht der Versuchung erliegen, zu schnell vorzugehen. Daher sei nochmals gesagt, die übliche Verweildauer in den einzelnen Körperbereichen beträgt zwei ruhige Atemzüge – etwa 20 Sekunden. Aus diesem

Grunde dauert unser Training in der Regel etwas länger als das AT.

Was die Entwicklung des Gefühls für Eigengewicht erleichtern kann

1. Das Eigengewicht der Arme spüren die Übenden schon physiologisch, wenn man sie bittet, ihre Arme im Sitzen nach vorn auf die Knie zu legen und dann langsam in Richtung Rumpf zu ziehen. Sie erreichen bei dieser Bewegung einen Punkt, an dem sie das Eigengewicht – immerhin einige Pfunde – besonders deutlich spüren. Dieser Kunstgriff wurde 1977 von meiner Mitarbeiterin M. Ziegenhagen in das Training eingeführt. Er kann selbstverständlich bei allen Entspannungsübungen angewendet werden, die man im Sitzen durchführt.
2. Unmittelbar vor dem Üben schütteln die Übenden ihre Arme aus und lassen sie dann mit einem Schwung auf die Oberschenkel plumpsen – bis zur gleich folgenden Übung spüren sie noch deutlich das Eigengewicht.
3. Offenbar stammt schon aus dem Yoga der Hinweis, erst einmal die Arme auf die Oberschenkel zu drücken, so daß man nach der Muskelanspannung die Kontrast-Entspannung, die reaktive Entspannung, deutlich spürt. Ähnlich verfährt die Methode der progressiven Muskelentspannung von E. Jacobson, Chicago.
4. Man stelle sich vor, der atmosphärische Druck laste auf den Unterarmen.
5. Oder man stelle sich vor, die Gravitation, die Schwerkraft der Erde, zöge die Unterarme an.
6. Über die Vorstellung zum Gefühl – auf diesem Prinzip beruhen noch weitere Empfehlungen. So soll man sich zum Beispiel daran erinnern, wie schwer eine mit Büchern beladene Aktentasche oder ein Koffer ist – die Erinnerung wird daraufhin zur Muskelentspannung führen, das Bild der gewünschten Eigenschwere entstehen lassen.
7. Im Yoga wurde empfohlen, sich nötigenfalls vor den Übungen zu bewegen, um beispielsweise eine leichte Unruhe zu beheben oder um sich zu entstressen bzw. Streß abzubauen. Ge-

eignete Bewegung kann sein: Wandern, Gymnastik, Treppen rauf und runter laufen, Tanzen, gewisse Yogaübungen, aber auch Akupressur, Selbstmassage der Unterarme und vor allem: auch vor dem Üben kann man sich »recken – strecken – dehnen – und gähnen«. Mit dieser Art der physischen Zurücknahme haben Übende schon vor dem Training gute Erfahrungen gesammelt.

8. Im chemischen Bereich: Reduzierung von Kaffee und Tee, dafür lieber Beruhigungstees trinken. Auch Baldriantropfen vor dem Üben haben schon geholfen. Homöopathische Beruhigungsmittel dürfen vor dem Üben genommen werden. Aber selbstverständlich muß unser Ziel sein, die Übungen auch ohne diese Maßnahmen zu realisieren.

9. Das Eintreten des Gefühls von Eigenschwere oder -wärme kann dadurch erleichtert werden, daß man nach einer Fremd- oder einer Rüttelmassage oder nach einem warmen Teilbad (Arme und Hände) oder Ganzbad von etwa 39 Grad Celsius übt. In Kurkliniken kommt noch in Frage, in schwierigen Fällen erst einmal für 30 Minuten unter die heiße Dauerbrause von 42–43,5 Grad zu gehen.

10. Bei psychohygienischem Vorgehen – durch Eingliederung des Trainings in den Tageslauf – kann man das Eigengewicht leichter verspüren. Dazu gehört, daß man die Sammlung, die geistige Vorbereitung auf das Üben, besonders gründlich durchführt. Dazu gehört weiterhin, daß man sich vor dem Üben entstreßt, und wenn das nicht möglich ist, eine Streßanalyse (mit sich ins Reine kommen) vornimmt. Weiter ist eine absolut positive Einstellung erforderlich. Zur Psychohygiene gehört auch, daß man konsequent, systematisch und regelmäßig trainiert – am besten stets zur gleichen Zeit.

11. Impulse, die über die Sinnesorgane ausgelöst werden, können manchmal die Trainingserfolge erleichtern. Dazu zählen Wohlgerüche, Musik nach Wahl, die unter Umständen das ganze Training begleiten darf, und schöne Erinnerungsbilder aus dem Urlaub – durch Fotos wie durch Vorstellungen angeregt. Schließlich kommt auch bei einigen Übenden ein als besonders angenehm empfundener Hautkontakt in Frage. Als Mittel zum Streßabbau können auch das Weinen und Schreien sowie das Lachen infolge ihrer entspannenden Wir-

kung das Gefühl für Eigengewicht und -wärme verdeutlichen. So stellte eine meiner Kursteilnehmerinnen fest, daß sie abends die besten Trainingserfolge erzielte, wenn sie sich zuvor ihren Ärger von der Seele geweint hatte.

Was die Entwicklung des Gefühls für Eigengewicht erschweren kann

Hier soll zunächst auf Gründe eingegangen werden, die im Lebenslauf, im Schicksal des Betroffenen eine wichtige Rolle spielen oder gespielt haben.

Bei einem 46jährigen Mann stellte sich – wie er sehr richtig vermutete – deshalb kein Gefühl für Eigengewicht ein, weil er den ungeliebten Beruf eines Ziegeleiarbeiters ausüben mußte.

Ein 32jähriger Teilnehmer mit vegetativer Dystonie projizierte das Gefühl für Eigengewicht zuerst stets auf sein rechtes Bein, anstatt wie üblich auf den rechten Arm. Auch er fand sogleich eine Erklärung dafür: Als Kind hatte er häufig geträumt, sein rechtes Bein sollte wegen einer kleinen chronischen Wunde amputiert werden.

Eine junge Frau von 25 Jahren wunderte sich ebenfalls darüber, daß das Gefühl der Eigenschwere bei ihr zuerst im rechten Bein auftrat. Auch sie kam beim Nachfragen darauf, daß sie beim Autofahren mit ihrem Mann dauernd mitreagierte, also mit dem rechten Bein in Gedanken bremste und wieder Gas gab. Bei einer jungen Fahrschülerin verhielt es sich so ähnlich.

Bei zwei Kategorien von Teilnehmern sollte man wohl die Eigenschwere – wenn möglich – modifiziert entwickeln. Depressive haben Schwierigkeiten mit dem Wort »Schwere«, vielleicht aus dem Gefühl heraus, daß durch diese Übung eine Er-schwerung ihres Zustandes auftreten könnte. Davon betroffen sind nicht allein endogen Depressive, die ja in guten Phasen ihres Krankheitsablaufes auch ein Entspannungstraining wie das PT erlernen können. Hier bietet sich an, das Wort »Eigengewicht« konstant zu gebrauchen oder besser noch, bei »rechter Unterarm entspannt« usw. zu bleiben. »Angenehm entspannt« hat sich ebenfalls bewährt.

Und auch bei Sportlern verwende ich grundsätzlich nicht

mehr das Wort »Schwere«, bei ihnen ist »entspannt« in der Regel angebrachter. Ein Sportler hatte mit der Vorstellung von »halbschwer« gute Erfahrungen gesammelt.

Zur Rhythmisierung des Vorgehens

Wiederholung, Rhythmisierung und Monotonisierung wurden zu allen Zeiten verwendet, um den Versenkungszustand leichter zu erreichen. Auch ich habe mich bemüht, das PT in diesem Sinne »eingängiger« zu machen. Die Momente des Rhythmus, der Wiederholung und Monotonisierung sind zum Teil deutlich, zum Teil nur angedeutet im Text der Übungen enthalten.

An dieser Stelle jedoch soll von den beiden biologischen Rhythmen gesprochen werden, dem Herzschlag und dem Atemrhythmus. Aus der Ostkirche wissen wir wohl am besten, daß sich Silben und Worte mit dem Herzschlag koppeln lassen. In ihr ist es üblich, dies beim Beten zu tun. Wir könnten die Vorsätze auf die gleiche Weise rhythmisieren. Da jedoch in unserem Training der Atemrhythmus eine so wichtige Rolle spielt, konzentrieren wir uns lieber auf ihn. Die meisten Menschen können ihn auch viel leichter für unser Vorhaben einsetzen als den Herzschlag. Das hat aber einige Kursteilnehmer nicht gehindert, die Übung und später auch die Vorsätze an den Herzschlag zu koppeln.

Mit jeder Textzeile der Eigengewichtsübung – oder des ganzen Trainings – kann der Übende die PT-Atmung verbinden, ohne den Übungstext zu verändern. Viele Kursteilnehmer haben sich das auch angewöhnt und sind außerordentlich zufrieden damit. Jedoch bevor man dazu in der Lage ist, muß einem weniger der Text als vielmehr der Ablauf der Übung in Fleisch und Blut übergegangen sein.

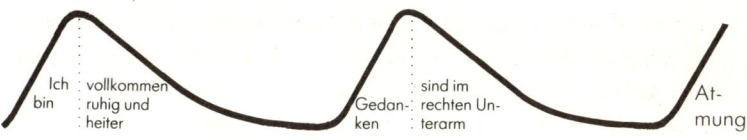

Kopplung des Übungstextes mit der PT-Atmung.

Anders ausgedrückt sieht der Beginn des Übungstextes so aus:

> Ein: Ich bin
> Aus: vollkommen ruhig und heiter.
>
> Ein: (Meine) Gedanken
> Aus: (sind) im rechten Unterarm
>
> Ein: Atmung
> Aus: dorthin fließen lassen
>
> Ein: rechter
> Aus: Unterarm entspannt (entspannt, entspannt)
>
> Ein: spürt
> Aus: Eigenschwere usw.

Da der Übungstext logisch aufgebaut ist, braucht man bald nicht mehr nachzudenken, was als nächstes folgt. Das ist eine Voraussetzung für dieses Vorgehen.

In der Regel und nach einigem Üben empfiehlt sich, nur beim Ausatmen den Text synchron anzuwenden, beispielsweise so:

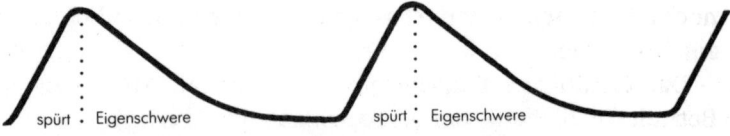

Kopplung der verlängerten Ausatmung mit dem Text.

Nicht wenige Übende zählen während des Trainierens mit, sie überwachen und kontrollieren sich – mit dem Erfolg, daß dann der Übungstext ins Leere läuft; sie bekommen Schwierigkeiten mit dem Realisieren der Übungen. Solche Zähl- und Ordnungszwänge seien recht häufig verbreitet, berichtet auch der Psychiater Bernt Hoffmann aus Hamburg in seinem »Handbuch des autogenen Trainings« (20).

Entspannung, aber nicht Erschlaffung

Wer das Eigengewicht in Armen oder Beinen spürt, hat die »Schwere« entwickelt, deren Realisierung bekanntlich im AT die erste Übung darstellt.

Schwere bedeutet Muskelentspannung, wissen wir bereits; sie ist ein Entspannungssymptom.

Über die wichtige Rolle der Entspannung habe ich in den vorhergegangenen Kapiteln schon genug gesagt, nichts jedoch darüber, was Entspannung eigentlich ist. Ist sie der Gegensatz zu Spannung?

Physiologisch wäre das nicht möglich: Man kann nicht alle Spannung aus dem Organismus herausnehmen. Eine völlige Entspannung gibt es gar nicht, sie ist biologisch nicht denkbar. Was meinen wir also mit Entspannung?

Entspannung ist als ein Lösen, ein Lockern von Überspannungen, von Verspannungen zu sehen. Sie ist kein Beseitigen jeglicher Spannung.

Im Entspannungszustand fühlen wir uns angenehm schwer, beispielsweise abends, wenn wir die »nötige Bettschwere«, die Schlafschwere, als Zeichen der Schlafbereitschaft erreicht haben. Wann spüren wir diese physiologische Entspannung noch? Nach ausreichender Bewegung oder gelegentlich auch zur Mittagszeit.

Das Gefühl der Bettschwere ist ein Signal: »Hallo, es ist Bettzeit für dich«, – ein Körpersignal.

Halten wir fest: In der Spannung sind niemals alle Muskelgruppen und Regelkreise gespannt – und umgekehrt. Unser Ziel ist genaugenommen Gelöstheit und nicht totale Entspannung. Krankengymnastinnen, zum Beispiel Alice Schaarschuch in ihrer Schrift »Lösungs- und Atemtherapie bei Schlafstörungen«, sind der Ansicht, im AT würde Schwere mit Erschlaffung verwechselt. Damit aber geraten wir »in jene vermeidbare Sackgasse, aus der wir ja doch mit forciertem Willensentschluß wieder umkehren müssen, und zwar dadurch, daß wir den Erschlaffungszustand durch eine neuerliche Überspannungsaktion mit militärischem Ruck wieder aufzuheben gezwungen sind. So entsteht wohl ein relativ erfrischender Wechsel von Spannung und Entspannung – besser gesagt von Verspannung und Erschlaffung –, aber es erwächst nicht jene fein atmende, als Gelassenheit und Getragensein empfundene organische Gelöstheit, die wir erstreben«, schreibt Frau Schaarschuch.

Ein Denkmodell zeigt uns, wie man sich das Verhältnis von Spannung und Gelöstheit vorstellen kann:

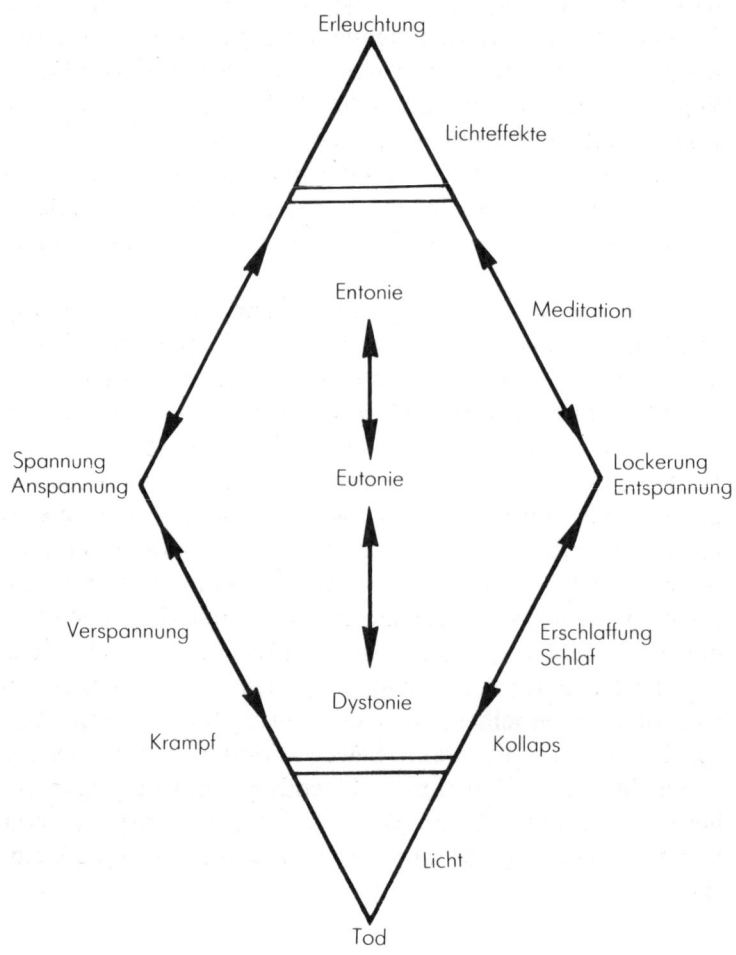

Schwere (Eigengewicht) als Entspannungssymptom

Man darf annehmen, daß es eine uralte Erfahrungstatsache im Yoga war: Das Spüren von Eigengewicht und Eigenwärme ist eine unerläßliche Voraussetzung für meditative Ziele. Erst vor rund hundert Jahren haben Hypnosespezialisten festgestellt, daß zu Beginn der Hypnose häufig Gefühle von Schwere, Wärme und Beruhigung der Organe auftreten. Diese Beobachtung führte dann letzten Endes über Professor Oskar Vogt mit seinen »prophylaktischen Ruhepausen« zu dem von J. H. Schultz geschaffenen Autogenen Training.

Schwere bedeutet Tonussenkung der Muskulatur, insbesondere der Skelettmuskeln, sie bedeutet Lösung muskulärer Spannungen, Lockerung, die wir als Entspannung bezeichnen.

Durch die cortikale Vergegenwärtigung oder Vorstellung von Schwere/Eigengewicht kommt es zu einer Muskelspannungssenkung, zu einer neuromuskulären Aktivitätsabnahme.

Anders ausgedrückt: die Vorstellung von Entspannung führt dazu, daß aus der sogenannten Formatio reticularis des Rauten-, Mittel- und Zwischenhirns weniger aktivierende Impulse in die Muskeln geleitet werden. Denn gerade dieses Hirngebiet scheint das Aktivitätsniveau des Organismus zu steuern sowie maßgeblich den Bewußtseins- und Wachzustand zu beeinflussen. Das hat zur Folge, daß die spindelförmigen Nervenendigungen – die Muskelspindeln – offenbar weniger leicht zur Anspannung angeregt werden können, so daß Übende berichten, sie hätten zwar ihre Muskeln, beispielsweise ihren Unterarm, bewegen wollen, dies aber nicht vermocht. Daß darüber hinaus Übende gelegentlich sagen, sie hätten das Gefühl für ihre Beine und Arme verloren, scheint hier eine Erklärung zu finden, wenn auch keineswegs die einzige.

Gesetzmäßig ablaufende Veränderungen

Erst durch die langjährigen und schwierigen Untersuchungen von Professor Dr. med. P. Polzien von der Würzburger Universität gelang es, die schon vor ihm beschriebenen psychologischen Phänomene der Gesamtumschaltung (gewöhnlich als Versenkungszustand beschrieben) wissenschaftlich, das heißt wiederholbar, zu beweisen. Danach ist Bewußtseinsveränderung ein psychologisches Phänomen »mit gesetzmäßig ablaufenden somatischen Veränderungen«.

Polzien konnte nachweisen, daß bei seinen Versuchspersonen mit »konstant gestörter Erregungsrückbildung im EKG«, der Herzstromkurve oder dem Elektrokardiogramm, diese Störungen der Erregungsrückbildung innerhalb einer Stunde mindestens in einer der Standardableitungen deutlich zurückgingen »(Anhebung der ST-Strecke und – oder – Erhöhung der T-Welle, und zwar durchschnittlich um 0,067 mV ± 0,0024; dieser Wert lag bei 80% der Patienten bei 0,05 mV und darüber)«. Während des langen 20minütigen Trainierens war die Herzfrequenz um durchschnittlich vier Schläge gesunken. Das erscheint nicht viel, aber in der Regel geht man ja schon in Ruhe an die Übung heran, so daß der Puls kaum weiter sinken kann.

Die Schwereübung mit erfolgter Generalisation führt also nach Polziens Ergebnissen und Folgerungen zu
1. einer Entspannung der quergestreiften Muskulatur, der Skelettmuskulatur;
2. einer wahrscheinlichen (Polzien: »wohl auch«) Entspannung der längsgestreiften Muskulatur von Darm und Gefäßen und zu
3. einer entsprechenden Spannungsveränderung am Herzmuskel, deren klinische Beobachtungsmöglichkeit allerdings bis heute noch nicht gegeben ist.

Ins Alltagsdeutsch übertragen lauten die Folgerungen:
– Muskelentspannung führt zu Wohlbehagen,
– Darmmuskelentspannung heißt Stuhlerleichterung,
– Gefäßmuskelentspannung heißt: der Blutdruck könnte sich normalisieren, in der Regel sinkt er ab, und Wärme wird fühlbar.
– Spannungsveränderung am Herzmuskel heißt Normalisierungstendenz von EKG und »nervösem Herzen«.

Als »spezifisch für die eigentliche organismische Umschaltung« darf nach Schultz – wir kommen bei der Eigenwärmeübung auch noch auf diese Untersuchungen von Polzien zurück – das Absinken der Kerntemperatur um mindestens 0,2 Grad sowie die periphere Wärmeerhöhung angesehen werden.

Da zahlreiche Übende schon beim ersten Trainieren der Eigenschwere psychische Veränderungen bei sich feststellen, sei zuerst einmal darauf eingegangen.

Gesamtumschaltung – psychologisch gesehen

Der Psychiater Schultz hatte bereits 1954 das psychologische Bild der Gesamtumschaltung beschrieben (nach Polzien):
1. Der eigene Körper wird neu und anders erlebt (Schwere- und Wärmegefühl usw.).
2. Der Aktionsantrieb geht zurück, eine Lösung der Außenweltverbindung tritt ein, es bahnt sich eine »örtliche Desorientierung« im Sinne der Psychiatrie an.
3. Das Zeiterlebnis schwindet, im Sinne der Psychiatrie besteht ein Ansatz zu »zeitlicher Desorientierung«.
4. Es tritt eine deutliche Euphorie auf, wobei das Erleben besonders intensiv wird. Die Euphorie kann auch den Versenkungszustand überdauern.
5. Vom aktiv begrifflichen Denken findet ein Übergang zum passiven Empfangen von Empfindungs-, Fühl-, Seh- oder Hörbildern statt.
6. Es kommt zur Imagination, einer bildschöpferischen seelischen Potenz, die Selbsterfassung und auf diese Weise Eigenentwicklung und psychische Haltungsänderung ermöglicht.
7. Die Fähigkeit zur Hypermnesie, zur Erweiterung des Erinnerungsvermögens, zur Verbesserung des Gedächtnisses, stellt sich ein. Das ist aber wohl im Alltag nicht so häufig anzutreffen, wie es sich die Übenden erhoffen.

Wie stellt sich das Gefühl des Eigengewichts dar?

Wir wissen bereits: Vorstellungen haben die Tendenz, sich im Körper zu verwirklichen. Jeder von uns hat hier seine Erfahrungen, die sich nicht nur auf anregende Essensgerüche beziehen, deren Wahrnehmung uns das Wasser im Mund zusammenlaufen läßt, sondern auch auf viele andere Bereiche:

Angst läßt uns zittern und schwitzen, Liebesphantasien können einen Orgasmus beschleunigen, die Erinnerung an ein besonders schönes Urlaubserlebnis läßt uns lächeln; die Reihe solcher Beobachtungen könnte beliebig fortgesetzt werden.

Auch solche Empfindungen gehören zum psychosomatischen Geschehen. Wir sind also ein beseelter Organismus, durchgeistigte Körperlichkeit oder eine psychosomatische Einheit. Merken wir uns:

– Nahezu jede Erkrankung muß mehrdimensional behandelt werden, vor allem psychisch/psychologisch und physisch/physiologisch.

– Wenn ich mir vorstelle, das Gefühl des Eigengewichts im Arm zu spüren, tritt es auch ein.

– Wenn ich erwarte, das Gefühl des Eigengewichts im Arm zu spüren, spüre ich es auch.

– Wenn ich mir einrede, Eigengewicht zu spüren, klappt es ebenfalls.

– Wenn ich aber Schwere besonders gut entwickeln will, klappt es meist nicht so gut.

Nach den Erfahrungen der Krankengymnastin A. Schaarschuch sollen Personen, die zur Erschlaffung neigen, bei dieser Übung eher eine gewisse Leichte spüren als Schwere. Die stark Verspannten dagegen würden eher eine deutliche Schwere spüren.

Vergessen wir nicht hinzuzufügen, daß einige hysterisch strukturierte Personen gute Anfangserfolge, aber schlechte Dauererfolge melden.

Werfen wir noch einen Blick auf den Muskelstoffwechsel und mögliche Auswirkungen des Schwereerlebnisses auf diesen Bereich.

Muskelhartspann durch Verdrängungen?

Wie entstehen Verspannungen im muskulären Bereich? Darüber weiß man nicht viel. Aber oft scheinen sie psychogener Natur zu sein. Als Ursache werden an erster Stelle Verdrängungen genannt, innere Abwehrmechanismen von einem »Angst-Aggressionscharakter«. Ein jeglicher psychischer Spannungszustand findet seinen Niederschlag im Muskel, vor allem, wenn er sich über einen längeren Zeitraum erstreckt. Dann kann sich Hartspann entwickeln.

Verspannungen können schnell eine organische, eine dauerhafte Basis bekommen, wenn nicht frühzeitig oder regelmäßig Lockerungsübungen gymnastischer Art durchgeführt werden.

Muskelhartspann (Myogelose, Muskelhärte) ist eine schmerzhafte chronische Verhärtung der Skelettmuskulatur, der stets eine kolloid-chemische Veränderung der Muskelsubstanz zugrunde liegt.

Dieser Muskelhartspann hat leider auch die Tendenz, sich im Muskel etwas auszubreiten, er ist nicht statisch. Wenn die psychische Grundhaltung völlig verkrampft ist, wird meist auch mit Hartspann zu rechnen sein. Man kann ihn auch nicht mit Entspannungsmethoden wegtrainieren, sondern höchstens dafür sorgen, daß er lokal umschrieben bleibt. Der Masseur kennt diese Muskelverhärtungen am besten. Er weiß, daß sie nur schwer durch eine kräftige und oft zu wiederholende Tiefenmassage aus der Welt zu schaffen sind – bei gleichzeitig angewendeter Entspannungstherapie. Eine heiße Dauerbrause kann diesen Prozeß unterstützen.

Erstarrte Gedanken – erstarrte Muskeln?

Gerade am Muskelhartspann läßt sich erkennen, wie sehr unsere Grundeinstellung Körper und Seele beeinflußt. Daher ist es nicht übertrieben, wenn man sagt, unsere eigene Wendigkeit spiegele sich auch in den Muskeln wider: sind wir in unserem Denken und Fühlen starr, können es leicht auch die Muskeln werden. Am eckigen, hölzernen und steifen Gang, an unnatürlichen und nicht harmonischen Bewegungen und Gesten kann man vieles erkennen, am Tanz und an der Schrift noch mehr. Wir sprechen von einem psychosomatischen Wechselgeschehen. Nur sollte man sich hüten, bei allen Störungen und Krankheiten stets ein solches psychosomatisches Bedingungsgefüge anzunehmen.

Wenn also der Japaner M. Taniguchi schreibt: »Die Krankheiten sind nichts als verkörpertes krankhaftes Denken«, so wollen wir zugeben, daß dies sehr häufig stimmt. Aber daneben gibt es genügend Fälle – zum Beispiel bei den mehr oder weniger 2000 bis heute nachgewiesenen erbmäßig bedingten Krankheiten –, in denen dies keineswegs so ist. Es sind wohl vorwiegend Nichtärzte, die sich hier von ihren eigenen Ideen zu weit reißen lassen und jedes Krankheitsbild auf psychische Ursachen zurückführen wollen, anstatt erst einmal zu prüfen, ob eine organische Ursache vorliegt.

Und das gilt auch für eine teilweise »erstarrte« Muskulatur, die Myogelose: zuerst muß eine organische Ursache durch eine ärztliche Untersuchung ausgeschlossen werden, beispielsweise bei Hartspann degenerative oder entzündliche Gelenkerkrankungen oder -veränderungen, Knochenerkrankungen der verschiedensten Art, insbesondere der Wirbelsäule, unterschiedliche Länge der Beine usw. Unter Umständen könnte es sonst geschehen, daß man zwar das PT sehr gut beherrscht, aber dennoch sein individuelles Ziel nicht erreicht, weil eine organische Krankheit keine Besserung zuläßt und durch das PT höchstens für kurze Zeit eine Verschlechterung des Zustandes vermieden werden kann.

Im Positiven wie im Negativen gilt also: Gedanken, Befürchtungen, geistige Einstellungen können sich verleiblichen.

Psychosozialer Disstreß, z. B. Verärgerung, kann zu verkrampften Muskeln führen.

Muskelentspannung ist das natürlichste Beruhigungsmittel.

Muskelhartspann muß nicht immer psychische Ursachen haben.

Gelenkte Wachheit und dosierte Entspannung

Die meisten Entspannungskurse finden abends statt – nach der Arbeit. Da ist es kein Wunder, daß es vielen Übenden schwerfällt, beim Trainieren wach zu bleiben. Nach Ansicht mancher Autoren handelt es sich bei diesem Versenkungszustand um ein Übergangsstadium vom Wachzustand zum Schlaf. Mithin fiele es gerade den Anfängern schwer, nicht einzuschlafen. Das Trainieren wäre also so etwas wie eine »Gratwanderung«.

Andere sind der Meinung, der Versenkungszustand bei einem solchen Entspannungstraining sei ein »Sonderzustand«, wofür auch einige automatisch ablaufende physiologische Reaktionen sprechen würden.

Wie dem auch sei – viele Übende schlafen beim Trainieren zu schnell ein, ohne daß sie ihre Vorsätze anbringen können. In solchen Fällen bietet sich an, wie bei der PT-Atmung schon erwähnt, beim Trainieren die Augen ein wenig zu öffnen oder einen, vielleicht auch beide Zeigefinger leicht zu bewegen. Auf diese Weise kann man seine Wachheit (Vigilanz) lenken und die Entspannungstiefe dosieren.

Durch das Öffnen der Augen verschwinden in der Hirnstromkurve (EEG) die Alpha-Wellen, deren Auftreten geistige Entspannung ausdrückt. Offene Augen sind ein Zeichen der Zuwendung, geschlossene der Konzentration, der Abwendung. Je mehr Erfahrungen der Übende gesammelt hat, desto einfacher fällt es ihm, auf diese Weise den gewünschten Entspannungszustand zu bewahren. Zahlreiche Kursleiter wenden diese Methode für sich selbst an, um einerseits die Kursteilnehmer während des Trainierens zu beobachten und andererseits gleichzeitig mittrainieren zu können.

Nicht wenige Übende haben Schwierigkeiten, ihre Augenlider ruhig zu halten; bei einigen flattern lediglich die Lider, bei anderen dagegen kommen die Augäpfel nicht zur Ruhe, was jedoch meist nur zu Beginn des Übens der Fall ist.

Der Hypnose-Blick

Im Yoga und wahrscheinlich auch im außerindischen Bereich war seit Tausenden von Jahren bekannt, daß man schneller in einen Zustand der Versenkung gerät, wenn man den Blick auf die Nasenwurzel nach innen oben konzentriert. Dieser konzentrative oder Konvergenz-Blick, wie man ihn auch nennt, erleichtert unter anderem in der meditativen Form des Autogenen Trainings dem Meditierenden die Gesamtumschaltung.

Wer diesen Hypnose-Blick einmal versucht hat, weiß, daß man ihn nur für kurze Zeit anwenden kann, dann erlahmen die Augenmuskeln und wahrscheinlich auch die Konzentration, so daß man müde wird und die Augäpfel wieder in ihre übliche Stellung zurückkehren.

Aus Tierversuchen ist bekannt, daß der Hypnose-Blick neurophysiologische Schaltmechanismen auslöst, die dazu führen, daß ein Hund, der einen glänzenden, direkt vor seinen Augen befindlichen Gegenstand fixieren mußte, »langsam in sich zusammensank und einschlief« (20). Die Versuche gehen auf den englischen Augenarzt James Braid (1841) zurück, von ihm stammt auch der Ausdruck Hypnose für diesen Zustand. Früher sprach man noch von Magnetismus oder auch von magnetischem Schlaf.

Braids Versuche mit Hunden wurden rund 100 Jahre später in Ungarn mit Katzen wiederholt und die Ergebnisse bestätigt. Laien sprechen gelegentlich von einer »Tierhypnose«, was nicht ganz korrekt ist, es sei denn, man nimmt das Wort Hypnose wörtlich, denn hypnoo heißt: »Ich schläfere ein.«

Den Kursteilnehmern wird freigestellt, ob sie sich dieses Schaltmechanismus der Oben-Innen-Stellung der Augen bedienen oder ob sie auf die Nasenspitze bzw. auf die Bauch(atmungs)bewegung achten wollen. Auf jeden Fall wird dadurch die Umschaltung in den Versenkungszustand etwas erleichtert.

Generalisierung mit einem einzigen Atemzug?

Wenn wir uns auf periphere Körperteile konzentrieren und erwarten, beispielsweise in unserem Arbeitsarm Eigenschwere zu spüren, kommt es sowohl in der Peripherie wie im Gehirn zu Veränderungen. Schon 1873 hat der amerikanische Arzt Carpenter festgestellt, daß bereits bei der Vorstellung von Bewegung elektro-myographisch nachweisbare Bewegungsimpulse entstehen. Darauf beruht auch die Wirkung eines sogenannten mentalen Trainings, eines Trainierens in der Vorstellung. Es gibt Redner, die nur mental trainieren und deren Gedächtnis so vorzüglich geschult ist, daß sie ihr Programm vor dem Vortrag nur einmal durchzugehen brauchen.

Sobald wir uns auf die Übungsformel konzentrieren: »Rechter Unterarm entspannt«, wird nicht nur der rechte gesamte Arm, sondern ebenso der ganze linke Arm entspannt. Einige Übende spüren diese Wirkung sofort, andere spüren sie erst, wenn man sie bittet, die beiden Arme nach der Entspannung des rechten Armes miteinander zu vergleichen. Diese Entspannungstendenz der gesamten willkürlich bewegbaren Muskulatur nennen wir bekanntlich Generalisierung.

Wir versuchen, durch konsequentes und systematisches Üben zu erreichen, daß die Generalisierung spontan, reflexmäßig erfolgt, und zwar sollte sie in dem Augenblick eingeleitet werden, in dem man zu trainieren beginnt. Erfahrene Übende berichten dann beispielsweise: »Kaum hatte ich mich in meine Trainingsstellung begeben, schon war der ganze Körper schwer und warm.« Oder ein Schüler von 14 Jahren: »Ich lag noch nicht einmal richtig, da war ich schon schwer und warm.«

Erwachsene können jedoch diese Konditionierung in der Regel nicht ganz so schnell erreichen. Es gelingt ihnen aber nach konsequentem Training fast immer, durch eine einzige verlängerte Ausatmung die Eigenschwere in jedem Körperteil zu spüren; das gleiche gilt für die Eigenwärme. Solche Versuche kann jeder einmal unternehmen – man braucht dafür nur etwa zehn Sekunden Zeit.

Die vierte PT-Übung:
Das Gefühl für Eigenwärme entwickeln

Die vierte PT-Übung ist (vorwiegend) eine Gefäßentspannungsübung.

Lernziel: Eigenwärme entwickeln lernen; PT-Übungen vervollkommnen lernen; mehr Ruhe und Gelassenheit gewinnen lernen.

Trainingsstellung einnehmen: Schultern heben und fallen lassen, kontrollieren, ob man bequem/entspannt sitzt.

Sammlung: auf die Nasenspitze schauen, Augen schließen.

Eigenwärmeübung: Ich bin vollkommen ruhig und heiter.
Ich fühle meine rechte Hand – verlängerte Ausatmung dorthin fließen lassen – rechte Hand fühlt Eigenwärme.
Handinnenfläche fühlt Eigenwärme – strömend und trocken warm – besonders bei der Ausatmung strömend und trocken warm.
Finger fühlen Eigenwärme – trocken warm.
Ich bin vollkommen ruhig und gelassen.

Ich fühle meine linke Hand – linke Hand fühlt Eigenwärme.
Handinnenfläche fühlt Eigenwärme – wenn ich die verlängerte Ausatmung dorthin fließen lasse – strömend – und trocken warm.
Finger fühlen Eigenwärme – trocken warm.
Ich bin vollkommen ruhig und gelassen.

Ich lasse die warme Ausatmungsluft in die linke Schulter fließen – Eigenwärme wird fühlbar.
Die warme Ausatmungsluft fließt in die rechte Schulter – angenehme Wärme tritt ein.
Schulter-Nacken-Gebiet entspannt.
Nacken fühlt Eigenwärme – als ob jemand dorthin hauchte.
Ich bin vollkommen ruhig und gelassen.

Kopfhaut entspannt –

Stirn glatt – Augenlider ruhig –
Gesichtszüge entspannt –
Kaumuskeln, Unterkiefer locker und gelöst.
Ich bin vollkommen ruhig und gelassen.

Ich lasse die verlängerte Ausatmung in die Leibmitte fließen –
strömende Wärme tritt auf – Leibmitte bei der Ausatmung strömend
warm – strömend warm –
die Wärme breitet sich nach unten ins kleine Becken aus.
Ich bin vollkommen ruhig und gelassen.

Ich spüre den rechten Oberschenkel entspannt – Kniekehle fühlt, wenn
ich die verlängerte Ausatmung dorthin fließen lasse – strömend warm.
Rechter Fuß fühlt Eigenwärme – angenehm warm.
Fußsohle fühlt Eigenwärme, wenn ich die Ausatmung dorthin fließen
lasse – strömend und trocken warm – strömend und trocken warm.
Große Zehe strömt warm.
Ich bin vollkommen ruhig und gelassen.

Ich spüre den linken Oberschenkel entspannt –
Kniekehle fühlt, wenn ich die verlängerte Ausatmung dorthin fließen
lasse – strömend warm.
Linker Fuß fühlt Eigenwärme – angenehm warm.
Fußsohle fühlt Eigenwärme, wenn ich die Ausatmung dorthin fließen
lasse – strömend und trocken warm – strömend und trocken warm.
Große Zehe strömt warm.
Ich bin vollkommen ruhig und gelassen.

Ich lasse die Ausatmung in die linke Hüfte fließen – das
Strömend-Warm wird fühlbar. Die warme Ausatmungsluft fließt in die
rechte Hüfte – auch hier strömend warm.
Rechte Nierengegend hinten fühlt Eigenwärme, wenn ich die
Ausatmung dorthin sende – strömend warm – strömend warm.
Linke Nierengegend fühlt Eigenwärme, bei der Ausatmung – strömend
warm – strömend warm.
Leibmitte fühlt Eigenwärme – bei der Ausatmung strömend warm –
strömend warm. Ich gebe mir meine Vorsätze in die Leibmitte, z. B.:
»Jede Stunde, in jeder Hinsicht, geht es mir besser und besser.«
»Ich fühle mich völlig wohl.«
Ich bleibe vollkommen ruhig und heiter.

Zurücknahme: recken – strecken – dehnen – gähnen.

Dauer: etwa 10 Minuten

Wortwahl egal

Auf den ersten Blick scheint der lange Text verwirrend zu sein, aber sowohl im Yoga wie in der Krankengymnastik ist er nicht unüblich. Im übrigen kommt es auf die Wortwahl gar nicht an, sie ist mehr oder weniger egal. Die Texte unterscheiden sich bei unseren Kursleitern erheblich, wichtig ist das Prinzip und nicht das einzelne Wort. Zu Beginn haben Anfänger oft Angst, sie könnten etwas falsch machen, deswegen klammern sie sich an den Übungstext. Es gibt Kursleiter, die während der Übung viel sprechen – dagegen ist nichts einzuwenden, solange sie wirklich »ruhig und gelassen« sprechen und nicht gehetzt und nervös. Andere wiederum gehen sehr sparsam mit dem Wort um, und auch sie haben gute Erfolge.

Wer das PT-Training nicht durch einen Kurs erlernt, sollte weniger am Text, am Wort hängen, als vielmehr das Gefühl, die Vorstellung von Wärme trainieren. Der Allein-Übende wendet in der Regel auch die PT-Atmung häufiger zur Verstärkung der Übungsrealisierung an als der Kursteilnehmer. Denn in fast jedem Kurs findet sich jemand, bei dem der Kursleiter mit Atmungshinweisen zurückhaltend sein muß.

Die Übung beginnt mit dem beruhigenden und entspannenden Satz: »Ich bin vollkommen ruhig und heiter.« Wir enden auch damit. Das ist kein Muß, nach meinen Erfahrungen aber wird der Satz gern verwendet, vor allem auch, weil er am Ende der Übung ein Hinweis für die folgende Zurücknahme ist. Wenn man den vielen verspannten Gesichtern im Kurs gegenübersitzt, scheint diese Formulierung nahezu unerläßlich. Sie bringt den sonst nur schwer erreichbaren und oftmals verspannten Kaumuskel zur Lockerung.

Die PT-Atmung wird sehr sparsam in die Übung integriert, der Übende soll sie ja automatisch anwenden lernen. Es schadet natürlich gar nicht, wenn man die PT-Atmung nicht anwendet. Dennoch meine ich, durch sie kommt es zu einer deutlichen Verstärkung des Erfolges.

Wichtig ist: üblicherweise erzeugen wir Wärme vorwiegend in den muskelarmen Bereichen wie Hand, Finger, Fuß, Zehen, Knie und den inneren Organen. Bei Schultern und Nacken sind die Grenzen verwischt. Man kann sich hier auf Schwere beschränken, aber man kann auch beides anwenden: »Schulter-Nacken-Bereich entspannt – fühlt Eigenwärme«. Im Schulter-Nacken-Bereich spüren manche Ringer und Schwerathleten die Wärme – bisweilen auch die Schwere – zuerst oder deutlicher als in den Händen.

Die Schulter- und Hüftgelenke kann man auch »durchatmen«. Wir tun so, als ob sowohl die Einatmung wie die Ausatmung durch das betreffende Gelenk erfolge. Einige Übende beschränken sich auch mit bestem Erfolg darauf, die verlängerte Ausatmungsluft in die Gelenke gleiten zu lassen. Wie schon erwähnt, dient dies der Kontakt- und der Konzentrationsbahnung. Endzweck ist, daß uns bei Schwierigkeiten in diesen oder anderen Bereichen, beispielsweise bei Schmerzen, durch das »Durchatmen« und die dazu gehörigen Vorsätze geholfen wird. Die ärztliche Diagnose sollte vorher allerdings gestellt sein. Selbst in anderen Bereichen, auf dem Handrücken oder sogar auf der Stirn, können Sie so vorgehen. Schmerzen oder Juckreiz bekommen auf diese Weise eine andere Qualität, sie werden gelindert, und häufig genug verschwinden sie sogar ganz.

Bei diesem Vorgehen oder wenn man sich Zentimeter für Zentimeter von der Leibmitte an bis zu den Zehen hin alle Gebiete warm vorstellt, kann man sehr schnell lernen, seine Füße warm zu bekommen. Das gilt meist auch für hartnäckige Fälle, für Menschen, die abends lange Zeit im Bett wach liegen, weil ihre Füße »eiskalt« sind.

Wem es gefällt, der kann, nachdem er beide Arme und beide Beine »durchgenommen« hat, Wiederholungsübungen einschieben. Sie dienen der Verstärkung des Übungserfolges.

Gelegentlich stößt man auf Personen, deren Familien wie sie selber auch unter kalten Füßen zu leiden haben. Hier empfehlen sich Kneippsche Anwendungen. Unter Umständen verspüren sie sofort Erleichterung, wenn sie vor dem Trainieren Knie und Füße für etwa fünf Sekunden fest zusammenpressen. Dadurch kommt es anschließend oftmals zu einer Entspannung in den Beinen, in deren Gefolge rascher Wärme auftritt. Ähnliches gilt auch für kalte Hände: man ballt unmittelbar vor dem Trainieren für etwa fünf Sekunden mit aller Kraft seine Faust, und meist strömt dann die Wärme in die Hand.

Viele Übende hatten sich bereits vor dem Besuch des Kurses mit ihrem Zustand abgefunden: »Ich habe mein Leben lang schon kalte Füße gehabt«, heißt es dann. Mit einer derartigen negativen Suggestion, einer Anti-Vorstellung, ist es geradezu unmöglich, Erfolge zu erzielen. Solche Übenden sind gut beraten, ihre Einstellung zu relativieren: »Bis jetzt hatte ich meist kalte Füße« oder »Bis jetzt ist es mir noch nicht gelungen, diese Sperre zu durchbrechen, aber das schaffe ich auch noch.« Denn nach einem heißen Fußbad oder nach einer intensiven Wanderung in passendem Schuhwerk haben auch sie warme Füße, und sei es nur vorübergehend.

Gerade wer sich so schwer damit tut, in seinen Gliedmaßen Wärme zu erreichen oder zu fühlen, sollte sich einmal fragen, was denn hinter seinem Problem steckt. Sind es aktuelle psychische Probleme oder vegetative Schwierigkeiten im Sinne von Fehlregulationen, bei denen dann häufig auch ein niedriger Blutdruck festzustellen ist, oder was könnte sonst noch als Ursache in Betracht gezogen werden? Manchmal scheint eine Erbanlage der Grund zu sein.

Eine andere Frage ist, ob der Mensch in unserer technisierten und automatisierten Welt generell mehr Schwierigkeiten hat, Wärme zu empfinden und zu fühlen, als noch vor vierzig Jahren. Kann man sich heute noch so wohl fühlen in seiner Haut wie früher?

Sich wohl fühlen in seiner Haut

Die Haut ist sowohl eine den Körper umschließende Hülle wie ein Organ mit mannigfaltigen Funktionen. Als Organ dient sie vor allem der Wahrnehmung von Schmerz, Wärme, Kälte, Feuchte, Trockenheit und anderen Empfindungen. Die Haut vermittelt Sinneserlebnisse, eben Hautsinneserlebnisse.

Um zu verdeutlichen, wie ein Mensch ist, zu welchen mitmenschlichen Beziehungen er fähig ist, sprechen wir von einem kalten oder warmen Menschen, von einem zart behäuteten Menschen (»empfindliche Haut«) oder von einem mit »dickem Fell«. Wir sprechen aber auch von Belastungen, die »die stärkste Haut nicht aushält«, von Umständen, unter denen man sich nicht »in seiner Haut wohl fühlen« kann, von

Stressoren, die »unter die Haut gehen«, von Erlebnissen, bei denen man »eine Gänsehaut« bekommen kann.

Nicht allein Liebe geht durch die Haut, sondern zahlreiche andere Empfindungen auch. Hautkontakt ist ein elementares Bedürfnis, bei dessen Nichtbefriedigung sich kein Mensch in seiner Haut wohl fühlen kann, nicht einmal ein Rhesusaffenbaby, wie der amerikanische Verhaltensforscher Harlow so überzeugend nachgewiesen hat.

Wenn die frühen sensorischen Bedürfnisse nach Wärme, die sich vorwiegend über die Haut darstellen, nicht erfüllt werden, treten bei einigen Menschen schwere Hauterkrankungen auf, die sie ein ganzes Leben lang durch Juckreiz quälen können.

Wärme ist also mehr als ein Symptom der Gefäßentspannung und des Sich-wohl-Fühlens. Hautwärme ist Lebenszeichen und Urbedürfnis, Pflicht und Begierde, Unerläßlichkeit und Gelüst.

Sich wohl fühlen in seiner Haut – das ist auch ein individueller Zustand: einige empfinden ein wenig mehr Wärme als beruhigend, andere als beunruhigend, und für nicht wenige ist sie gleichsam ein Lebenselement.

Wir haben es in der Hand, die beim Trainieren auftretende Wärme zu dosieren. Wem sie als Hitze erscheint, der kann in seiner Vorstellung das Wort »angenehm« hinzufügen: »Handinnenflächen angenehm warm – trocken warm.« Oder »Füße angenehm warm – trocken warm.« Oder »Füße fühlen Eigenwärme, angenehm trocken warm.«

Gelegentlich klagen Übende über zu viel Wärme im ganzen Körper, ohne daß die Extremitäten als übermäßig warm empfunden werden. Wir haben in einigen Fällen die Erfahrung machen können, daß isolierte Stirnkühle, nicht Stirnkälte, dieses Symptom der Überwärme günstig beeinflussen kann. In der Regel ist die Stirn von allen unverdeckten Hautstellen am wärmsten. Daher kann eine geringe Temperatursenkung gerade an dieser Stelle positive Rückwirkungen auf das allgemeine Wärmeempfinden haben.

Das Wärmeempfinden des einzelnen ist auch nicht immer konstant, selbst am gleichen Tage kann die gleiche Temperatur verschieden empfunden werden, beispielsweise morgens

weniger intensiv als abends. Auffallend ist, daß ältere Menschen im allgemeinen ihr Zimmer sehr warm haben wollen, sie sind leicht unterkühlt, »verkühlt«. In ihrer Jugend haben sie kurze Hosen getragen, sind noch im späten Herbst barfuß gelaufen – und im Alter haben sie beinahe vergessen, daß sie früher selbst einmal auch kälteunempfindlich waren. Für uns alle gilt:
Nur in einer warmen Haut fühlt sich der Mensch wohl.

Wärmebefunde in der Gesamtumschaltung

Erste Anzeichen von Eigenwärme bemerken die meisten Übenden schon während der Schwereübung, vor allem, wenn sie nicht zu kurz durchgeführt wird. Polzien hat in mehreren Versuchsreihen nachweisen können, daß sich die Hauttemperatur an den Händen bereits bei der Schwereübung erhöht und bei der Eigenwärme-Übung noch weiter ansteigt. In den Versuchen von Polzien zeigte sich weiter, daß Hände, Füße und Gesicht normalerweise etwa drei Minuten nach Beginn der Umschaltung wärmer wurden, wobei ein Maximum nach circa zehn bis sechzehn Minuten erreicht wurde. »Je distaler (peripherer) die Meßstellen liegen, desto früher und intensiver erfolgt der Temperaturanstieg«, schreibt er.

Während Schultz noch formulierte: »Der rechte Arm ist ganz warm«, können wir uns, basierend auf diesen neuen physiologischen Erkenntnissen – die Praxis tendierte sowieso schon in diese Richtung –, auf die Eigenwärme in der Hand konzentrieren. Da sich in den Handinnenflächen die meisten Wärmeendpunkte befinden, konzentrieren wir uns auf sie besonders stark. Daß der Handteller noch dazu »trocken warm« sein soll, ist einfach zu erklären: sehr viele Menschen haben feuchte Hände, manchmal leiden sie darunter. In der Regel sind feuchte Hände ein Zeichen einer vegetativen Fehlregulation, zum Beispiel von Angst und Unsicherheit. Unsere Formel wirkt hier also therapeutisch und ausgleichend.

Die vermehrte Wärme in den rumpffernen (distalen) Gebieten muß irgendwo herkommen: die Temperatur im Rumpf fällt daher schon in einem »mitteltiefen Versenkungszustand« um 0,2 Grad Celsius ab, in einem tiefen bis zu 0,8 Grad.

Je nach Ausgangstemperatur kann die Temperaturzunahme in den Fingern bis zu sieben Grad Celsius betragen; in der Regel jedoch beläuft sie sich nur auf einen halben bis einen Grad, wie auch wir in mehreren Kursen feststellen konnten.

Aus diesen Versuchen kann man den Schluß ziehen, daß der entscheidende Impuls für eine Gefäßerweiterung in der Peripherie bereits in der Schwereübung gegeben wird und daß es darauf ankommt, diese Impulsgebung durch die nachfolgenden Übungen nicht zu unterbrechen und weitere Stimuli für eine Gefäßerweiterung zu geben. Ich sagte bereits:

Wärme heißt Gefäßentspannung, sie führt zu einer peripheren Gefäßerweiterung und zu einer Verringerung des Sympathicotonus, was einer Vermehrung von Ruhe entspricht.

Wer die Wärme oder die Durchblutung der Extremitäten nach PT- oder AT-Übungen messen will, muß länger üben als gewöhnlich. Kurze Übungen von etwa fünf Minuten Dauer können zu Enttäuschungen bei Übenden wie bei Untersuchenden führen. Oft stehen die Meßergebnisse auch im Gegensatz zu den subjektiven Eindrücken.

Leibmitte fühlt Eigenwärme

Selbst wenn man die vorigen Übungen noch nicht zu realisieren vermochte, empfiehlt es sich, mit den Bemühungen fortzufahren. Manchmal kommt einem regelmäßig Übenden der Erfolg nach einiger Zeit hinterhergelaufen, als sei wirklich der berühmte Knoten geplatzt. Das gilt insbesondere für die Leibmitte-Übung, die der Sonnengeflechtsübung im AT entspricht.

Das legendäre Sonnengeflecht, der Plexus solaris, auch Ganglion coeliacum genannt, trägt seinen Namen zu Recht: wie die Finger der Sonne strahlen die Nervenfasern aus diesem und anderen Nervengeflechten in alle Richtungen des Bauchraumes, wo sie die dort liegenden Organe steuern: Magen, Dünn- und Dickdarm, Sexualorgane, Leber, Gallenblase, Bauchspeicheldrüse, Nieren, Milz, Enddarm, Blase.

Die Regulierung der Bauchorgane erfolgt also durch diese sich in der Tiefe vom oberen Leibraum in den unteren (kleines Becken) erstreckenden Nervenknoten. Sie sind sympathischen Ursprungs, werden jedoch bei ihrer Ausfaserung von parasympathischen Nervenfasern aus dem Vagus begleitet.

Vegetative Sensationen im Bauchraum fühlen wir undeutlich, ungenau, wenig umschrieben. Das macht eine klare Diagnosestellung nicht immer leicht. Wenn die Diagnose jedoch feststeht, gelingt es uns besser, uns auf die Bauchorgane einzustellen, dann können wir von der allgemeinen Übungsformel »Sonnengeflecht/Leibmitte fühlt Eigenwärme« abgehen und die genauere, die gezieltere wählen:

>»Magen fühlt Eigenwärme – beim verlängerten Ausatmen strömend warm – angenehm warm; arbeitet ganz normal und unauffällig« oder
>»normalisiert sich« oder
>»wird besser und besser« usw.

Von B. Hoffmann stammt der Hinweis, man solle beim Erlernen dieser Übung ruhig direkt vor oder nach dem Essen trainieren, denn dann fühle man den (vollen) Bauch leichter. Später jedoch solle man sich davon lösen.

Für diese Übung gibt es ebenfalls Hilfsvorstellungen, die das Realisieren erleichtern können. Man kann die Wärme am besten fühlen, wenn man so tut, als ob die Ausatmungsluft zusammen mit dem »Strömend warm« in den Leib ginge. Die Verlängerung der Ausatmung verstärkt dieses Gefühl.

Einige Teilnehmer legen gern eine Hand auf den Oberbauch, weil sie meinen, dadurch fiele es ihnen leichter, die Eigenwärme zu fühlen. Andere denken bei dieser Übung an ein heißes Getränk, das sie trinken, oder an einen Schluck konzentrierten Alkohols, an Suppe, die sie zu heiß gelöffelt haben usw. Ebenso kann es helfen, sich vorzustellen, im Hochsommer scheine die Sonne auf den Leib; oder man ruft die Erinnerung an ein heißes Heizkissen wach usw.

Für zahlreiche Übende ist es leichter, die »Nierenwärme« zu spüren, als das »Strömend warm« in der Tiefe des Leibes. Wir haben daraufhin die Durchwärmung der Nierengegenden mit in das übliche PT-Training aufgenommen. Überdies hat dieses Vorgehen einen anderen Vorteil: Nierensteinkranke – Nierensteine sind häufig – haben im Notfall dann einen schnelleren Kontakt zu dieser Gegend.

»Die Seele steckt im Magen«

Die »Seele« steckt nicht allein im Magen, wie es früher oft hieß, sie steckt in jedem Organ. In der Tat haben wir aber zum Magen ein besonders enges Verhältnis, wie die meisten von uns aus der Kinderzeit – und manche noch aus späterer Zeit – wissen. Man erinnere sich seiner eigenen Schulzeit: wie schnell reagierte man mit dem Magen, wenn einem etwas gegen den Strich ging. Ausdrücke wie »das ist ja zum Kotzen« oder »mir wird übel, wenn ich nur daran denke« fielen in der Kinderzeit häufiger als im späteren Leben. Sie weisen auf die Wechselbeziehung zwischen Psyche und Magen hin.

Als Napoleon hörte, er werde auf die Insel St. Helena verbannt, erbrach er sich, weil ihm natürlich sofort klar war, daß er von dort nicht mehr wie von Elba eine Chance zur Rückkehr haben würde. Von Napoleon stammt ja auch der Ausdruck »die Vorstellung regiert die Welt«. Seine schnelle Erkenntnis der Chancenlosigkeit führte bei ihm zur Magenrevolte. Schon als Kind hatte Napoleon derart empfindlich mit seinem Magen reagiert, daß man am liebsten das Wort vom Schulerbrechen auf ihn anwenden möchte. Angeblich ist er sogar an einem Magenkrebs gestorben – vielleicht ein Zeichen dafür, daß man seinen Typ nicht so leicht ändern kann.

Als König Gustav IV. Adolf von Schweden seine Abdankungsurkunde unterschreiben mußte, übergab er sich.

Ein elfjähriges Mädchen, dessen Eltern von ihm erwarteten, daß es nur beste Noten mit nach Hause brachte, konnte mit diesem Leistungsdruck nicht fertig werden, zumal seine geistigen Qualitäten recht durchschnittlich waren. Es wurde nervös, magerte ab, seine Noten wurden noch schlechter, und schließlich begann es, sich an den Schultagen jeden Morgen zu erbrechen. In den Ferien und an den Feiertagen rebellierte sein Magen bezeichnenderweise nicht. Erst als die Eltern in einem PT-Kurs etwas über sogenannte Schulkrankheiten hörten und die möglichen Hintergründe kennenlernten, trat eine Wende ein. Von nun an wollten sie es mit Gelassenheit versuchen. In einer Familienkonferenz wurde die neue Linie im familiären Verhalten besprochen, dem Mädchen fiel ein Stein vom Herzen, und das früher häufig postulierte »Du mußt aber doch« oder »Das mußt du doch einsehen« ist jetzt überhaupt nicht mehr zu hören. Langsam sind die Schulnoten wieder besser geworden.

»Schulerbrechen« ist keine Krankheit, sondern meist ein Zeichen dafür, daß nicht verstanden wurde, ein Kind richtig für die Schule zu motivieren – eben mit einem Schuß Gelassenheit.

Daß Prüfungen den meisten Menschen »schwer im Magen liegen«, ist bekannt. Hier wird die vor und während der Prüfung angewandte PT-Atmung die Situation gewöhnlich etwas verbessern. Erinnern wir uns, was oft vergessen wird:

Wenn der Magen nicht in Ordnung ist, ist der ganze Mensch nicht in (der) Ordnung.

Die vegetativen Fehlregulationen im Organismus ausgleichen, heißt den Menschen harmonisieren – oder vereinfacht:

Gesunder Leib – gesunde Seele.

Der letzte Satz ist natürlich nur haltbar, wenn man gleichzeitig daran denkt, daß es ja noch andere Organe gibt, die selbstverständlich »in Ordnung« sein müssen. Erlaubt aber ist die Feststellung:

Arbeit am Sonnengeflecht ist Arbeit an der Gesundheit.

Wenn wir am Sonnengeflecht arbeiten, beispielsweise uns auf den Magen konzentrieren, werden mehrere Funktionen beeinflußt:

1. Mit dem PT und über die Vorstellungen können Magen-Darm-Wände besser durchblutet werden.
2. Der Bewegungsablauf des Magen-Darm-Kanals kann gesteigert oder gedämpft werden.
3. Die Magensaftproduktion kann in ihrer Qualität und Quantität beeinflußt werden.

Wer diagnostisch gesicherte psychosomatische Störungen mit dem PT beeinflussen will, braucht mehr Konsequenz und Ausdauer beim Üben als derjenige, der durch das PT lediglich etwas ruhiger werden will. Sobald jedoch Ruhe und Gelassenheit eingetreten sind, werden automatisch die psychosomatischen Beschwerden abnehmen. Nur verlange man keine »Spontanheilungen«. Mit Rückschlägen und Enttäuschungen ist dieser Weg gepflastert, aber er ist begehbar.

Was man z. B. tun kann, um das Gesamttraining und auch

die einzelnen PT-Übungen zu erleichtern, zeigen die beiden folgenden Tabellen.

Was kann der Übende vor dem Trainieren tun, um den Übungserfolg deutlicher zu spüren?

Motorisch	mechanisch	chemisch	psychohygienisch	seel.-sinnl.
30–45 Min. Wandern, Gymnastik, Selbstmassage z. B. der Unterarme, Akupressur, Yoga, Schwimmen, vor dem Üben recken/strecken/dehnen/gähnen.	Massage, Rüttelmassage, warmes Bad.	Reduzierung von Tee/Kaffee; Baldrian, Beruhigungstees, u. U. 1 (!) Glas Bier.	vorher Sammlung oder Konzentration, abschalten von Tagesereignissen, vorher Streßabbau oder Streßanalyse, positive Einstellung.	Wohlgerüche, Musik nach Wahl, Hautkontakt, Freude durch schöne Erinnerungen (z. B. an den Urlaub), weinen, ordentlich schreien, Sex.

Hilfsmaßnahmen und -vorstellungen zur Realisierung von Übungen

Schwere	Wärme	Leibmitte/Sonnengeflecht	Nacken
Kunstgriff wie im Text beschrieben nach M. Ziegenhagen; Vorstellung, die Schwerkraft der Erde zöge den Körper an; der atmosphärische Druck laste auf den Armen; eine schwere Last werde getragen; vor dem Üben 5 Sekunden lang Arm auf Oberschenkel drücken (Kontrastempfindung).	Mechanisch vorher aufwärmen (Reiben, heißes Bad/Wasser usw.); Vorstellung, die Sonne scheine auf d. Körper; ein Heizkissen liege auf Händen/Füßen/Leib.	Erinnerung an heißes Getränk; Vorstellung, Heizsonne oder Heizkissen wirke auf den Leib ein; die Sonne strahle in die Leibmitte; rechte Hand auf Nabel legen.	Sich während der Ausatmung vorstellen, daß der warme Atem des Partners oder warme Luft aus einem Fön den Nacken treffe; daß Sonne darauf scheine; verlängerte Ausatmung dorthin fließen lassen.

Herzbeeinflussung

Zahlreiche Menschen im mittleren Lebensalter haben erlebt, daß Herzschmerzen in den linken Arm ausstrahlen können. Manchmal hatten sie auch nur im linken Oberarm ziehende Schmerzen, obwohl die Ursache nicht in einer krankhaften Veränderung des Armes zu suchen war, sondern ausschließlich im Herzen oder den Herzkranzgefäßen.

Die Erklärung ist für den Mediziner einfach: die Nervenfasern des linken Oberarmbereichs münden in denselben Nervenzellen des Rückenmarks wie die des Herzens. Vom Rückenmark laufen die Reize dann über andere Nervenfasern zum Gehirn. Bei den anderen Organen finden wir eine ähnliche Situation: mehr oder weniger alle haben ihnen zugehörige Hautareale, die nach ihrem Entdecker Head'sche Zonen genannt werden.

Wer diese Head'sche Zonen behandelt – in Form von Segmentmassage, Bindegewebsmassage, aber auch mit ansteigend heißen Armbädern nach Hauffe und in anderer Weise –, therapiert damit zugleich das zugehörige Organ. Auf diesen Zusammenhängen beruht zum Teil die Wirkung der Akupressur und Akupunktur, Methoden aus der Erfahrungsheilkunde, die man schon vor vielen hundert Jahren praktizierte. So wird solchen und ähnlichen Methoden im nachhinein wissenschaftliche Anerkennung zuteil.

Für uns ergibt sich daraus, daß die Herzübung des AT nicht unbedingt nötig ist, wir können das Herz auch therapeutisch beeinflussen, wenn wir uns auf den linken Oberarm und auf die dazugehörigen Brustareale über der linken Brustwarze konzentrieren, beispielsweise so (für Erfahrene):

> »Linker Oberarm entspannt, spürt Eigengewicht, fühlt Eigenwärme, fühlt Eigenwärme, strömend warm;
> linke obere Brustwand entspannt, fühlt Eigenwärme, fühlt Eigenwärme, strömend warm.
> Linker Oberarm und linke Brustwand entspannt, fühlen Eigenwärme, fühlen Eigenwärme, strömend warm.«

Im Anschluß daran kann man sich sagen und damit die Entspannung verstärken:

»Links entspannt – warm – angenehm warm – ganz warm – strömend warm.«

Dabei kann man die verlängerte Ausatmung dorthin dirigieren, wodurch es einem meist tatsächlich »warm ums Herz« wird, wie der Volksmund konstatiert.

Wenn ein Arzt einen PT-Kurs gibt, darf er selbstverständlich das Herz mit in die PT-Übung einbeziehen. Ansonsten sollten wir daran denken: schon die Eigenschwere-Übung beeinflußt das Herz. Wer durch das PT ruhig und gelassen wird, hat dann selbstverständlich auch ein »ruhiges Herz«. Wir können also auf das Herz gut einwirken durch:
- die Ruhetönung/Sammlung
- das Gesamttraining
- die Eigenschwereübung
- die indirekte Herzbeeinflussung (s. oben)
- die direkte Herzbeeinflussung/»Herzübung«
- eine Kombination aller fünf Punkte.

Wer führt Protokoll?

Bei Sitzungen, Besprechungen oder Konferenzen ist das Protokollführen eine Selbstverständlichkeit. Bei unserem Training sollte es ähnlich sein: eine genaue Protokollierung dessen, was alles beim Üben auftritt und wie häufig man übt, kann unter Umständen für den Übenden wie für den Kursleiter eine Hilfe sein. Manche Kursteilnehmer empfinden das Protokollführen als eine Zumutung. Andere erkennen seinen Wert, tun es aber dennoch nicht.

Da nicht alle Kursteilnehmer ihre Empfindungen und Schwierigkeiten offen darlegen können oder wollen, muß der Kursleiter auf jeden Fall anbieten, das Übungsprotokoll der Trainierenden vor oder auch nach der Stunde durchzuschauen. Es genügt manchmal nicht – und ist vom Blickpunkt der Psychohygiene wohl auch nicht ausreichend –, wenn man jeden Kursteilnehmer berichten läßt, was er beim Üben alles erlebt hat.

Alle Kursteilnehmer haben während der Kursstunden – auch unabhängig von der nach jeder Übung gestellten Frage, wie die Übung verlaufen sei – mehrfach Gelegenheit, ihre speziellen Probleme vorzutragen, auch unter vier Augen. In jeder Hinsicht wird ermutigt, Fragen zu stellen, Einwände vorzubringen und Beobachtungen mitzuteilen. Ziel ist es, auch gehemmte Teilnehmer zum Sprechen zu bringen. Dennoch gibt es Personen, an denen solche Aufforderungen vorbeigehen. So hatte beispielsweise eine junge Frau übliche und nicht auffallende Reaktionen und Entspannungssymptome laut vermeldet, aber daneben drängten sich ihr immer wieder Bilder auf, von denen sie vor der Gruppe nichts sagen wollte. Denn es handelte sich dabei um sexuell gefärbte Zwangsvorstellungen. Nur die freimütige Darstellung in ihrem Protokoll offenbarte ihr Problem. Ihre Übungserfolge waren gut. Mit Hilfe des PT und von Autosuggestionen wurde sie innerhalb von vier Monaten völlig symptomfrei und ist es bis heute – neun Jahre danach – geblieben.

Wie das Führen eines Tagebuches dient auch das protokollarische Vorgehen der Persönlichkeitsbildung. Gerade flüchtige, zerfahrene und unsystematische Trainierende können aus dem Protokoll ihre Schwächen und Fortschritte leicht erkennen. Sie müssen sich selber in die Pflicht nehmen, wenn sie Erfolge erzielen wollen.

Es ist nur wenigen Menschen gegeben, systematisch zu üben. Daher sollte man sich »im Notfall« des Tricks bedienen, seine Übungserlebnisse in ein Tagebuch einzutragen. Das Tagebuch kann später einmal von großem Wert und Vorteil sein, wenn man auf bestimmte Dinge, Erlebnisse, Daten zurückgreifen muß.

Wir vergessen, daß jeder von uns zur Erreichung seiner Ziele dauernder Impulse und Ermahnungen bedarf. Wenn wir nicht durch andere, vor allem durch den Partner, entsprechend stimuliert oder ermahnt werden, dann müssen wir das selbst tun. Und dafür ist die schriftliche Notiz oder Eintragung das geeignetste Mittel.

Wer etwas aufschreiben will, muß sich vorher Gedanken darüber machen, was er schreiben will oder muß. Man beobachtet dadurch den Trainingsverlauf auch genauer. Der Kursleiter sollte anbieten, regelmäßig Einblick in das Übungsprotokoll zu nehmen. Das hat ebenfalls ein konsequenteres Trainieren zur Folge. Überdies kann das Protokollieren von Trainingserlebnissen auch zu einem besseren Gedächtnis und zu größerer persönlicher Disziplin führen.

Protokoll-Beispiel

Mein PT-Training Februar 1984

Tag	Wann geübt?			Bemerkungen: 0 = ohne Erfolg geübt Erfolg: + genügend; + + gut; + + + sehr gut
	Morg.	Mitt.	Abd.	
1			+ + +	Instant-Erfolg von Schwere + Wärme
2			0	unkonzentriert geübt
3		+ +	+ +	Ich wollte wissen, ob es noch klappt: ja
4	0			Morgens fällt es mir noch schwer
5				Zu viel Aufregung, nicht trainiert
6		+ +	+ + +	Nach dem Dienst trainiert, sehr gut bekommen
7		0	+	Heute viel Ärger gehabt; ob ich mich zu leicht ärgern lasse?

Die fünfte PT-Übung: Endübung

Die fünfte PT-Übung ist die Endübung.
Sie ist wie die PT-Atmung unerläßlich und enthält Grundübung, Eigengewichts- und Eigenwärme-Übung (die drei Lernübungen).

Lernziel: die organismische Umschaltung schnell erreichen lernen.

Trainingsstellung einnehmen: Schultern heben und fallen lassen, kontrollieren, ob man bequem/entspannt sitzt/liegt.

Sammlung: auf die Bauchbewegung (Nasenspitze) achten, Augen schließen.

PT-Endübung: Ich bin vollkommen ruhig und heiter.
Meine Aufmerksamkeit ist im rechten Unterarm – rechter Unterarm entspannt – spürt Eigengewicht.
Rechte Hand fühlt Eigenwärme – Handinnenfläche fühlt Eigenwärme – wenn ich die verlängerte Ausatmung dorthin fließen lasse – strömend – und trocken warm. Zeigefinger strömt warm.
Ich bin vollkommen ruhig und gelassen.

Ich spüre meinen linken Unterarm – linker Unterarm entspannt – spürt Eigengewicht.
Linke Hand fühlt Eigenwärme – Handinnenfläche fühlt Eigenwärme – wenn ich die verlängerte Ausatmung dorthin fließen lasse – strömend – und trocken warm.
Zeigefinger strömt warm.
Ich bin vollkommen ruhig und gelassen.

Ich lasse die verlängerte Ausatmung in das linke Schultergelenk fließen – Eigenwärme ist fühlbar.
Die warme Ausatmungsluft fließt in das rechte Schultergelenk – Eigenwärme kommt.

Schulter-Nacken-Bereich entspannt.
Nacken fühlt Eigenwärme – wenn ich die verlängerte Ausatmung dorthin fließen lasse – strömend – und angenehm warm.
Ich bin vollkommen ruhig und gelassen.
Kopfhaut entspannt – Stirn glatt – angenehm kühl – Augenlider ruhig – Gesichtszüge entspannt – Kaumuskeln, Unterkiefer locker und gelöst.
Ich bin vollkommen ruhig und heiter.

Ich lasse die verlängerte Ausatmung in die Leibmitte fließen – strömende Wärme tritt auf – strömend warm.
Die Wärme breitet sich ins kleine Becken nach unten aus.
Ich bin vollkommen ruhig und gelassen.

Ich spüre den rechten Oberschenkel entspannt – sein Eigengewicht.
Rechter Unterschenkel entspannt – ich spüre sein Eigengewicht.
Fuß fühlt Eigenwärme – Fußsohle fühlt Eigenwärme, wenn ich die Ausatmung dorthin fließen lasse – strömend und – trocken warm.
Große Zehe strömt warm.
Ich bin vollkommen ruhig und gelassen.

Ich spüre den linken Oberschenkel entspannt – sein Eigengewicht.
Linker Unterschenkel entspannt – ich spüre sein Eigengewicht.
Fuß fühlt Eigenwärme – Fußsohle fühlt Eigenwärme, wenn ich die Ausatmung dorthin fließen lasse – strömend und – trocken warm.
Große Zehe strömt warm.
Ich bin vollkommen ruhig und gelassen.

Ich lasse die Ausatmung in die linke Hüfte fließen – strömend warm.
Die warme Ausatmungsluft fließt in die rechte Hüfte – auch hier strömend warm.
Rechte Nierengegend fühlt Eigenwärme, wenn ich die Ausatmung dorthin sende – strömend warm – strömend warm.
Linke Nierengegend fühlt Eigenwärme – bei der Ausatmung – strömend warm – strömend warm.
Leibmitte fühlt Eigenwärme – bei der Ausatmung strömend warm – strömend warm. Ich gebe mir meine Vorsätze in die Leibmitte:
»Ich bin munter, frisch und heiter und mache immer so weiter.«
»Ich bin vollkommen ruhig, gelassen und frei.«
»Ich fühle mich völlig wohl in meiner Haut.«
Ich bleibe vollkommen ruhig und heiter.

Zurücknahme: recken – strecken – dehnen – und gähnen.

Dauer: etwa 10 Minuten

Kurzformulierung des PT

Trainingsstellung einnehmen: im Sitzen Schultern heben und fallen lassen, kontrollieren, ob man entspannt sitzt.

Sammlung: auf die Atmungsbewegung achten.

Übung: Ich bin vollkommen ruhig und heiter.
Arme entspannt – spüren Eigenschwere –
Handinnenflächen trocken warm –
Finger trocken warm –
Beine entspannt –
Fußsohlen trocken warm – Zehen trocken warm –
Schulter-Nacken-Bereich entspannt –
Nacken fühlt Eigenwärme –
Kopfhaut entspannt – Stirn glatt – Augenlider ruhig –
Gesicht entspannt – Kaumuskeln gelöst – Unterkiefer locker –
Leibmitte fühlt, beim Ausatmen, strömend warm –
Ich bin ruhig – entspannt – angenehm warm –
(an dieser Stelle kann man sich seine individuellen Vorsätze geben)
Ich bleibe vollkommen ruhig und heiter.

Zurücknahme: recken – strecken – dehnen – und gähnen.

Dauer: 5–8 Minuten

Ein wichtiges Ziel des PT ist, die Übungen auch in kürzerer Zeit durchführen zu können, als es der lange Text zu gestatten scheint. Wir wollen uns konditionieren, wir wollen durch Übung erreichen, daß die Entspannungssymptome Schwere und Wärme automatisch auftreten, wenn wir uns anschicken zu trainieren. Bei dem Schweregefühl ist das leicht möglich. Schwierigkeiten dagegen bereitet auch dem Erfahrenen manchmal die Wärme, die man nicht so schnell erzeugen kann, wie wenn man eine Heizsonne anstellt.

Wer den ganzen Abend in seinem Zimmer gesessen und sich in aller Ruhe einem Thema oder einem Buch gewidmet hat, kann natürlich mit *einem* PT-Atemzug Wärme in jedem beliebigen Körperteil hervorrufen. Das bestätigen auch Teilnehmer von Anfängerkursen nach etwa sechs bis acht Wochen

Übung. Aber nicht jeder Abend verläuft so ruhig und harmonisch, schon gar nicht jeder arbeitsreiche Tag.

So müssen wir einfach akzeptieren, daß wir gelegentlich mehr Zeit für die Realisierung brauchen. Nach einer langen Sammlung wird selbstverständlich auch die Wärme schneller auftreten. Je nach individueller Situation wird man also unter Umständen auch fünf bis zehn PT-Atemzüge machen müssen, um die Füße warm zu bekommen.

PT-Endformulierung für Erfahrene

1. PT-Atmung: Ich bin entspannt und heiter.
2. PT-Atmung: Arme fühlen Schwere und Wärme.
3. PT-Atmung: Beine fühlen Schwere und Wärme.
4. PT-Atmung: Ich bleibe entspannt und völlig warm.

Zurücknahme: recken – strecken – dehnen – und gähnen.

Der Übende sollte wissen, wann er eine solche Kurzformulierung anwenden darf. Wichtig ist: Kurzübungen ersetzen das Gesamttraining von acht bis zehn Minuten nicht, sie können aber gerade am Schreibtisch oder bei der Arbeit ein notwendiger Wechsel sein, ein »break«, wie die Amerikaner sagen, eine willkommene Unterbrechung oder Abwechslung oder bildlich: eine Atempause.

Selbstverständlich kann man auch drei oder fünf und mehr verlängerte Ausatmungen dafür aufwenden. Wie immer ist das PT auch hier sehr variabel.

Gelegentlich bietet es sich an, die Endformulierung zu benutzen, ehe man sich seine ganz speziellen individuellen Formeln sagt. Beispielsweise kann jemand, der besonders häufig unter Kopfschmerzen leidet (nach genauer Diagnose und notfalls auch Kontrolle), die Kopfentspannung daran anschließen, oder wenn jemand nervös ist und seine Nervosität überträgt sich auf den Magen, dann kann er sich im Anschluß an diese Formulierungen auf seinen Magen konzentrieren, um schnell eine Besserung seiner Beschwerden zu bewirken. Für beide gilt jedoch: die allgemeine Ruhigstellung müßte Primärziel sein, da sie sich ja positiv auf alle Organe auswirkt, also auch auf Kopf und Magen.

Erinnern wir uns an die verstärkende Wirkung der Ausatmung:

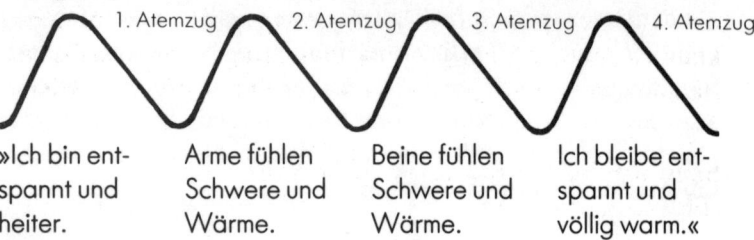

»Ich bin ent-	Arme fühlen	Beine fühlen	Ich bleibe ent-
spannt und	Schwere und	Schwere und	spannt und
heiter.	Wärme.	Wärme.	völlig warm.«

Schultern und Hüften »durchatmen«

Wer keine Beschwerden in Schultern und Hüften hat, kann diese Bereiche auch auslassen. Aber zahlreiche Übende im fortgeschrittenen Alter plagen sich vor allem mit Hüftschmerzen durch arthrotisch-arthritisch veränderte Gelenke. Sie können sich etwas Linderung verschaffen, wenn sie sowohl beim Ein- wie beim Ausatmen so tun, als ströme ihre Atemluft durch das entsprechende Gelenk. Diese Durchatmung geht auf den Yoga zurück, der Übende hat einen besseren Kontakt zu dem betreffenden Körperbereich, er kann sich auch besser konzentrieren, wenn er dorthin atmet.

Auf diese Weise kann man in einem Gebiet, zu dem man für gewöhnlich keine Verbindung hat, relativ leicht Wärme erzeugen oder Eigenwärme fühlen. Damit soll nicht gesagt sein, daß das Hüftgelenk wärmer wird; es sind die Muskeln der Umgebung, die infolge der Hinwendung und Erwartung warm werden und sich entspannen. Interessant ist, daß diese Übung als nicht besonders schwierig gilt, vielen Übenden gelingt sie schon beim ersten Versuch.

Im Beginn der Hüftgelenksarthrose sind solche Übungen unerläßlich, weil die ganze Muskulatur um das Hüftgelenk eine Schonhaltung einnimmt, so daß der Betroffene schmerzende Bewegungen vermeidet. Es kommt dann im Laufe der Jahre zu deutlichen Bewegungseinschränkungen, die aber nicht direkt durch Gelenkveränderungen, sondern durch sekundäre Muskelschrumpfungen bestimmt werden. Diese Beschränkungen können so weit gehen, daß man schließlich nicht mehr das eine Knie über das andere legen kann.

Hier können durch Muskelentspannung mit Hilfe des PT Erleichterungen erzielt werden, weil die Schmerzgrenze durch die Muskelentspannung herabgesetzt wird. Die üblichen krankengymnastischen Übungen allerdings müssen selbstverständlich zusätzlich jeden Tag weiter durchgeführt werden.

Schulter-Nacken-Gebiet entspannt, fühlt Eigenwärme

Wie wichtig diese Region ist, wissen wir aus dem Tierreich. Katzenmütter beispielsweise fassen ihre Jungen stets im Nakken, wenn die Kleinen getragen oder transportiert werden müssen. Die störrischsten Katzenkinder werden sofort ruhig, wenn ihre Mutter sie am (Nacken-)Wickel hat: ein Reflex wird wirksam, die Tiere entspannen sich und bewegen sich dann nicht mehr, nicht einmal einen Laut geben sie dann noch von sich.

Nun sind zwar Menschen nicht mehr auf diesen »Nacken-Reflex« angewiesen, weil sie Arme und Hände entwickelt haben, aber dafür haben wir einen anderen Grund, die Schulter-Nacken-Region immer wieder zu entspannen: durch das Arbeiten im Sitzen, durch das Vornübergebeugtsein kommt es bei den meisten Geistesarbeitern zu Verspannungen. Die Seele »sitzt« bei einigen Menschen im Magen, bei anderen in der Haut und bei gar nicht wenigen im Nacken. Dort haben sie ihren empfindlichen Punkt, den sogenannten locus minoris resistentiae.

Der Volksmund hat das durchschaut, er kennt die »Halsstarrigen«, die »Hol-Di-Stief-Leute« im Norden, er weiß, daß einigen Menschen »die Gefahr im Nacken sitzt« oder daß andere »den Nacken nicht beugen« können. Während der eine einen »Schiefhals« bekommen hat, weil er »seine Haltung« zu verlieren drohte, nimmt ein anderer »alles auf die leichte Schulter«, obwohl ihm »das Wasser bis zum Hals steht«. Diese Anspielungen ließen sich fortsetzen.

– Unsere psychische Einstellung kann den Spannungsgrad der Schulter-Nacken-Muskeln bestimmen.
– Schiefer Hals – schiefe Einstellung.

Schultz empfahl, die »Teilentspannung« des Schulter-Nakkenfeldes im Stehen durchzuführen, etwa mit der Formulierung: »Schultern schwer. Ich bin ganz ruhig.« Der Übende erzielt einen ebenso guten Erfolg aber auch im Sitzen, wenn er während des Trainings die Arme neben dem Körper herunterhängen läßt, so daß das Gefühl der Eigenschwere des Armes sehr deutlich wird.

Ich habe das PT-Training in mehreren Kursen im Schulter-Nacken-Bereich beginnen lassen, weil dieser Wetterwinkel unseres Körpers für die Entwicklung von Schwere und Wärme eine Art »Lotsenfunktion« übernehmen kann. Aber offenbar sind nicht alle Menschen gleich empfänglich für einen Start in diesem Gebiet. Den Frauen war dieser vielleicht etwas ungewöhnliche Einstieg in die Entspannung durchweg angenehm, zahlreiche Männer jedoch konnten sich dafür »nicht erwärmen«. Einige hatten sogar eine Abneigung dagegen.

Ob über die erogene Empfänglichkeit hinaus noch andere Gründe für die Lotsenfunktion dieses Körperbereiches sprechen, bleibt dahingestellt.

Wer den Muskelpanzer im Nackenbereich aufweichen will, kann folgendermaßen vorgehen:

> Die Schultern mehrfach nach oben bewegen und dann nach unten plumpsen lassen, Arme hängen nach unten (sie liegen nicht auf den Oberschenkeln).
>
> »Schulter-Nacken-Bereich entspannt –
> spürt Eigenschwere, spürt Eigenschwere, Schwere.
> Nacken fühlt Eigenwärme, wenn ich dorthin ausatme, deutlicher, fühlt Eigenwärme, Wärme« (mehrfach wiederholen).
> »Muskeln werden warm und weich. Warm und weich.«

Die Übung sollte vorzugsweise im Sitzen durchgeführt werden, eventuell auch im Stehen. Hilfsvorstellungen können sein, jemand atme einem in den Nacken oder ein warmer Fönstrom treffe diese Region. Man kann sich auch vorher einen heißen Wickel auflegen usw.

Entspannung ohne Kopfbeteiligung ist »kopflos«

Die Entspannung der Gesichtsmuskulatur durch Lachen überträgt sich auf den ganzen Körper. Es wäre unklug, von dieser wunderbaren Einrichtung der Natur nicht Gebrauch zu machen. Bei vielen Menschen läßt sich ihr Spannungszustand am Gesicht ablesen, ihnen gelingt es nicht, ein »undurchdringliches Gesicht« zu machen; andere wiederum machen »ein Gesicht wie sieben Tage Regen« oder laufen »mit verbissenem Gesichtsausdruck« herum.

Das Gesicht also müssen wir entspannen – nicht nur der Kosmetik oder der Ästhetik wegen.

Vom Nacken aus soll die Kopfhaut entspannt werden, dann die Stirn. Ist sie »glatt«, so ist sie entspannt. Dann glätten sich auch die Falten der »Denkerstirn«. Aber bei angeborenen und durch die Sonne eingegrabenen Stirnfalten soll man sich keinen Illusionen hingeben: sie lassen sich nur wenig beeinflussen.

Daß die Lidmuskeln am Tage dauernd in Aktion sind, vergessen wir. Meist erinnern wir uns nur daran, wenn wir »vor Müdigkeit kaum noch aus den Augen schauen können«.

Wir wenden uns dann dem unteren Teil des Gesichts zu (»Gesicht entspannt«) und geben uns eine pauschale Autosuggestion, die durch die folgenden gezielten autosuggestiven Formeln an Intensität gewinnt.

»Kaumuskeln locker« – diese Formulierung bringt die stärksten Muskeln unseres Körpers zur Entspannung, die ohne Kopfentspannung sonst häufig kontrahiert bleiben.

»Unterkiefer locker, gelöst« – in der Regel ist der Mund fest geschlossen, manchmal zusammengepreßt. Manche Männer sind stolz darauf, mit einem »verkniffenen Gesicht« herumzulaufen, sie finden, es sei männlich, sportlich und daher erstrebenswert. Nach einem solchen Kurs wissen sie es besser: wahre Männlichkeit zeigt sich mehr in Entspannung als in Verspannung, die ja letzten Endes ein Zeichen für eine gewisse Unreife ist.

»I-Gesicht« (Yoga), »keep smiling« oder »Immer-nur-lächeln« sind Ausdrücke, die zeigen, wie sehr auch in der Vergangenheit der Zusammenhang zwischen Entspannung der

Gesichtsmuskulatur und ganzem Körper erkannt wurde. Betonen wir nochmals:
- Lächeln ist der Wegbereiter für eine allgemeine Entspannung.
- Für viele streßgebeutelte Menschen gilt:
Lächeln ist Notwehr.

Kann jeder das PT erlernen?

Die Frage muß verneint werden. Schwachsinnige Menschen lernen es beispielsweise nicht; häufig können sie sich auch nicht konzentrieren. Gelegentlich trifft man sogar in den Kursen Personen, die gar nicht imstande sind, die Methode als solche zu begreifen und geistig zu verarbeiten – ohne daß man deswegen von Schwachsinn sprechen könnte.

Auf dem Höhepunkt einiger Krankheiten können sich viele Menschen nicht mehr von ihren Sorgen frei machen, sie sind in ihnen verhaftet, so daß manchmal die bedauerliche Situation eintritt: Je mehr sie eines solchen Trainings bedürfen, desto schwerer ist es für sie erlernbar. Zum Glück gilt das nicht für alle Menschen.

Wer wenig Selbstvertrauen hat, wird natürlich mehr Zeit für das Erlernen einer derartigen Methode aufbringen müssen als ein selbstsicherer Mensch. Der Unsichere muß sich daher vor jedem Trainieren zuerst einmal »versichern«: positiv trimmen, das heißt, die Einstellung einnehmen, er werde selbstverständlich wie Hunderttausende vor ihm ein solches Training beherrschen lernen.

Wer infolge irgendwelcher Widerstände nicht an die Methode und ihre Wirksamkeit glaubt, wird es schwerer haben als der »Gläubigere«.

Wem es schwerfällt, sich dem Kursleiter anzuvertrauen, der wird ein solches Training nicht so leicht lernen, es sei denn, er kann sich von seinen Eindrücken distanzieren.

Bei allen, die psychisch gesund sind, gibt es überhaupt keine Schwierigkeiten, wie schon Schultz (hier etwas vereinfacht wiedergegeben) für das AT feststellte: Gesunde lernen es immer, Nervöse lernen es schwerer, Verrückte lernen es nimmer. Mit »Verrückten« sind Kranke gemeint, die nach der

Schultz'schen Version an einer stets tief in ihrer Lebensgeschichte verankerten Kernneurose leiden. Bei akuten Psychosen, wie bei einer endogenen Depression oder einer Schizophrenie, wendet man ein solches Training in der Regel gar nicht erst an. Zwischen den Krankheitsschüben allerdings können sich auch diese Kranken das PT aneignen.

Schwerer als üblich lernen das PT folgende Menschen:
1. die sich nicht hingeben können;
2. die sich schlecht konzentrieren können;
3. die besonders ängstlich sind;
4. die zu sehr wollen, anstatt gelassen zu warten;
5. die nicht motiviert sind;
6. die erst tiefe Widerstände oder Abwehrmechanismen überwinden müssen;
7. die einen Krankheitsgewinn haben, d. h. die einen scheinbaren Vorteil aus ihrer Krankheit ziehen;
8. die einen für sie ungeeigneten Kursleiter haben;
9. die Einzelunterricht nehmen oder es sich selber beibringen.

Die PT-Erfolge bei Gesunden

1. Hier muß an erster Stelle die Selbstruhigstellung genannt werden.

Der PT-Übende gewinnt durch das Gesamttraining, nicht allein durch die autosuggestive Formel »Ich bin vollkommen ruhig und gelassen (heiter)«, mehr Ruhe und Gelassenheit. Dadurch kommt es zu einer »Resonanzdämpfung der Affekte«. Ich meine, unser Ziel sollte sein, daß starke psychische Reaktionen gar nicht erst auftreten, daß wir, wie der Volksmund sagt, bei Ärger gar nicht erst »auf 180 geraten«, sondern höchstens auf »140«, wobei ich an die obere Grenze des Blutdrucks denke. (Siehe dazu die Zeichnung auf S. 130.)

Distanz gewinnen ist ein Ziel des PT. Es entspricht gewissen Intentionen des Yoga, der philosophischen Richtung der Stoa, den Zielen von Pascal (gentil homme) und dem früheren britischen Gentleman-Ideal: ein Gentleman reagiert nicht übermäßig – wenn er es tut, ist er kein Gentleman.

Daß man durch mehr Ruhe und Gelassenheit einen anderen Blickwinkel gewinnt, unter dem man die Dinge betrachtet,

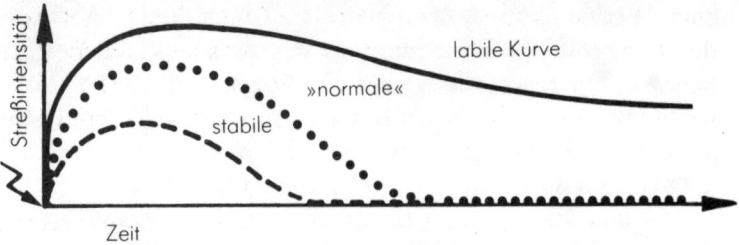

Psychosomatische Reaktionen auf Ärger (Disstreß):
»Labil« reagieren wir alle einmal, beispielsweise wenn »ein wunder Punkt« berührt wird, aber der labile Mensch reagiert nahezu immer in dieser Weise.
»Normal« oder üblich ist die Reaktion auf Disstreß: man erregt sich kurz und kommt dann schnell wieder zur Ruhe.
»Stabil« ist die Kurve bei Menschen, die »sich nicht aus der Ruhe bringen lassen«.
Ziel des PT-Übenden könnte sein, daß er gar nicht erst stark reagiert, d. h. daß er so ähnlich reagiert wie der »stabile« Typus. Überhaupt nicht zu reagieren ist selbstverständlich unmöglich, dann wäre man nicht mehr am Leben (unter Umständen auch nicht im Leben).

zeigt sich im Beruf wie im Privatleben. Auch Außenstehende bemerken diese neue Einstellung zu den Dingen, zu Konfliktsituationen oder zu den Mitmenschen.
2. PT belebt, es macht müde Menschen munter.

Bevor man mit PT gegen Müdigkeit angeht, muß man zunächst deren Ursachen herausfinden. Liegen Krankheiten zugrunde, ist der Arzt zuständig; liegt es an unserer Lebensführung, sind wir es selber. Oft höre ich die Klage: »Ich bin immer so müde« von Menschen, die am Leben vorbeileben, denen die rechte Einstellung fehlt – zur Arbeit und zum privaten Bereich. Für diese lustlose Gruppe einige Hinweise:
– Werden Sie ein »Liebhaber« des Lebens, interessieren Sie sich für dieses und jenes, holen Sie sich Impulse aus allen Lebensbereichen.
– Regen Sie Ihren Kreislauf an, Sie sind nicht zu müde, um Sport zu treiben, sondern Sie sind müde, weil Sie keinen Sport treiben.
– Nehmen Sie sich jeden Tag etwas Schönes vor.
– Machen Sie PT, geben Sie sich schon zu Beginn der Trainingssitzungen Vorsätze wie: »In fünf Minuten bin ich ganz munter und frisch« oder: »Um 14.30 Uhr bin ich hellwach bis

zum Abend« usw. PT kann allerdings einen dahinvegetierenden Menschen kaum zu einem Lebenskünstler machen, dazu bedarf es einer psychohygienischen Einstellung, die beispielsweise von Freude, Dankbarkeit und Verantwortungsbewußtsein geprägt ist.

3. PT regeneriert, es führt zur Erholung.

Wer wirklich intensiv arbeitet und nicht so dahinpusselt wie der müde, lahme Mensch, kann sich mit Hilfe des PT sehr schnell und tiefgehend erholen. Wenn man mittags 10 bis 20 Minuten erübrigen kann, um zu trainieren, wird man am Nachmittag und Abend noch davon zehren. Sicherlich wird man den Schlaf durch das PT nicht »ersetzen« können, aber man kommt unter Umständen mit weniger Schlaf aus, weil man tiefer schläft. Zahlreiche AT-Kursleiter sind stolz darauf, daß sie nur vier bis fünf Stunden Schlaf brauchen. Das jedoch sollten sich die Teilnehmer weder zum Ziel setzen noch zum Vorbild nehmen, denn für einige Menschen kann auch ein ganz geringes Schlafdefizit auf längere Sicht zur Belastung werden und als Disstressor wirken.

Wir wissen bereits: Entspannung heißt, daß der Organismus sich aus der Arbeitsphase in Richtung Aufbauphase, Erholungsphase, zurückzieht. Überspannte Regelkreise, beispielsweise im vegetativen Bereich (Atmung, Stoffwechsel, Herzschlag u. a.) nehmen für einige Minuten die Freiheit der Entspannung wahr. Sie werden aus der Knechtschaft unserer oft verspannten Einstellung entlassen.

4. PT führt zur Leistungssteigerung im Beruf.

Heute lernt man in Kursen, wie man seine berufliche Arbeit »maximieren« oder auch »optimieren« kann. Wir wollen mittels des PT unsere Arbeit so gut verrichten, wie es uns bei passiver Konzentration möglich ist. Denn man kann sich nicht den ganzen lieben Tag lang »aktiv« konzentrieren, das führt bei den meisten Menschen über kurz oder lang zur Verkrampfung und neben vielen anderen möglichen Erkrankungen häufig auch zum Herzinfarkt. Es sollte einleuchten:

Je gesünder man ist, desto leichter fällt einem auch die Arbeit.

Streben wir also nach Gesundheit, alles andere kommt von selbst. Das gilt auch für den sexuellen Bereich, in dem man ebenfalls von einer »Leistungssteigerung« sprechen kann, wenn man an die Beseitigung oder Linderung von funktionellen Störungen und an die Wiedergewinnung der alten, der gesunden Potenz oder an den Abbau von übermäßigen Hemmungen denkt.

Über mögliche Leistungssteigerungen im sportlichen Bereich habe ich ausführlich in dem Buch »Überleben im Streß« geschrieben. Nachdem ich in den letzten Jahren Leistungssportler verschiedenster Bereiche beraten habe, kann ich nur wiederholen: Mit einer konzentrativen Atmungs- und Entspannungsmethode wie dem PT kann man jedem Sportler sein individuelles, maßgeschneidertes mentales Training servieren – ohne die geringsten Schwierigkeiten. In dieser oder jener Form bereiten sich heute alle Leistungssportler auch psychisch auf den Wettkampf vor, die Zeit der Naturburschen ist vorbei. Denn gar nicht selten entscheidet bei der heutigen Leistungsdichte nicht das physische, sondern das psychische Training über Sieg oder Niederlage.

Zur Leistungssteigerung im weiteren Sinne gehört auch: Ein Nichtversiegen des kreativen Flusses, eine Verbesserung kreativer Leistungen und das Anzapfen des schöpferischen Unbewußten, wie es für Menschen in bestimmten Berufen (über-)lebenswichtig ist. Wer darauf angewiesen ist (Werbetexter, Graphiker, manche Journalisten usw.) steht unter dem ständigen Druck, etwas Neues, nach Möglichkeit etwas absolut »Umwerfendes« produzieren zu müssen.

Das Anzapfen des schöpferischen Unbewußten hat seine Tücken, wie wir bereits wissen. Denn wenn man etwas zu sehr will, mißlingt es.

Wir alle haben das schon erlebt. Nehmen wir beispielsweise an, wir hätten einen Schlüssel verlegt. Suchen wir ihn verzweifelt, so finden wir ihn nur selten. Gehen wir jedoch entspannt unserer Arbeit nach und behalten dabei »im Hinterkopf«, daß der Schlüssel noch gefunden werden muß, so kommen wir, wie uns die Erfahrung lehrt, am ehesten zum Ziel. Mit der »Eingebung«, dem »Einfall« oder dem »Geistesblitz« kann man um so eher rechnen, je mehr man sich vom eigentlichen Anliegen entfernt.

Eine solche »Erleuchtung« steigt aus der Tiefe auf, aus dem

Unbewußten. Die besten Gedanken kommen vielen Menschen morgens beim Aufstehen, einigen allerdings auch nachts, auf jeden Fall also in der Entspannung.

Acht 12–14jährige Kinder, die an einem PT-Kurs teilnahmen, bekamen den Auftrag, vor dem Trainieren, also zu Beginn der Unterrichtsstunde, mit wenigen Strichen ein Pferd zu zeichnen. Am Schluß der Stunde versuchten sie das gleiche nochmals in der Entspannung. Alle sagten, ihr Lehrer hätte die zweite Zeichnung besser gefunden. Einen solchen Versuch kann jeder leicht nachvollziehen.

In der Entspannung schöpft man aus dem Ursprung, aus einer echten Fundgrube, und wenn man locker und gelöst leben könnte, würde man aus einer inneren unversiegbaren Kraftquelle heraus leben. Seit Tausenden von Jahren ist dieses – auf den ersten Blick paradoxe – Prinzip bekannt.

Der Übende ist sich klar darüber, daß Leistungssteigerungen im wesentlichen psychologisch erklärt werden müssen: Widerstände und Hemmnisse werden reduziert, teilweise vielleicht auch völlig beseitigt.

5. Das PT ist eine ausgezeichnete Einschlafhilfe.

Selbstverständlich wird der Übende die einschläfernde Wirkung des PT nutzen. Wer sich gut auf das Training konzentrieren kann, wird keine chronischen Schlafstörungen bekommen. Erinnert sei daran, daß zahlreiche schlafgestörte Kursteilnehmer mit bestem Erfolg die PT-Grundübung als Einschlafhilfe benutzen. Im übrigen kommen so viele Menschen in Entspannungskurse, um ihre Schlafstörungen loszuwerden, daß ein besonderes Kapitel dafür eingeräumt wurde.

6. Das PT als sichere Durchschlafhilfe.

Wer nachts (zu früh, um schon zu arbeiten) aufwacht, geht folgendermaßen vor (siehe auch Kapitel Schlafschwierigkeiten S. 192):
– sich nicht ärgern darüber
– zufrieden sein, daß man sich jetzt endlich in Ruhe seine Vorsätze geben kann
– erwarten, daß man sofort wieder einschläft
– PT-Grundübung oder PT-Atmung oder PT-Endübung mit Vorsätzen praktizieren.

7. Schmerzlinderung durch PT.

Entspannung lindert Schmerzen – das ist bekannt. Weniger bekannt ist, daß auch gezielte Vorsätze eine Linderung der Schmerzen bewirken können. Wer das PT gut beherrscht, kann unter Umständen auch neuralgische Schmerzen zum Verschwinden bringen oder bei einer schmerzhaften Erkrankung mit dem PT dafür sorgen, daß Schmerzen erst gar nicht auftreten (siehe Kapitel Schmerzen S. 225).
8. Das PT ist eine gute psychische Alltagshilfe.

Das PT ist angezeigt bei
– kleinen Unpäßlichkeiten des Alltags, unangebrachtem Schwitzen oder Erröten, Unwohlsein
– kleinen Ängsten, wie Examens- oder Prüfungsangst (siehe Kapitel Angstzustände S. 207)
– Zwangsvorstellungen (z. B. »Zählen ganz gleichgültig« oder bei Putzsucht: »Ich bin vollkommen ruhig und gelassen und putze nur, wenn es nötig ist. Putzen ganz gleichgültig.«)
– Unsicherheiten; sie sind so häufig, daß man sich regelmäßig Mut machen sollte, vor allem durch Vorsätze.
– Nervosität, Reizbarkeit. Hier gibt es wohl die besten Erfolge.
9. Das PT ist eine Konzentrationsschulung.
10. Weil die Konzentrationsfähigkeit gefördert wird, fällt oftmals auch das Lernen leichter, das Gedächtnis wird besser. Bei einem meiner Kursteilnehmer kam es zu einer Hypermnesie, zu einer außergewöhnlichen Gedächtnissteigerung. Sie wurde ihm »peinlich«, so daß er sich einen ausgleichenden Vorsatz geben mußte. Solche Fälle sind jedoch sehr selten.
11. Sowohl bei niedrigem wie bei erhöhtem Blutdruck kann das PT gute Hilfe leisten (siehe Kapitel Blutdruckstörungen S. 216).

Begleiterscheinungen

Man sollte sich davor hüten, Begleiterscheinungen, die auch in der Einschlafphase vorkommen, wie wir wohl alle schon erlebt haben, den Nebenwirkungen der chemischen Therapie gleichzusetzen. Begleiterscheinungen sind in der Regel Ausgleichszeichen, Bestrebungen des Organismus, einen allgemeinen Spannungsausgleich herzustellen. Muskelzuckungen,

Aufschrecken, »elektrische« Empfindungen, Steifheitsgefühl, das Bedürfnis, sich zu bewegen – das alles und viele andere mögliche Symptome können auch auftreten, wenn wir nicht trainieren, sondern uns nur um Ruhe bemühen.

Das Lampenfieber vor der ersten Zusammenkunft mit der Gruppe im Sinne einer angedeuteten Erwartungseinstellung kann zu einer »Initialunruhe« (55) führen, vor allem dann, wenn der Kursleiter zu wenig beruhigt oder wenn die Kursatmosphäre gespannt ist. Der Übende sollte alle, auch die ausgefallensten, Begleiterscheinungen zur Sprache bringen, damit er seine Ängste verringert.

Häufige Symptome sind leichte Kopfschmerzen, Schwindelgefühl, Ohrensausen, Benommenheit – Symptome, die unter Umständen durch einen geringen Blutdruckabfall erzeugt sein können. In der Regel verlieren sie sich schon beim folgenden Üben. Wer weiß, daß er zu diesen Symptomen etwa bei langem Stehen (Museumsbesuche etc.) neigt, sollte nötigenfalls im Liegen üben. Mit zunehmender Trainingserfahrung normalisiert sich der Spannungszustand im Körper.

Manche Übende werden beim Trainieren direkt vor dem Einschlafen hellwach, so daß sie nicht mehr einschlafen können, obwohl sie vorher hundemüde waren. Selbstverständlich werden sie dann in Zukunft automatisch zwei oder drei Stunden vor dem Einschlaf-Termin üben, damit sich so die enttäuschende Erfahrung nicht wiederholt.

Zahlreiche Übende, die einmal irgendeine Begleiterscheinung kennengelernt haben, meinen nun, beim nächsten Trainieren werde sie wieder auftreten oder »hoffentlich kommt das nicht wieder vor«. Von einer solchen, die Begleiterscheinung wieder hervorlockenden Einstellung oder Vorstellung muß man sich frei machen. Im Gegenteil: der Übende muß fest davon überzeugt sein, daß sein Training selbstverständlich ganz normal abläuft. Denn: Begleiterscheinungen treten meist nur ein einziges Mal auf.

Es kann aber auch – nicht ganz selten – eine Art Leistungsminderung eintreten: die Übenden sind durch das Training während des Tages müde geworden, auch das richtige Zurücknehmen hat sie nicht wieder in den alten Spannungszustand versetzt. Was sollen sie dann tun?

In diesem Fall hat sich bewährt, daß die Übenden das Training schon mit der Einstellung beginnen: »In circa acht Minuten bin ich hellwach« oder » . . . bin ich frisch und munter«.

»Fremdheitsgefühle«, Verschmelzungserlebnisse oder Täuschungsgefühle sind gar nicht so selten: »als ob die Finger geschwollen wären«, »als ob die Hände mit den Oberschenkeln eins geworden seien« oder »als ob der Körper mit der Unterlage verschmelze« usw.

Auch »paradoxe Reaktionen« können gelegentlich auftreten, so daß ein Arm, in seltenen Fällen auch beide Arme, kalt anstatt warm werden. Das gilt auch für die Beine. In Japan hat man Versuchspersonen in einer gewöhnlichen Entspannung aufgetragen, sie sollten sich aktiv vorstellen: »Ich will mit allen Mitteln, daß meine Arme warm werden.« Man ahnt, was jetzt geschah: beide Arme wurden kühl.

Vermutlich sind zahlreiche paradoxe Reaktionen auch in unseren Kursen so zu erklären. Daher nochmals der Hinweis: mit aktiver Konzentration erreichen wir unser Ziel nicht, sondern nur mit passiver Konzentration. Das Motto lautet: Es darf in den Händen warm werden. Falsch wäre: Es soll in den Händen warm werden.

PT bei Rückenbeschwerden

Neben Gymnastik und Bewegung kann das PT bei Rückenbeschwerden der verschiedensten Art gute Dienste leisten. Spezielle Übungen kann der Erfahrene sich selber zusammenstellen, hier ein Beispiel:

Lernziel: Entspannung und Wärme in den Rückenmuskeln zwischen Kopf und Becken fühlen lernen; Muskelverhärtungen warm und weich werden lassen; (organismische Umschaltung).

Trainingsstellung einnehmen: Schultern heben und fallen lassen, kontrollieren, ob man bequem/entspannt sitzt/liegt.

Sammlung: auf die Bauchbewegung (Nasenspitze) achten, Augen schließen.

Übung: Ich bin vollkommen ruhig und heiter.
Arme entspannt – spüren Eigenschwere –
Hände angenehm warm – Handinnenflächen strömend – und trocken warm – Finger trocken warm.
Beine entspannt – Füße angenehm warm – Fußsohlen strömend – und trocken warm – Zehen trocken warm.
Ich bin vollkommen ruhig und gelassen.
Ich lasse die verlängerte Ausatmung in beide Schultergelenke fließen – strömende Wärme ist fühlbar.
Schulter-Nacken-Bereich entspannt.
Nacken fühlt Eigenwärme – wenn ich die warme Ausatmungsluft dorthin fließen lasse.
Kopfhaut entspannt – Stirn glatt und angenehm kühl – Augenlider ruhig – Gesichtszüge entspannt – Kaumuskeln, Unterkiefer locker – und gelöst.
Ich bin vollkommen ruhig und heiter.

Schulter-Nacken-Bereich entspannt – die ganzen Rückenmuskeln sind entspannt und warm – und weich.
Nacken entspannt – wenn ich die Ausatmung dorthin fließen lasse – strömend – und angenehm warm.
Die ganze Halswirbelsäule ist entspannt – und beim verlängerten Ausatmen dorthin – strömend – und angenehm warm.
Die Rückenmuskeln von Hals- und Brustwirbelsäule sind entspannt – und wenn ich die warme Ausatmungsluft dorthin fließen lasse – strömend – und angenehm warm – strömend – und angenehm warm.
Alle Rückenmuskeln vom Kopf bis zum Becken entspannt – und wenn ich die Ausatmung dorthin sende – strömend – und angenehm warm.
Ich lasse die Ausatmung in die Brustwirbelsäule fließen – und fühle das Strömend warm – wenn ich dorthin atme – strömend warm.
Die warme Ausatmungsluft fließt in die Lendenwirbelsäule – ich fühle das Strömend warm – wenn ich dorthin atme – strömend warm.
Die verlängerte Ausatmung fließt in beide Nierengegenden – strömend warm entsteht – strömend warm.
Die ganze Rückendecke ist entspannt – und warm durchblutet – ganz wohlig warm – wenn ich vom Haaransatz nach unten atme – strömend warm – strömend warm.
Der ganze Rücken ist wohlig warm – die Rückenmuskeln sind entspannt – wohlig warm – und weich.
Ich lasse die verlängerte Ausatmung in beide Hüften fließen – strömende Wärme tritt ein – strömende Wärme, wenn ich dorthin atme.

Der ganze Rücken vom Kopf bis zu den Hüften ist entspannt – wohlig warm durchströmt.
Ich bin vollkommen ruhig und gelassen.

Mein Bewußtsein ist in der Leibmitte – Leibmitte, wenn ich dorthin ausatme, strömend warm – strömend warm.
Beine entspannt.
Füße fühlen Eigenwärme – Fußsohlen, wenn ich dorthin ausatme, strömend – und trocken warm – trocken warm.
Zehen trocken warm.
Ich bin vollkommen ruhig und gelassen.

Leibmitte, wenn die Ausatmung dorthin fließt – strömend warm – strömend warm.
»Ich fühle mich völlig wohl in meiner Haut.«
»An jedem Ort zu jeder Zeit bin ich ruhig, fröhlich und frei.«
»Jeden Tag, in jeder Hinsicht, geht es mir besser und besser.«
Ich bleibe vollkommen ruhig und heiter.

Zurücknahme: recken – strecken – dehnen – und gähnen.

Dauer: 10–12 Minuten

PT, um warme Füße zu bekommen

Wenn nur eine Ver- oder Überspannung vorliegt, ein Dystonus, dann sind die Erfolge sehr gut. Bei gewissen Gefäßerkrankungen dagegen wird eine günstige Beeinflussung schwieriger. Voraussetzung: wenig rauchen und Alkohol trinken sowie ein durch Sport trainierter Kreislauf.

Lernziel: innerhalb kurzer Zeit Schwere und Wärme in den Füßen entwickeln lernen; (organismische Umschaltung).

Trainingsstellung einnehmen: (im Liegen oder Sitzen) Schultern heben und fallen lassen. Für etwa fünf Sekunden Fäuste ballen und Füße »krallen« und fest auf den Boden drücken. Kontrollieren, ob man bequem sitzt/liegt.

Sammlung: auf die Bauchbewegung (Nasenspitze) achten, Augen schließen.

PT-Übung: Ich bin vollkommen ruhig und heiter.
Mein Bewußtsein ist im rechten Unterarm – rechter Unterarm entspannt – spürt Eigengewicht.
Rechte Hand fühlt Eigenwärme – Handinnenfläche fühlt Eigenwärme – wenn ich die verlängerte Ausatmung dorthin fließen lasse – strömend – und trocken warm.
Zeigefinger strömt warm.
Ich bin vollkommen ruhig und gelassen.

Ich spüre meinen linken Unterarm – linker Unterarm entspannt – spürt Eigengewicht.
Linke Hand fühlt Eigenwärme – Handinnenfläche fühlt Eigenwärme – wenn ich die verlängerte Ausatmung dorthin fließen lasse – strömend – und trocken warm.
Zeigefinger strömt warm.
Arme und Beine entspannt.
Hände und Füße angenehm warm – Hände und Füße wohlig warm durchströmt.
Ich bin vollkommen ruhig und gelassen.

Schulter-Nacken-Bereich entspannt.
Nacken fühlt Eigenwärme – beim Ausatmen strömend warm.
Kopfhaut entspannt – Stirn glatt – Augenlider ruhig – Gesichtszüge entspannt – Kaumuskeln, Unterkiefer locker – und gelöst.
Ich bin vollkommen ruhig und heiter.

Leibmitte fühlt, wenn ich die verlängerte Ausatmung dorthin fließen lasse – strömend warm – strömend warm.
Die Wärme breitet sich nach unten aus – sie fließt in beide Beine bis in die Füße.
Rechte Leistengegend, wenn ich dorthin ausatme – strömend warm – strömend warm.
Rechte Oberschenkel-Innenseite strömt warm – durch die Kniekehle in den Fuß.
Rechte Kniekehle, wenn ich dorthin ausatme – strömend warm – das rechte Bein ist entspannt und angenehm warm.
Fuß fühlt Eigenwärme.
Fußsohle fühlt, wenn ich die verlängerte Ausatmung dorthin fließen lasse – strömend – und trocken warm – wenn die warme Ausatmungsluft in die Fußsohle geht – strömend – und trocken warm.

Große Zehe strömt warm – bei der Ausatmung strömend warm – zweite Zehe strömt warm – dritte Zehe strömend warm bei der warmen Ausatmung – vierte Zehe strömt warm – und die fünfte strömend warm bei der Ausatmung.
Ich bin vollkommen ruhig und gelassen.

Linke Leistengegend, wenn ich dorthin ausatme – strömend warm – strömend warm – die Wärme strömt nach unten in den Fuß.
Linke Oberschenkel-Innenseite strömt warm – Wärme strömt durch die Kniekehle in den Fuß.
Linke Kniekehle, wenn ich dorthin ausatme – strömend warm – das linke Bein ist entspannt und angenehm warm.
Fuß fühlt Eigenwärme.
Fußsohle fühlt, wenn ich die verlängerte Ausatmung dorthin fließen lasse – strömend – und trocken warm – wenn die warme Ausatmungsluft in die Fußsohle geht – strömend – und trocken warm.
Große Zehe strömt warm – bei der Ausatmung strömend warm – zweite Zehe strömt warm – dritte Zehe strömend warm bei der warmen Ausatmung – vierte Zehe strömt warm – und die fünfte Zehe strömend warm beim Ausatmen.
Arme und Beine entspannt.
Hände und Füße strömend – und trocken warm.
Ich bin vollkommen ruhig und gelassen.

Leibmitte, wenn die verlängerte Ausatmung dorthin fließt – strömend warm – strömend warm.
»An jedem Ort, zu jeder Zeit hab' ich Ruhe und Heiterkeit.«
»Ich fühle mich völlig wohl in meiner (warmen) Haut.«
»Mit Ruhe und Gelassenheit, aber mit Zielstrebigkeit erreiche ich mein Ziel.«
»Jeden Tag, in jeder Hinsicht, geht es besser und besser.«
Ich bleibe vollkommen ruhig und heiter.

Zurücknahme: recken – strecken – dehnen – und gähnen.

Dauer: 10–12 Minuten

Trainingseffekt beim PT

PT-Endübung Zeitdauer: 5–12 Minuten	PT-Endübung für Fortgeschrittene Zeitdauer: 2–3 Minuten	PT-Endübung für Geübte Zeitdauer: Sekunden
»Ich bin ruhig und heiter. Rechter Unterarm entspannt – spürt Eigengewicht. Handinnenfläche fühlt Eigenwärme – trocken warm. Linker Unterarm entspannt – spürt Eigengewicht. Handinnenfläche fühlt Eigenwärme – trocken warm. Arme entspannt – Hände fühlen trockene Wärme. Ich bin ruhig und gelassen. Schulter-Nacken-Bereich entspannt – fühlt Eigenwärme. Kopfhaut entspannt – Stirn glatt – Augenlider ruhig – Gesichtszüge entspannt – Kaumuskeln, Zunge, Unterkiefer locker, gelöst. Ich bin ruhig und gelassen. Ich konzentriere mich auf die Leibmitte – in der Tiefe. Leibmitte fühlt Eigenwärme beim verlängerten Ausatmen – strömend warm. Ich bin ruhig und gelassen. Rechter Oberschenkel entspannt – spürt Eigengewicht. Fußsohle fühlt Eigenwärme – trocken warm. Linker Oberschenkel entspannt – spürt Eigengewicht. Fußsohle fühlt Eigenwärme – trocken warm. Beine entspannt – Fußsohlen und Zehen fühlen trockene Wärme. Der ganze Körper ist entspannt und angenehm warm. Ich bin ruhig und gelassen. Zurück in die Leibmitte: Leibmitte fühlt Eigenwärme – beim verlängerten Ausatmen – strömend warm. Ich gebe mir meine Vorsätze: ... Ich bleibe ruhig und heiter.« Zurücknahme: »recken – strecken – dehnen – und gähnen.«	»Ich bin ruhig, heiter und gelassen. Arme spüren Eigengewicht. Hände fühlen Eigenwärme. Schulter, Nacken entspannt. Augenlider ruhig, Gesicht entspannt. Leibmitte – beim Ausatmen – strömend warm. Beine entspannt. Füße fühlen Eigenwärme. Ich bleibe ruhig und heiter.« Zurücknahme: »recken – strecken – dehnen – und gähnen.«	Bei verlängerter Ausatmung: »Ich bin ruhig, heiter und gelassen.« Zurücknahme: »recken – strecken – dehnen – und gähnen.«

Ziel: Verkürzung der Übungszeit

Vorsätze wirken Wunder

Vorsätze sind generell gesehen Autosuggestionen, Selbstbeeinflussungen oder Selbsteinredungen. Erwartungshaltungen können die Wirkung von Vorsätzen haben. Vor allem aber sind Vorsätze Wünsche. In der Regel ist man sich gar nicht bewußt, daß Lebens- und Gesundheitserfolge auf verwirklichten Vorsätzen beruhen.

Was ein Vorsatz ist und wie er wirkt, kann man vielleicht am besten am Beispiel des sogenannten Ammenschlafes erkennen. Die Amme überhört nachts laute Geräusche wie etwa den Lärm vorbeifahrender Lastwagen, weil sie ihn nicht wahrnehmen möchte. Sie wacht jedoch sofort auf, wenn sie das leise Wimmern ihres Säuglings vernimmt, weil sie sich um ihn sorgt und sich für ihn verantwortlich fühlt: sie ist »motiviert«, die leisesten Gefühlsregungen ihres Säuglings wahrzunehmen, ohne sich des Mechanismus bewußt zu sein.

Vorsätze sind Wünsche, tief und häufig wiederholt, hinter denen unser Begehren, Verlangen, unsere Sehnsucht steht. Eine Erfüllungserwartung, die zum Erfüllungszwang, zum Vollzugszwang wird, so daß Goethe sagen konnte: »Wenn man einmal einen Vorsatz gefaßt hat, ergibt sich das Übrige von selbst.«

Damit sich Vorsätze verwirklichen, brauchen wir oftmals also gar nicht die Tiefenentspannung des PT oder AT. Dennoch wirken Vorsätze besser, wenn man sie sich in der Entspannung einverleibt. Die Realisierung von Vorsätzen kann durch ein gewisses Maß an Gelassenheit, wie man es durch PT oder AT erhält, gefördert werden, während der Wille, unbedingt dieses oder jenes zu erreichen, auch hier das Gegenteil bewirken kann. So sagte Wilhelm Busch sehr weise:

*»Wo man am meisten drauf erpicht,
grad das bekommt man meistens nicht.«*

Es gibt jedoch auch noch andere Faktoren, die der Realisierung von Vorsätzen im Wege stehen und sogar alle gesundheitlichen Bemühungen blockieren können.

Sind Vorsätze auch bei inneren Widerständen wirksam?

Die Verwirklichung von Vorsätzen kann unter Umständen auch durch verborgene innere Widerstände im Sinne von S. Freud behindert werden. Wenn die Amme, um bei diesem Beispiel zu bleiben, das ihr anvertraute Kind innerlich ablehnt, kann es geschehen, daß sie das Wimmern des Säuglings gegen ihren bewußten Willen überhört. Denn tief im Innern gibt es in ihr eine Barriere, ein Gefühl, dessen sie sich nicht bewußt ist. Und ihr Gefühl ist, wie wir wissen, stärker als ihr Wollen.

Widerstände machen sich auf die verschiedenste Art und Weise bemerkbar. Manche Kursteilnehmer können sich beispielsweise einfach nicht dazu überwinden, Vorsätze anzuwenden; sie glauben nicht an ihre Wirksamkeit. Oder sie sind zwar guten Willens, vergessen aber immer wieder die Anwendung der Vorsätze.

Passivität, Gehemmtheit, Antriebsarmut, Depressivität oder ganz einfach ein unbestimmtes Unbehagen können Symptome eines tiefen inneren Widerstandes sein.

Je reifer ein Mensch ist, desto unauffälliger sind seine Widerstände, seine Abwehrmechanismen.

Je unreifer ein Mensch ist, desto deutlicher können sich Widerstände bemerkbar machen. Dazu gehören vor allem das Leugnen, Projizieren, die Verschiebung und das hypochondrische Reagieren.

Überrascht sind die Kursteilnehmer, wenn man erklärt, es gäbe wohl keinen unter uns, der sich nicht schon einmal einem Gesundungsprozeß widersetzt hätte: in der Tiefe wollte »es« nicht. So sollte ein Angestellter zu einer Zeit zur Kur fahren, die ihm ganz und gar nicht paßte. Er hatte seinen Wecker gestellt, seine Koffer waren gepackt, die Fahrkarte gelöst, aber am frühen Morgen überhörte »es« in ihm das Weckerrasen: er verschlief die Abfahrt des Zuges. So etwas war bei ihm noch niemals vorgekommen, üblicherweise wachte er sogar vor dem Rasseln des Weckers auf.

Ähnlich kann es einem im Alltag häufig einmal passieren, daß man das Gute erkennt, das andere aber tut, wie es im Yoga schon heißt. Ovid (43 vor Chr.–18. n. Chr.) schrieb in seiner Verbannung: »Ich sehe das Bessere und schenke ihm meinen Beifall, aber ich folge dem Schlechteren.« Auch dem Apostel Paulus war dieser Widerstreit im Menschen aufgefallen: »Das Gute, das ich will, das tue ich nicht, sondern das Böse, das ich nicht will, das tue ich.«

»Der Geist ist willig, aber das Fleisch ist schwach«, weil – unter anderem – unsere Widerstände zu stark sind.

Widerstände können verschiedene Ursachen haben. Nicht selten berichten Kursteilnehmer, sie hätten bei der ersten Übung, bei der der Kursleiter den Text begleitend spricht, keinen oder wenig Erfolg, während sie beim Üben zu Hause gute Erfolge erzielten. Zum Teil beruht das darauf, daß die Betreffenden ein schlechtes Verhältnis zu ihrem Vater hatten und diesen Widerstand unbewußt auf den Kursleiter übertragen. Andererseits kann es auch vorkommen, daß der Kursleiter durch seine persönliche Art Widerstände wachruft, die sich als Begleiterscheinungen oder auch als Lernerschwernis bei den Übenden bemerkbar machen.

Wenn es so leicht wäre mit dem »Tun-wollen«, hätten wir es einfach. Jeder von uns hat wohl schon erlebt, wie seine guten Vorsätze und Absichten an verborgenen Abwehrmechanismen scheiterten. In solchen Situationen wäre es angebracht, nachzudenken, was dahinterstecken mag, sich selber zu analysieren, um diese geheimen Sperren ans Tageslicht zu bringen.

Selbstanalyse bei Widerständen

Entspannungsmethoden werden von ihren Kritikern manchmal als »zudeckende« Verfahren angesehen, bei denen man sich nicht um die Ursachen kümmert, sondern die Symptome kuriert. Schon J. H. Schultz wandte sich gegen diese Meinung, denn gerade in der Entspannung kommt es häufig zu Entdeckungen, zu Auf-deckungen und zur Ent-rätselung. In der durch die Entspannung erzielten Gelassenheit erschließt sich einem ein neuer Blickpunkt.

Wer ruhig und gelassen geworden ist, braucht doch nicht mehr nach der Ursache seiner früheren Unruhe zu fragen. Wenn man die therapeutischen Erfolge der verschiedenen Vorgehensweisen miteinander vergleicht, schneiden die autosuggestiven Methoden gut ab, wie vor allem die psychoanalytisch Behandelten immer wieder betonen.

Dennoch ist es sicherlich berechtigt, zu empfehlen, der Kursteilnehmer solle sich bemühen, bei erkennbaren Widerständen, Abwehrmechanismen sowie in Konfliktsituationen die Hintergründe seiner Verhaltensweise und Lebensprobleme zu verstehen. Denn gelegentlich ist es nicht ausreichend, sich mehr Ruhe und Gelassenheit zu autosuggerieren. Da kann es unerläßlich werden, aktiv mitzuhelfen, daß Unbewußtes bewußt gemacht wird, daß im Dunkeln Verstecktes ans Tageslicht geholt wird.

Wie kann man ein »Liebhaber des Lebens« werden, wenn man nicht davon überzeugt ist, daß man aus tiefster Seele frei entschieden hat und nicht etwa so, wie es andere uns eingegeben haben? Wie kann man zu freien Entscheidungen kommen, wenn man gewohnt ist, im Alltag Wesentliches zu verdrängen oder zu rationalisieren? Wie kann man frei werden, wenn man nicht in der Lage ist, zu erkennen, warum man ist, wie man ist, anstatt so zu sein, wie es einem vorschwebt?

Sich selber klar werden über seine Reaktionsweisen, über seine Gefühle und Affekte, kann eine Änderung von Haltung und Verhaltensweisen erleichtern und die mit dem PT verknüpften Bemühungen unterstützen.

Wichtigste Voraussetzung einer jeden Selbstanalyse ist die Ehrlichkeit gegenüber sich selber. Unter Umständen sollte eine (fach-)ärztliche Untersuchung der Selbstanalyse vorausgehen, zu leicht kann man seine Schwierigkeiten falsch deuten. Bei starken Symptomen muß sowieso ein Arzt kontaktiert werden.

Der vergeblich Übende muß sich fragen, warum habe ich

denn keinen Erfolg? Wende ich die Methode richtig an? Trainiere ich konsequent und dabei gelassen? Was möchte ich denn therapeutisch erreichen? Befürchte ich vielleicht etwas? Habe ich Schuldgefühle? Was kann ich tun, um eventuelle Schuldgefühle oder auch Ängste zu lindern? Belasten mich irgendwelche Konflikte? Gehe ich die Konflikte entschieden genug an? Wie will ich sie bewältigen? Welche Vorteile habe ich, wenn ich nicht gesund werde? Warum kann ich mich nicht für die Gesundheit entscheiden?

Solche und ähnliche Fragen muß sich der vergeblich Übende stellen – am besten in der tiefen Entspannung. Die Ergebnisse sollte er schriftlich fixieren.

Bei der Selbstanalyse kann man – gelegentlich muß man es sogar – in der Kindheit beginnen. So berichtete ein 38jähriger Pädagoge einmal in einem Psychohygiene-Kurs, daß er sich eines Tages fest entschlossen hatte, seinen häufig auftretenden leisen Gefühlsverstimmungen nachzugehen. »Ich reagierte nun schon seit Jahren auf alle mir unverständlichen Reaktionen meiner Frau mit Schweigen, ja Verstocktheit. Da ich in einem Haus groß geworden bin, in dem der Vater wohlwollend herrschte, übernahm ich im Laufe unserer Ehe immer mehr diese autoritäre Rolle. Wenn es nicht nach meinem Wunsch ging, war ich erst einmal tief enttäuscht, manchmal fühlte ich mich auch zutiefst gestreßt. Diese einsilbigen Abende mit meiner Frau – wir hatten damals noch keine Kinder – belasteten mich. Nachdem ich mir aber bei jeder unerwarteten Reaktion meiner Frau angewöhnt hatte, in aller Ruhe eine Selbstanalyse vorzunehmen, gelang es mir, sie immer häufiger zu verstehen. Wo ich früher meist stumm und reserviert reagierte, fällt es mir heute leicht, sofort und ruhig meine Meinung und meine Gefühle zu äußern. Insgesamt hat sich dadurch unser Eheverhältnis erheblich harmonisiert.«

Vorsatzgebung setzt Hoffen voraus

Wer nicht glaubt, wer nicht hofft, daß seine Vorsätze in Erfüllung gehen, verschwendet Zeit.

Hoffnungslosigkeit tötet den Erfolg und mindert die Lebenslust.

Dazu zwei Beispiele, die über die bewußte Vorsatzgebung hinausgehen. Ein junger Pastor der früheren deutschen Wehrmacht geriet in russische Gefangenschaft. Im Gefangenenlager hatte er sich besonders nützlich gemacht, er hatte seine Mitgefangenen seelisch wieder aufgerichtet und so erfolgreich gewirkt, wie es sich ein idealistischer Mensch nur wünschen konnte. Dann aber wurde er ohne erkennbaren Grund in Einzelhaft gesperrt. Jetzt fehlte ihm plötzlich der Halt, nämlich seine altruistische Tätigkeit. Er verfiel in eine tiefe Hoffnungslosigkeit, in der ihn eine Lungenentzündung überwältigte, so daß er innerhalb kurzer Zeit starb.

Ein jung verheirateter Obergefreiter wurde in der russischen Gefangenschaft durch die Mitteilung seiner Frau geschockt, sie wolle sich scheiden lassen, da sie inzwischen einen anderen, ihr mehr zusagenden Partner gefunden hätte. Vier Wochen später trugen ihn seine Barackenkameraden zu Grabe, er hatte »sich sterben lassen«, weil er nicht mehr hoffen konnte.

Beide Beispiele zeigen, was Hoffnungslosigkeit auszurichten vermag: sie ist ein entscheidender Krankheitsfaktor, dem neuerdings einige psychotherapeutisch erfahrene Krebsforscher nachsagen, er könne eine Basis für die Entstehung bestimmter Krebsarten bilden, weil Hoffnungslosigkeit die Abwehrkräfte erlahmen ließe.

Ohne Hoffnung kann kein Mensch leben.

Hoffnung ist ein Lebensimpuls ersten Ranges.

Nicht umsonst hieß es früher, wenn eine Frau schwanger war, sie sei »guter Hoffnung«. Wäre sie »schlechter« Hoffnung gewesen, hätte dies negative Rückwirkungen auf das Kind und die Geburt gehabt.

»Hoffnung verloren, alles verloren«, sagt man.

Die Quintessenz kann nur lauten: wer sich Vorsätze geben will, muß gegenüber der Realisierbarkeit seiner Wünsche völlig positiv eingestellt sein, er ist gleichsam zur Hoffnung auf Erfolg verurteilt.

Kaum zu unterscheiden von der Hoffnung auf Verwirklichung der Vorsätze ist der Glaube, daß sich Autosuggestionen realisieren werden.

Glauben gibt Kraft

Das Wort »Glaube« stammt aus dem germanischen gilouba, das später zu gelouba wurde. Gelouben heißt »für lieb halten, gutheißen, sich etwas vertraut machen und schließlich Vertrauen haben«. Freundschaftliches Vertrauen zur Gottheit – das ist es, was die alten Germanen unter Glauben verstanden.

Im allgemeinen Sprachgebrauch glaube ich, wenn ich etwas, was mir erzählt wird oder was ich nicht überprüfen kann, für wahr halte. Um dieses Für-wahr-Halten geht es uns auch in diesem Zusammenhang.

Der Glaube an die sich verwirklichende Kraft des Denkens – und natürlich auch der Vorsatzgebung – steht vor jeder Tat.

Infolgedessen spielt der Glaube auch in allen Religionen eine große Rolle. So unterstreicht zum Beispiel die Bhagavadgita (43,42): »Aus Glauben ist der Mensch gemacht; wie er glaubt, so ist er selbst.«

Nach christlicher Auffassung heißt Glauben, Gott oder Jesus vertrauen; bei Luther ist es das »Trauen in Gott«. Doch Glaube ohne Liebe ist steril. Erst die Liebe bringt den Glauben zur Vollendung. In diesem Sinne sah Luther im Glauben den Täter, in der Liebe die Tat. Ähnlich drückt sich der Göttinger Theologe G. Harbsmeier aus: »Gott gibt den Glauben und er gebietet ihm (dem Menschen) die Liebe.« (15)

Für uns gilt: Glaube gibt Kraft, ungeheure Kraft.

Diese Kraftvermehrung kann besonders dann wirksam werden, wenn »man seine eigene Kraft zurückstellt«, wenn man sozusagen in der Erwartung lebt.

Placebos – heilsame Einbildungen?

In einer alten Apotheke von Arolsen in Hessen steht auf einer nicht mehr benutzten Waage der schöne Satz: »Mische jeder Arznei einen Tropfen Hoffnung bei.«

Auch den Apothekern, allen voran Coué, war natürlich aufgefallen, daß gute Worte die Wirkung eines Medikamentes verstärken. Coué hat eine ganze Bewegung daraus gemacht; in aller Welt hatte er Anhänger. Früher, als es noch nicht Sitte war, Medikamente wie Großhandelsartikel zu verteilen, hatte der Apotheker noch die dankbare Aufgabe, die ärztlich verordneten Heilmittel suggestiv zu verstärken, indem er scheinbar beiläufig erwähnte, sie hätten sich »gut bewährt« oder es handelte sich dabei um »eine ganz neue Medizin aus Amerika« usw.

Coué hatte schon vor dem Ersten Weltkrieg vereinzelt Scheinmedikamente, sogenannte Placebos (placebo = ich werde gefällig sein) in seiner Apotheke verkauft. Ihm fiel schon damals auf, daß man mit diesen Placebos, die aus Mehl, Zucker oder Ähnlichem bestanden, sehr oft nicht schlechtere Erfolge erzielen konnte als mit den üblichen Medikamenten.

Genau betrachtet, haben die Menschen zu allen Zeiten solche Placebos genommen – im Glauben, sie würden ihnen helfen. Die Chinesen glaubten beispielsweise daran, daß pulverisiertes Einhorn aus Afrika potent mache, und der Name »Einhorn-Apotheke« in der Bundesrepublik zeugt davon, daß dieser Wunschglaube auch bei uns seine Anhänger fand.

Es ist in der Tat kaum möglich, eine Grenze zwischen Medikament und Scheinmedikament zu ziehen. Wenn ich einem Patienten, der über Kopfschmerzen klagt, ein Glas Wasser mit den Worten gebe, darin sei ein geschmackloses Kopfschmerzmittel aufgelöst, dann ist dieses Wasser ein Medikament, dessen Wirkung kaum schlechter sein dürfte als die eines altbewährten chemischen Heilmittels. Im Gehirn des Patienten werden, so nimmt man heute an, durch seinen Glauben, seine positive Einstellung, körpereigene morphiumähnliche Substanzen gebildet.

Weiter nimmt man an, daß es auch zwischen dem Abwehr-/Immunsystem und diesen Endorphinen, wie die körpereigenen Substanzen heißen, einen Zusammenhang gibt.

Ganz wesentlich ist für das Zustandekommen einer solchen auto-therapeutischen Wirkung das gute Verhältnis zwischen Arzt (Apotheker, aber auch Kursleiter) und Patienten. Wenn dieses Verhältnis ungetrübt ist, scheint die Wirkung leichter einzutreten.

Der New Yorker Frauenarzt Stephen Wolfe wollte es ganz genau wissen: glauben meine Patientinnen nun an mich oder nicht? Patientinnen, die unter Schwangerschaftserbrechen litten, erhielten ein Mittel, dessen Wirkung er über alle Maßen lobte. Was geschah? Das Mittel wirkte hervorragend, von einigen Ausnahmen, die es in solchen Fällen immer gibt, abgesehen. Das Entscheidende aber war, daß der Frauenarzt den Patientinnen in Wirklichkeit eine Arznei verschrieben hatte, die normalerweise Erbrechen hervorruft. Durch seine suggestiven Worte hatte er die Wirkung der Arznei in ihr Gegenteil umkehren können.

Daher sollten alle neuen Medikamente in Doppelblindversuchen daraufhin geprüft werden, inwieweit sie tatsächlich wirken – über die Placebo-Wirkung hinaus. Der Psychiater Arthur Shapiro vom Mount-Sinai-Hospital in New York holte auf diese Weise zwei der meistverschriebenen Beruhigungsmittel vom Sockel. Nachdem die beiden Mittel bei 224 angstneurotischen Patienten eine Woche lang gegenüber einem Placebo Vorteile aufgewiesen hatten, war kein Unterschied mehr festzustellen. Anders ausgedrückt: Nach einer Woche wirkten sie nur noch deshalb, weil die Patienten an ihre Wirkung glaubten. Inwieweit sich dieser Versuch bestätigt, muß abgewartet werden.

Kompliziert wird das Ganze allerdings, wenn man hört, Placebos können auch Nebenwirkungen erzielen, so daß man sie schon absetzen mußte.

Über einen ungewöhnlichen Fall von Placebo-Wirkung berichtet der Psychiater H. Ochsenfahrt aus Tübingen. Ein siebzehnjähriges Mädchen konnte, wenn es rote Placebo-Kapseln erhalten hatte, wunderbar schlafen, während es auf echte Schlafmittel nicht reagierte. Daß nach der Einnahme von Scheinmedikamenten sogar eine gewisse Abhängigkeit auftreten kann, zeigt nur, wie tief unbewußt wir reagieren.

Halten wir fest: Ärzte sollten Optimismus ausstrahlen, die von ihnen verschriebenen Mittel deutlich loben – und die Wirkung verstärkt sich tatsächlich. Patienten dagegen sollten bei der Einnahme von Medikamenten jedesmal »einen Tropfen Hoffnung« selbst beimischen. Mit Hilfe der Autosuggestionen ist das leicht möglich.

Hinter diesem Placebo-Effekt aber steht noch mehr: Kein Mensch hat das Recht, einem Patienten ein harmloses Medikament, an das er glaubt, madig zu machen.

Der Glaube an die eigene Gesundung ist, wie man sich denken kann, keine Konstante, er schwankt und kann von außen leicht beeinflußt werden.

Placebos – auch bei Tieren?

Der Pharmakologe V. Dinnendahl berichtete in der »Pharmazeutischen Zeitung« vom 17. Mai 1979, daß es durchaus nicht gleichgültig sei, in welcher Form die Scheinmedikamente verabreicht werden. Bei Schlafstörungen beispielsweise wirken bunte Kapseln in 81 Prozent, Tabletten in 49 und ein »Schlaftrunk« in 71 Prozent aller Fälle.

Völlig verwirrend wird es, wenn man hört, daß auch Operationen dem Placebo-Effekt unterliegen können. In einer Doppelblindstudie haben Chirurgen herausfinden wollen, ob bei Angina-pectoris-Patienten die Unterbindung einer Arterie (A.mammaria interna) tatsächlich zu einer besseren Durchblutung des Herzens führt oder nicht. Die Placebo-Operation, bei der also die Arterie nicht unterbunden wurde, sondern wo nur ein Einschnitt erfolgte, hatte die gleiche Erfolgsquote wie die echte Operation. Solche Versuche kann man natürlich nur in Ausnahmefällen durchführen.

Nach allem, was bisher gesagt wurde, läßt sich erkennen: Der Placebo-Effekt basiert auf komplizierteren Zusammenhängen als eine einfache Suggestion. In Tierversuchen hat man das Atemzentrum durch Lobelin-Injektionen angeregt. Verabreichte man nach einer Serie von Lobelin-Injektionen plötzlich eine Kochsalz-Injektion, reagierten die Hunde genau wie nach den Lobelin-Injektionen. Es war also zu einer Konditionierung im Sinne von Pawlow gekommen.

Daß man bei bestimmten Patienten auch paradox vorgehen kann, zeigt der Versuch von Park und Covi (s. Dinnendahl). Die beiden Autoren hatten 15 Patienten mit neurotischen Angstzuständen vor Einleitung der Therapie zu verstehen gegeben, die bei ihnen zur Anwendung kommenden Medikamente seien pharmakologisch wirkungslos. Mit Ausnahme eines Patienten fühlten sich nach dieser paradoxen, dieser negativen Suggestion alle wesentlich besser.

Auch die Psychotherapie arbeitet natürlich zum großen Teil mit Placebo-Effekten.

»Das Magische steckt tief in uns«

Manche Wissenschaftler machen die Dinge gern kompliziert. Für sie ist es unvorstellbar, daß der Glaube allein genügen soll, um Erfolge oder Phänomene zustandezubringen. Dafür wiederum ein anderes Beispiel. Im Herbst 1974 hat eine fachärztliche Expedition des Kantonsspitals Genf das »Geheimnis der letzten europäischen Feuerläufer bei Saloniki« lösen wollen. (Auch anderswo in Europa, beispielsweise in Südbulgarien, gibt es Feuerläufer.) Nach seiner Rückkehr offenbarte der Leiter dieser Expedition, er sei mit dem Ergebnis nicht zufrieden, denn hinter das Geheimnis der Feuerläufer hätten er und seine Kollegen nicht ganz kommen können.

Ähnliches habe ich auf einer Tagung von Hypnosefachleuten erlebt: keiner der Anwesenden – auch nicht der bekannteste Fachmann auf diesem Gebiet – fand eine einleuchtende, eine nach ihrer Ansicht ausreichende Erklärung für das ungewöhnliche Phänomen, daß es in allen Teilen der Welt Menschen gibt, die herausgefunden haben, wie man auf glühenden Kohlen oder glühend heiß gemachten Steinen gehen kann, ohne sich dabei die nackten Fußsohlen zu verbrennen.

Die Unkenntnis der Fachleute ist bedauerlich, denn schon vor gut hundert Jahren wollte die französische Regierung dieser Erscheinung auf die Spur kommen und tat etwas sehr Kluges: sie beauftragte nicht einen Arzt, sondern den größten Zauberer aller Zeiten, Jean-Eugène Robert-Houdin, 1805 geboren, endlich das Geheimnis der algerischen Feuerläufer zu lüften.

Was den Ärzten früher nicht gelungen war – er fand heraus, was es mit dem Geheimnis der algerischen Feuerläufer auf sich hatte: sie rieben sich vor dem Start ihre Fußsohlen mit Alaun ein und versetzten sich zusätzlich in einen Trance-Zustand, in eine Art Selbsthypnose also.

Jeder Mensch denkt wohl gelegentlich magisch, weshalb der 1982 verstorbene Psychosomatiker A. Jores aus Hamburg sagte: »Das Magische steckt tief in uns.«

Physiker werden als Erklärung für das Rätsel der Feuerläufer das sogenannte Leidenfrostsche Phänomen anbieten, das wir alle aus eigener Anschauung kennen, wenn zum Beispiel ein Wassertropfen auf eine glühend heiße Kochplatte fällt und darauf herumtanzt, ehe er verdunstet. Die auf den glühenden Kohlen »tanzenden« Feuerläufer können dies einigen Physikern zufolge nur wegen des vermehrten Schweißes auf ihren Fußsohlen. Andere Wissenschaftler glauben, sie kämen nicht lange genug in Kontakt mit den glühenden Kohlen, um Blasen zu bekommen. Wenn diese Vermutungen stimmten, müßte jeder auf bloßen Füßen unbeschadet durchs Feuer laufen können. Und eben das ist nicht der Fall:

Touristen als Feuerläufer

1959 wurde einer meiner Freunde, der amerikanische Diplomchemiker Clyde Campbell, von Hamburg nach Neuseeland versetzt. Er flog über Tahiti, wo er einige Tage Aufenthalt hatte und die »Bastille-Week« erlebte. Als Höhepunkt dieser Woche fand am »Jour de Bastille«, dem 14. Juli, ein Feuerlaufen statt.

Für die Eingeborenen ist das beinahe eine religiöse Zeremonie, die nur noch von wenigen praktiziert wird. Sie gilt als Ausdruck ihres Glaubens an den Feuergott, der sie beschützt und vor Verbrennungen bewahrt, wenn sie über die glühend erhitzten Steine gehen.

Campbell war von dem Vorhaben fasziniert. Er suchte erst einmal nach einem »Trick« und überlegte, wie sie es wohl anstellen, ohne Brandblasen über die heißen Steine zu gelangen. So ging er schon frühzeitig zur Feuerstätte, um einen günstigen Platz zu erwischen, von dem aus er alles genau beobachten konnte. Ein anderer amerikanischer Hotelgast begleitete ihn; er war – Ironie des Schicksals – ausgerechnet Verkäufer einer Feuerlöscher-Firma.

Beide erhielten einen Platz in Höhe der Feuerstätte. Sie erlebten noch, wie ein Traktor mit Hilfe eines Baumstammes das brennende Holz wegräumte, so daß die glühenden Steine sichtbar wurden. Die Tropennacht war plötzlich hereingebrochen. Im Nu füllte sich die Kultstätte, Trommler begannen monoton um Konzentration und Aufmerksamkeit zu werben. Über einen Lautsprecher erklärte jemand die Bedeutung dieses Vorganges. Viermal würden der Medizinmann und seine Gefolgsleute über die glühend heißen Steine laufen.

Dann begann der Medizinmann seine lange Zeremonie, rief seine Gottheit um Beistand an und ging schließlich langsam, Schritt für Schritt, über die erhitzten Steine, gefolgt von sechs Eingeborenen.

Campbell traute seinen Augen nicht; für ihn, den Pragmatiker, schien das ganze Vorhaben auf einem Trick zu beruhen. Aber er fand nicht den Dreh, er konnte sich keinen Reim darauf machen. Als der Medizinmann die einheimischen Gäste einlud, ihm zu folgen – jedoch auf eigenes Risiko natürlich, wie sehr wohl betont wurde –, war mein Freund konsterniert. Er lief an die Feuerstelle, zog seine Sandalen aus und wollte prüfen, ob die Steine auch wirklich »glühend heiß« waren. Aber er kam gar nicht erst dazu, seine bloßen Zehen auf die Steine zu setzen – soviel Hitze strömten sie aus.

Schnell zog er den Fuß wieder zurück und begab sich reumütig wieder auf seinen Platz, von wo aus er sah, wie die Einheimischen einer nach dem andern die Steine überquerten. Als dann auch noch Jungen von zehn oder elf Jahren unverletzt hinübergelangten, sagte er sich trotzig: das kann ich auch. Fest davon überzeugt, daß ihm das Wagnis gelingen würde, begab er sich an den Startplatz, zog seine Sandalen aus und wartete, bis er an die Reihe kam. Dann aber schritt er nicht über die heißen Steine, sondern – wer wollte es ihm verdenken – er stürmte hinüber, zehn Meter etwa, bis er im kühlen Gras landete.

Nichts hatte er von der heißen Luft gespürt, nichts von den züngelnden Flammen kleiner Holzreste und nichts von den glühend heißen Steinen. Aufgeregt schaute er seine Fußsohlen an – nichts, keine Blase, keine Verbrennung. Zufrieden ging er auf seinen Platz zurück.

Jetzt aber wollte auch der andere Amerikaner den Versuch unternehmen, und mein Freund bot an, ihn zu führen. Beide zogen also ihr Schuhwerk aus und schickten sich an, nebeneinander durchs Feuer zu laufen. Während der Feuerlöscherverkäufer schon beim ersten Schritt aufschrie und sich sofort in Sicherheit brachte, lief Campbell nochmals hinüber, stolperte jedoch und gelangte mit Mühe ins kühle Gras.

Als die beiden ihre Fußsohlen betrachteten, zeigte sich, daß mein Feund an der Stelle, an der er von dem Stein abgerutscht war, eine etwa ein Zehnpfennigstück große Blase hatte, und daß beim anderen beide Fußsohlen mit Blasen übersät waren. Sie gingen sofort ins Hospital und trafen dort noch andere Opfer, Leidensgenossen oder »Ungläubige«. Campbell schien der einzige Weiße gewesen zu sein, der ohne größere Schäden davongekommen war. Er führte es darauf zurück, daß er offenbar auch der einzige gewesen war, der felsenfest geglaubt hatte, es werde ihm nichts passieren.

Auch das trotzige »Das kann ich auch« versetzt den Betroffenen in einen affektiven Zustand, aus dem eine Erwartungshaltung entstehen kann, die manchmal Wunder bewirkt. Glaube als Tat also. Besonders deutlich zu erkennen ist dies beim sogenannten Gottesgericht.

In früheren Zeiten wurde das Gottesgericht nicht selten als prozessuales Beweismittel eingesetzt, vor allem, wenn keine Zeugen vorhanden waren. In den Worten »Feuerprobe«, »dafür lege ich meine Hand ins Feuer« oder »dafür gehe ich durchs Feuer« ist diese Überzeugung bis auf den heutigen Tag erhalten geblieben.

Daß es möglich ist, eine überirdische Macht – die Allmacht – als Schiedsrichter anzurufen, glaubte man bei den Babyloniern wie bei den Germanen, im Mittelalter wie in verfeinerter Form auch heute noch. Durch dieses Gottesgericht – neben der Feuerprobe kamen unter anderem noch die Giftprobe, der Zweikampf, der Kesselfang oder die Wasserprobe in Frage – konnte ein Beschuldigter seine Unschuld beweisen. Aus Erfahrung wußte man, daß Schuldige die Probe nicht bestanden und dabei ums Leben kamen oder schwer verletzt wurden. Daher stellten sie sich erst gar nicht dem Gottesgericht: Ein Schuldiger kann eben nicht fest davon überzeugt sein, daß er unverletzt und unbestraft davonkommt.

Früher war man der Auffassung, wenn der Unschuldige eine solche Probe heil überstand, mußte ihm Hilfe zuteil geworden sein, die nur von der göttlichen Macht stammen konnte. Deshalb sprach man auch von einem Gottesurteil, obwohl dieses Vorgehen niemals ein Gesetz der Kirche war, sondern auf einem Gemisch von heidnischen und religiösen Gedankengängen basierte. Wer konnte schon naturwissenschaftliche Gesetze außer Kraft setzen? Nur ein Gott vermochte es, so glaubte man früher. Daß diese Kraft in jedem von uns steckt, ist nie allgemeines Gedankengut gewesen.

Das bekannteste Beispiel einer geglückten Feuerprobe ist die Kaiserin Kunigunde, die Gemahlin Heinrichs II. Als man ihr vorwarf, sie habe mit einem Ritter ein Verhältnis gehabt, rief sie sofort das Gottesgericht an. Noch heute erinnert am Bamberger Dom eine Pflugschar, die sich teilweise in ihrer Hand, teilweise unter ihren Füßen befindet, an die Feuerprobe, die sie heil überstand.

Es spielt keine Rolle, ob über glühend gemachte Pflugeisen, über rot erhitzte Steine oder über brennende Kohle gegangen wird – das Ergebnis ist stets das gleiche: kraft des Glaubens, der inneren Überzeugung, werden Naturgesetze durch unsere Vorstellungen vorübergehend außer Kraft gesetzt.

Glaube ist Tat. Jeder Gedankengang ist Tat.

Kaiserin Kunigunde starb 1033. Im Jahr 1200 wurde sie heilig gesprochen – wohl weniger wegen der bestandenen Feuerprobe als wegen ihrer großzügigen Schenkungen an die Kirche.

Glaube als fixe Idee kann töten

Man kann an eine gute Sache glauben, man kann jedoch sein Herz auch an eine schlechte hängen. Ebenso kann man von etwas überzeugt und besessen sein, was falsch ist. Auch dafür wiederum eine wahre Begebenheit.

Sie ereignete sich kurz nach dem Zweiten Weltkrieg in einer kleinen Universitätsstadt. Erzählt hat sie mir eine Krankenschwester aus einem meiner Kurse, die damals als junges Mädchen in einem Arzthaushalt arbeitete. Zu Beginn des Herbstes herrschte in jenem Jahr eine Polio-Epidemie. Eines Tages kam der Arzt ganz aufgeregt von einem Besuch zurück, ein Patient hatte ihn angeniest, und damit schien für den Arzt außer Frage zu stehen, daß er sich angesteckt hatte.

Völlig aufgelöst erschien er zu Hause und erklärte seiner Frau, er habe sich mit Polio infiziert, weil ein Patient ihn angeniest hatte; jetzt müsse er sterben. Seine Frau erkannte sofort den Ernst der Situation und rief umgehend mehrere Ärzte und Professoren der Universität an, die, soweit sie konnten, auch alle kamen. Ein kenntnisreicher Psychiater – Psychosomatiker im heutigen Sinne gab es damals kaum – wurde offenbar nicht gerufen. Man verabreichte dem Kollegen alle nur in Frage kommenden Arzneimittel. Am nächsten Morgen gegen 11 Uhr endete das Geschehen, der Arzt starb – in Gegenwart von zwei Professoren, der Ehefrau und dem jungen Mädchen, der ich diese beinahe unglaubwürdige Geschichte verdanke.

Auch ein Irrglaube ist Tat.

An anderer Stelle, in meinem Buch »Überleben im Streß«, habe ich einige solcher Fälle beschrieben, in denen Menschen durch falsche Vorstellungen gestorben sind. Weitere Beispiele sind auch aus der Fachliteratur bekannt; so schildert der Chirurg C. L. Schleich den Fall eines Großkaufmanns aus Berlin, der ebenfalls glaubte, sterben zu müssen – wegen einer kleinen Wunde, die nicht einmal infiziert war. Auch damals waren einige renommierte Professoren Berlins gerufen worden und gekommen. Jedoch keiner hatte daran gedacht, einen Psychiater zu Rate zu ziehen, der mit Hilfe einer Tiefenhypnose oder einer gezielten Schlaftherapie vielleicht imstande gewesen wäre, den tödlich ausgehenden Prozeß zu verhindern.

Die Betroffenen sind Vernunftgründen in solchen Augenblicken nicht mehr zugänglich. Sie sind besessen. Denn mit Sicherheit werden die Ärzte im ersten Fall ihrem Kollegen mit Nachdruck in Erinnerung gerufen haben, daß die Ansteckungszeit der Polio ja drei bis zehn Tage beträgt, daß er also objektiv betrachtet in einen solch kritischen Zustand gar nicht so schnell geraten konnte. Aber wer in diesem Ausmaß glaubt, sterben zu müssen, glaubt mit jeder Faser, mit jeder Zelle seines Körpers. »Man stelle sich den Körper mit denkenden Gliedern vor«, meinte in diesem Sinne schon Blaise Pascal (1623–1662).

Wir können, da wir ein beseelter Organismus sind, nicht nur durch körperliche Leiden, somatogen, sterben, sondern auch durch Vorstellungen – psychogen – den Tod erleiden.

Auf einem Lehrgang, den ich im Schwarzwald, in Pfalzgrafenweiler, abzuhalten hatte, wurde mir folgende Geschichte zugetragen: Die Berichterstatterin, eine Altenpflegerin, war mit einer Frau von 64 Jahren befreundet, die in einer schlechten Ehe lebte und deren Mann eines Tages wegen einer Fußerkrankung ins Krankenhaus eingeliefert wurde, um operiert zu werden. In dieser Situation offenbarte sich die Frau ihrer Freundin: »Wenn ich jetzt sterbe, kann mein Mann nicht hinter meinem Sarg herlaufen. Das würde ihm recht geschehen.« Die Bibel lag wie immer auf dem Tisch, ein Kreuz hing an der Wand, Engelsgesichter schauten aus mehreren Bildern ins Schlafzimmer herab – der Altenpflegerin erschien ihre Freundin bislang immer als besonders fromm. Als am nächsten Tag der Mann an seinem Fuß operiert wurde, hatte die Frau es geschafft: sie war gestorben. Gestorben, weil sie besessen war von der teuflischen Vorstellung, ihren Mann für all die schlechte Zeit bestrafen zu müssen, die sie mit ihm hatte ausharren müssen.

Auch beim nächsten Fall denkt man unwillkürlich an einen »legalen Selbstmord«, obwohl es ihn – letzten Endes – nicht geben kann. Eine 66jährige Frau mußte sich einer Gallenblasenoperation unterziehen. Sie war felsenfest davon überzeugt, daß sie zwei Tage nach der Operation sterben werde und erzählte das auch jedem. Die Operation verlief gut. Aber zur Verwunderung ihrer Angehörigen und zum Entsetzen ihrer Ärzte starb sie, so wie sie es sich eingesuggeriert hatte – zwei Tage nach der Operation.

Man hüte sich vor solchen Gedankengängen, sie enthalten eine Verwirklichungsgefahr, wenn man intensiv genug an sie glaubt. Unsere Gedanken können uns einholen.

Aus solchen Beispielen lernen wir, daß auch das Lebensnervensystem, das Vegetativum, viel weitgehender von unseren Vorstellungen abhängt, als zahlreiche Laien und manche Fachleute ahnen. »Euch geschehe nach eurem Glauben« – wer hätte gedacht, daß Menschen aus dem Zeitalter des Mondfluges genauso magisch reagieren wie zu Jesu Zeiten? Dennoch ist es so – in der Weltstadt wie auf dem Lande.

Der Glaube als Tat

Die Motive waren in allen drei Fällen verschieden. Dort die Zwangsvorstellung, wegen einer vermeintlichen Ansteckung in Blitzeseile sterben zu müssen, hier der krankhafte Wunsch, jemanden durch den eigenen Tod zu bestrafen. Und im letzten Fall die Erwartung, zu einem ganz bestimmten Zeitpunkt sterben zu müssen.

Gleich stark jedoch war die intensive Vorstellung des Sterbenmüssens oder Sterbenwollens. Die Grundlage dafür bildet der Glaube an die Unausweichlichkeit dieses Geschehens. Er gebiert eine Erwartungshaltung, die je nach Glaubensintensität von lau, von kaum wirksam, bis zu tödlich sein kann. Was könnten wir daraus machen, wenn wir diese urtümlichen Kräfte für die Heilung einsetzten.

Wie steht es aber mit den Menschen, bei denen der Glaube an eine Besserung ihres Zustandes zu schwach ist? Sind vielleicht ihre Widerstände zu groß? Zu diesem Kreis gehören Menschen, die bei allem ein »Aber« parat haben: »Ich würde das ja gerne glauben (tun), aber ich kann nicht«, sagen sie. Sie sind zahlreicher, als wir denken.

Schlimm dran sind auch die ewigen Zweifler. Sinngemäß heißt es bei Jakobus (1,5f.): Wem es an Weisheit mangelt, der bitte Gott ... Er bitte aber im Glauben und zweifle nicht, denn wer zweifelt, wird nichts vom Herrn empfangen. So ist es: »Unsere Zweifel sind Verräter.«

Glauben in diesem Sinne heißt, vollen Einsatz zeigen, mit Haut und Haaren glauben, ohne auch nur den Anflug von Zweifel oder Argwohn. Unverfälschter Kinderglaube, wie von einem Kind, das noch niemals enttäuscht wurde, das noch ganz und gar in seinem Tun aufgeht.

Wer in diesem Sinne zu glauben vermag, hat es leicht, mit der Vorsatzgebung Erfolge zu erzielen. Erinnern wir uns, was wir in der Schule lernten: »Und setzet ihr nicht das Leben ein, nie wird euch das Leben gewonnen sein.« Wir müssen uns selbst in den Glauben einbringen, damit der Glaube Tat wird.

Aus der Streß-Forschung ist bekannt: wenn ich zornig bin, kommt es im Blut und im Gewebe zu chemischen Veränderungen, man denke nur an die reflexhafte Adrenalinausschüttung und deren Folgeerscheinungen. Ein isoliertes Engagiertsein des Geistes gibt es nicht, stets ist der ganze Mensch beteiligt. Ebenso ist es mit dem Glauben oder anderen Emotionen, in gesteigertem Maße mit Affekten. Auch bei der Feuerprobe handelt es sich selbstverständlich um einen Affektzustand, in dem alles auf positive Erwartung eingestellt ist. Was ich aber erwarte, hat die Tendenz, sich zu verwirklichen, sofern es sich auf meinen Organismus bezieht. Das ist eine uralte Weisheit.

Wenn ich beispielsweise glaube, ich werde mich bei einer Prüfung blamieren, dann komme ich nicht so leicht aus diesem Sog heraus. Oder wenn ich davon überzeugt bin, in der nächsten Nacht werde ich schlecht schlafen, setze ich alle Weichen, daß dies auch eintrifft.

Man kann ein solches Geschehen nicht als rein physisch oder rein psychisch bezeichnen, sondern nur als psychosomatisch. Der Körper ist ein »Knecht der Seele«, und umgekehrt ist auch die Seele abhängig vom Körper, denn ohne ihn gibt es keine Psyche. Wer diese leib-seelischen Zusammenhänge – ganz gleich, von welchem Standpunkt aus er sie betrachtet – mißachtet, handelt einseitig und gelegentlich wohl auch kurzsichtig.

Befürchtungen treten ein

Was ist eine Befürchtung anderes als ein Mangel an positivem Glauben? Gar nicht so wenige Menschen befürchten stets das Schlimmste, und wenn es dann eingetreten ist, wundern sie sich auch kaum. Etwas naiv meinen sie dann: »Ich hab's ja gleich gewußt.«

Man kann nicht genug betonen: Wenn ich etwas befürchte, leite ich den ersten Schritt zur Verwirklichung ein.

Befürchtungen sind Erwartungseinstellungen, von denen wir bereits wissen, daß sie das Bestreben haben, sich zu realisieren. Insofern besteht nur ein quantitativer Unterschied zwischen einer Befürchtung und einem Wunsch. Denn unser vegetatives Nervensystem und unser Unbewußtes unterscheiden nicht, ob wir etwas befürchten oder ob wir etwas herbeisehnen, ob wir uns vor etwas ängstigen oder ob wir etwas erwarten. In all diesen so unterschiedlichen Situationen reagiert es einheitlich, es drängt auf Verwirklichung.

Es unterscheidet auch nicht zwischen einer Illusion und der Wahrheit, sondern das Unbewußte nimmt die Denkimpulse, wenn sie nicht ganz klar sind, stets als Wahrheit auf und überträgt sie auf den Organismus, es verleiblicht sie. Diese Somatisierung heißt im Grunde genommen nichts weiter, als daß der Körper durchgeistigt, psychisiert, von Gefühl durchdrungen ist.

Der scharfsinnige Dichter Graf Tolstoi, der Autor von »Krieg und Frieden«, befürchtete in seinen letzten Lebensjahren, die Zahl sieben würde ihm zum Verhängnis werden. Am 7. November 1910 starb er dann auch an einer harmlosen Erkältung.

Ein ähnlicher Fall war der französische Schriftsteller Maurice Barrés. Wie der Genfer Psychiater C. Baudouin berichtet, erwartete er seinen Tod in dem gleichen Alter, in dem auch seine männlichen Verwandten gestorben waren. So starb er denn 1923 an einem banalen Infekt, im gleichen Alter wie seine Vorfahren. Der Glaube ist Tat.

Je mehr nun eine solche Erwartungseinstellung von einer Gefühlsbewegung (Emotion = Herausbewegung) begleitet wird, desto größer sind die Aussichten auf eine Verwirklichung der suggestiven Gedankengänge. Baudouin sprach deshalb vom Gesetz der mitwirkenden Erregung oder affektiven Resonanz, wie die heutige Bezeichnung lautet.

Befürchtungen sind Selbstsuggestion

Sie werden durch die gleichen Kräfte, auf die gleiche Art und Weise wirksam, die für eine Suggestion verantwortlich sind. Wenn man erlebt hat, wie intensiv und konstant einige Menschen an Mißerfolge in ihrem Leben glauben, wie stark und ausdauernd sie etwas befürchten, was ja erst in der Zukunft liegt, dann wundert man sich nicht über den Satz: Befürchtungen sind Selbstsuggestionen. Eine vorweggenommene Tat. Solche Befürchtungen können sich in Sätzen äußern wie: »Wenn mir man ja nichts passiert« oder »Paß auf, daß du dich nicht erkältest« oder »Wenn mir das nur nicht wieder passiert« oder »Ich möchte das schon tun, aber...« und dann werden irgendwelche fadenscheinige Vorwände vorgebracht. Dahinter steckt jedoch der Nachsatz »aber ich glaube nicht, daß ich es kann«.

Nicht unser Wollen entscheidet, sondern unser Glaube, unsere Angst, unsere Vorstellung und Befürchtung. Deswegen sagte bekanntlich Napoleon: »Die Vorstellung regiert die Welt«, er sagte nicht: der Wille regiert die Welt.

Mangelnder Glaube an das eigene gute Schicksal ist eine Art von Selbstzerfleischung.

Ob es sich nun um Errötungsfurcht handelt, um eine allgemeine Unsicherheit oder die Befürchtung, einen Herz- oder Asthmaanfall zu bekommen – das Prinzip der Therapie ist klar: Wo Ängste und Befürchtungen vorherrschen, muß Sicherheit und absoluter Glaube an das gute Schicksal einkehren. Wir nennen es in unseren Kursen »sich positiv trimmen«. Ebenso geht man vor, wenn irgendwelche Begleiterscheinungen während des Trainierens auftreten; man muß ihnen dann – es sind ja konzentrative Unsicherheiten – absolute Sicherheit entgegensetzen. Ein systematisch durchgeführtes Gegen-Gedankentraining kann diese leichten Störungen zum Verschwinden bringen. Das ist selbstverständlich ein Lernprozeß, der nicht von heute auf morgen zu verwirklichen ist und bei dem es Rückfälle geben kann.

In die Kategorie mangelnden Glaubens an die Zukunft gehören gewisse Ängste, beispielsweise vor dem Altwerden, vor dem Sterben, dazu gehört weiter das Gefühl der Sinnlosigkeit, die Überzeugung, kein Lebensziel zu haben, usw. Außerdem gehört dazu auch mangelndes Selbstvertrauen.

Mangelndes Selbstvertrauen

Mangelndes Selbstvertrauen ist mangelnder Glaube an sich selbst. Kinder, deren Eltern es nicht verstehen, in ihnen den Glauben an die eigenen Fähigkeiten zu wecken, haben es nicht ganz leicht, später im Leben den fehlenden Glauben an sich selbst aufzubauen. Viele Menschen können ihre Minderwertigkeitsgefühle aus der Kindheit nie ganz ablegen. Aufmunterungen, Anrufe wie beispielsweise der Ausspruch von Pestalozzi helfen als Therapie kaum, als Motto schon eher: »Glaube an dich selbst, Mensch, glaube an den Wert deines inneren Wesens, so glaubst du an Gott und an die Unsterblichkeit.«

In der Regel kann man mangelndes Selbstvertrauen nur

durch konsequente Selbsterziehung abbauen. Dazu gehört, daß man sich immer wieder stärkende oder psychohygienische Vorsätze einverleibt, etwa wie:

»Ich bin vollkommen ruhig, gelassen und frei« (nämlich von Angst und Unsicherheit).

Wer im religiösen Glauben steht, kann etwa folgende »Sprüche« wählen:

»Ist Gott mit uns, wer vermag wider uns zu sein?« (Römer 8,31).

»Ich vermag alles durch den, der mich stark macht...« (Philipper 4,13).

»Mit Gottes Hilfe vermag ich alles« (oder löse ich meine Aufgabe, komme ich durch, schaffe ich es usw.).

In diesem Sinne kann man sich selbst ermutigen: Es kann bestimmt nicht in Gottes Absicht gelegen haben, den Menschen als unsicheres, ängstliches oder zweifelndes Wesen geschaffen zu haben. Davon zeugt das Wort: »Gott schuf den Menschen als sein Bild, als Gottes Abbild schuf er ihn...« (Gen. 1,27).

Minderwertigkeitsgefühle sind also auch Unglaube, ein Nicht-glauben-Können. Eltern tun daher gut daran, ihre Kinder von früh an stets zu stärken, sie nicht zu verunsichern, sie nicht dauernd zu kritisieren. Auch Kinder müssen das Recht haben, Fehler begehen zu dürfen und unvollkommen zu sein. Es ist sicherlich für die Eltern nicht leicht, stets gelassen zu bleiben. Völlig falsch jedoch wäre es, die Kinder immer wieder zu ermahnen: »Laß das, dafür bist du noch zu klein« oder »Das kannst du nicht« oder »Das liegt in der Familie« usw. So läßt sich kein Selbstvertrauen, keine Selbstachtung entwickeln.

Der Glaube an sich selbst wird also schon in den ersten Lebensjahren aufgebaut. Er ist ebenfalls Tat, denn er äußert sich ja in einem freien und sicheren Auftreten.

Der Yoga-Altmeister Dr. phil. O. A. Isbert empfahl schon vor vielen Jahren, man solle sich vorsätzliche und aufrichtende Autosuggestionen geben. Das meinte er im wörtlichen, auf die Wirbelsäule bezogenen, wie im übertragenen Sinne.

Wir könnten folgendermaßen vorgehen:

»Die Kraft steckt in mir,
die Kraft steigt auf,
die Kraft richtet mich auf,
die Kraft ist in mir wirksam,
die Kraft macht mich stark,
die Kraft ist mächtig in mir,
ich fühle die Kraft in mir aufsteigen,
ich fühle die Kraft mich aufrichten,
ich fühle die Kraft mächtig in mir,
ich bin die Kraft,
ich bin mächtig,
Kraft.«

Der Leser möge solche Vorschläge, bevor er sie wahllos anwendet, erst darauf untersuchen, ob sie ihm liegen. Natürlich kann man sie abändern und ganz individuell formulieren. Am besten, er schreibt eine solch lange Autosuggestion zunächst einmal auf und versucht, in einigen Sitzungen nach innen zu lauschen, um zu ergründen, wie er sich mit ihnen fühlt.

Ähnlich kann man vorgehen, wenn man in alter Yoga-Manier die vielleicht existierende Kraft des Prana für sich ausnutzen will:

»Die Atmung schenkt mir Prana,
die Atmung (Prana) bringt mir Kraft,
die Atmung schenkt mir Gelassenheit,
die Atmung macht mich stark,
die Atmung richtet mich auf,
die Atmung wirkt in mir,
die Atmung macht mich gesund,
ich atme mich stark,
ich atme mich gesund,
ich atme mich kerngesund,
ich atme mich ruhig,
ich atme mich gesund und voller Schwung.
Ich bin jung, gesund und voller Schwung.«

Auch hier hat es sich in meinen Kursen bestens bewährt, diese Vorsätze mit der Ausatmung zu koppeln. Einige Übende wenden sowohl die Ein- wie die Ausatmung dafür an. Natürlich kann man solche Vorsätze auch abschreiben und vor sich auf den Tisch legen, um sie sich auch während der Arbeit bei offenen Augen zu suggerieren. Man muß sich dafür nicht unbedingt in einen Versenkungszustand begeben.

Sich selbst annehmen und von sich selbst überzeugt sein – diese beiden Eigenschaften können zu gesundheitlichen wie beruflichen Erfolgen verhelfen. Wer unter »Minderwertigkeitskomplexen« leidet, wem Minderwertigkeits- und Unsicherheitsgefühle in ganz bestimmten Situationen nicht fremd sind, der sollte sich bei jedem Trainieren mehrfach solche oder ähnliche affirmative Vorsätze geben. Er sollte darüber hinaus seine bejahenden und aufmunternden Vorsätze auch außerhalb des eigentlichen Trainings öfter wiederholen, damit letzten Endes Gelassenheit und Selbstsicherheit seine andere Natur werden. Hier sind einige Beispiele:

»Ich fühle mich ganz wohl in meiner Haut,
ich bin ganz gelassen.«

»Nichts kann meine Ruhe stören,
ich bleibe gelassen.«

»Ich bin voll Freude,
alles arbeitet normal in mir.«

»Keiner kann meine Ruhe stören,
ich bleibe froh und gelassen.«

»Ich bin und bleibe ganz ruhig und heiter.«

»Ich bin ganz Freude und Liebe,
jede Zelle ist durchflutet von Liebe.«

»Durch mehr Liebe zur Selbstverwirklichung.«

»Viel mehr Freude und mehr Heiterkeit
führen zu meiner Selbstsicherheit.«

»Frisch, fromm, fröhlich, frei,
so bleib' ich stets ›high‹.«

»Jung bin ich, gesund und heiter,
so komm' ich im Leben weiter.«

»Mit Humor und Gelassenheit
schaffe ich mir Zufriedenheit.«

»Keiner kann meine Ruhe stören,
ich fühle mich frisch und frei.«

»Ich habe Hoffnung und Vertrauen,
nichts kann mein Gleichgewicht stören.«

»Ich vertraue meinem Schicksal,
das Schicksal meint es gut mit mir.
Ich bleibe gelassen und erreiche mein Ziel.«

»Ich hoffe, glaube und liebe,
ich bin mutig und frei,
nichts kann mein Gleichgewicht stören.«

»Ich bin mutig und frei
und fest entschlossen.
Mein Weg steht fest.«

»Ich bin erfüllt von Liebe und Frieden,
keiner kann mich aus der Ruhe bringen.«

Welche Faktoren erleichtern die Realisierung von Vorsätzen?

Seit eh und je haben Menschen, vor allem einige kundige Inder, versucht, ihre Gesundheit durch Autosuggestionen zu stärken und zu verbessern. Früher glaubte man nicht ganz zu Unrecht, in einem psychischen Ausnahmezustand lasse sich eine bessere autosuggestive Wirkung erzielen. Daher fastete man oder versuchte auch durch Selbstgeißelung in einen affektiven Ausnahmezustand zu geraten, von dem man annahm, daß er die Vorsatzwirkung vertiefe.

Sicherlich bedarf es nicht solcher masochistischer Akte, um Erfolge zu erzielen. Ebensowenig sind psychotrope Substanzen wie Koffein, Alkohol, Pilze oder Drogen im eigentlichen Sinne notwendig, um die Vorsatzwirkung zu vertiefen. Jeder tiefe Wunsch ist ein Vorsatz, vor allem wenn er häufig genug wiederholt wird. Je eindringlicher der Wunsch, desto größer die Wahrscheinlichkeit der Wirkung.

Die Frage, welche Faktoren die Verwirklichung von Vorsätzen erleichtern, betrifft sowohl die Technik der Einverleibung wie die Formulierung. Zur Technik ist zu empfehlen:
- Möglichst stets zur gleichen Zeit üben.
- Am geeignetsten ist wohl die Einschlafzeit, wenn der Versenkungszustand normalerweise schon erreicht und durchlaufen wird.
- Stets unter gleichen Umständen üben (Raum, Licht, Lärm) erleichtert die Realisierung.
- Man muß mit seinen Vorsätzen leben: Am besten wendet man sie während des Tages immer dann an, wenn man daran denkt, oder wenn man Zeit hat, oder wenn man einmal warten muß. Diese zusätzliche Anwendung halte ich für wichtig, sie steht auch nicht im Widerspruch zu den beiden vorhergehenden Punkten.
- In unserem Training werden die Vorsätze nach Möglichkeit mit dem Atem, insbesondere mit der verlängerten Ausatmungsphase gekoppelt. Atmungsmethoden sind »Hilfsmittel für die Suggestion«, sagt in diesem Sinne C. Baudouin.
- Ebenso kann man den Vorsatz mit dem Herzschlag koppeln, wie es beim »Herzensgebet« in der Ostkirche üblich war und wie es auf dem Berg Athos von einigen Mönchen praktiziert wird.
- Man kann sich seine Vorsätze auch auf einen Zettel schreiben, damit sie einem stets als eine Art Memento vor Augen stehen.
- Der Übende verschweigt anderen Menschen, deren Reaktionen er nicht kennt, die Anwendung seiner Vorsätze.
- Wie wichtig die Motivation für die Vorsatzgebung ist, wurde schon erwähnt; unterstreichen wir es nochmals:
Ohne Motivation keine Realisation.
- Selbstverständlich wird der Übende mit jeder Faser seines Körpers an den Erfolg seiner Vorsätze glauben, sonst ist es Zeitverschwendung, sich damit zu befassen.

Wie sollen Vorsätze aussehen?

Wer Vorsätze anwendet, sollte das nur bei Vorliegen einer klaren Diagnose tun. Warum stelle ich diese Forderung an den

Beginn dieses Abschnittes? Vorsätze sind ein potentes Therapeutikum – der Übende kann unter Umständen ein »eingebildeter Gesunder« werden, der aber im Gegensatz zum eingebildeten Kranken nicht zum Arzt geht und somit vielleicht den günstigsten Behandlungs- und Operationstermin verpaßt.

Wenn es um die eigene Gesundheit geht, »hört der Spaß auf«, dann sollte jeder von uns selbstkritisch bleiben und lieber einmal zu oft zu seinem Arzt gehen, als einmal zu wenig.

Oberstes Gebot bei der Anwendung von Vorsätzen ist eine kritische Einstellung. Sie widerspricht durchaus nicht der geforderten positiven Erwartungshaltung, die alle einnehmen müssen, die sich Vorsätze geben. Mit kritischer Einstellung ist vor allem die Selbstbeobachtung gemeint, nach dem Motto: Vertrauen ist schön, Selbstkontrolle aber ist besser. Sonst könnte es – überspitzt gesagt – geschehen, daß sich ein Schwerkranker bis zu seinem letzten Atemzug den Vorsatz gibt: »Jeden Tag, in jeder Hinsicht, geht es mir besser und besser...«

Vorsätze sollten kurz sein.

»Ich schaffe es« und »Kurs West« waren zwei der Vorsätze, die ich mir auf meiner Atlantiküberquerung in einem gewöhnlichen Serienfaltboot gegeben hatte. Aber es gibt auch zahlreiche Vorsätze, die länger und ausführlicher sind und dennoch eine gute Wirkung zeigen.

Ganz und gar nicht kurz, trotzdem aber sehr wirkungsvoll, war der Vorsatz einer Frau, die gerade ihren Mann verloren hatte:

>»Ich schlafe gut und tief und ohne Sorgen
>und erwache frisch und gestärkt am Morgen.«

Vorsätze sind in der Regel in Worte gefaßt, »worthaft«. Sie können jedoch auch »bildhaft« sein, wobei man sich beispielsweise bei Übergewicht sein schlankes Ebenbild vorstellt. Sie können aber auch »gefühlshaft« sein, beispielsweise wenn man sich beim Üben die Eigenwärme »gefühlshaft« vorstellt oder wenn man sie erwartet. Das gleiche gilt natürlich auch für das Eigengewicht.

Eine Patientin hatte nach einer Krebsbehandlung mit chemotherapeutischen Mitteln alle Kopfhaare verloren. Sie stellte sich ihren Kopf am Schluß jeder Entspannungsübung mit so vielen Haaren vor, wie sie in ihrer Jugendzeit gehabt hatte. Die Haare wuchsen sehr schnell wieder nach. Sie war davon überzeugt, daß diese Art der Vor-Bildwirkung ganz erheblich dazu beigetragen hatte.

Schwierige Bewegungsabläufe stellt sich der Spitzensportler immer wieder »mental« vor. Das sind ebenso bildhafte Vorsätze, wie sie der Pianist seit langem kennt, wenn er besonders komplizierte Passagen im Geiste, in der Vorstellung, übt.

Entsprechend den Stoßgebeten im religiösen Bereich kann man sich Begriffe wie »Freude« oder »Ruhe« oder »Friede« als Stoß- oder Kurzvorsatz vorstellen, den man sich mit der verlängerten Ausatmung sogar beim Autofahren oder in der Bahn einverleiben kann.

Weitere, plakativ sich vorzustellende Kurzvorsätze sind:

»Distanz«
»Humor«
»Gelassenheit«
»Erfolg«
»Harmonie«
»Wahrheit«
»Heiterkeit«
usw.

Solche Kurzvorsätze dienen vielen Menschen als Leit- oder Orientierungsworte in ihrem Leben. Natürlich kann man auch vollständige Kurzvorsätze daraus machen:

»Ich habe Humor.«
»Ich bin gelassen.«
»Ich habe Erfolg.«
»Ich bin harmonisch.«
»Wahrheit geht vor (Wahrheit über alles).«
»Ich bin heiter.«
usw.

Vorsätze sollten positiv sein.

Aber auch negativ formulierte Autosuggestionen können unter Umständen wirkungsvoll sein. Auf meiner Atlantiküberquerung halfen mir neben positiv formulierten Vorsätzen diese zwei: »Nicht aufgeben« und »Nimm keine Hilfe an«. Die positive Formulierung »Durchhalten« lag mir als Kriegsteilnehmer nicht, weil wir im Kriege mit Durchhalteparolen überfüttert wurden.

Gemeint ist vor allem, daß man sich keine Vorsätze gibt wie beispielsweise: »Ich habe keine Angst.« Bewährt hat sich der Vorsatz: »Ich bin mutig und frei« (frei von Angst). Sollte dieser Vorsatz aber zu deutlich und zu kraftvoll sein, kann man auch die »Indifferenzformel« wählen: »Angst ganz gleichgültig.«

Vorsätze sollten sich reimen.

Reime wirken gut, weil sie haften, weil sie oft humorvoll sind und weil sie eine gewisse Distanziertheit vermitteln.

>»Für Entspannung hab' ich immer Zeit,
denn sie bringt mir stets Gelassenheit.« Oder

»Für Entspannung habe ich Zeit,
denn sie bringt mir Schwung und Sicherheit.«

»Ruhe, Schwere und Wärme,
damit ich besser lerne.«

Bei Föhn- oder Wetterempfindlichkeit:

»Und tobt auch noch so sehr der Föhn,
mein Leben ist doch frei und schön.«

Vorsätze in Versform wirken gut.

In der Regel haben die Übenden zahlreiche Wünsche. Es bietet sich daher an, diese Wünsche in einen Vers zu kleiden. So schmiedete eine Kursteilnehmerin den folgenden Vers, den sie sich in der Einschlafsitzung vorsprach:

»Ich bin ruhig und entspannt,
Schwer und warm die rechte Hand,
Bin ruhig und geborgen,
Erwache fröhlich am Morgen,
Atmung ganz ruhig und kräftig,
Es geht mir prächtig.
Ich habe festen Mut,
Jeder Tag geht gut.«

Es gibt Autoren, die gar nichts von solchen Vorsätzen halten. Vielleicht haben sie keine Erfolge mit ihren Übenden, weil sie selber so negativ eingestellt sind. Ich überlasse es grundsätzlich den Übenden, ob sie sich jeweils nur einen Vorsatz geben oder ob sie mehrere Wünsche in einen solchen Vers hineinarbeiten. Mir scheint, es hängt von der positiven Erwartungshaltung und der Begeisterung der Betreffenden ab, ob sie Erfolge auf diesem Gebiet erzielen oder nicht.

Vorsätze, die sich nicht reimen, sollten nach Möglichkeit rhythmisch sein. Vor Jahren habe ich Alkoholkranken empfohlen, sich im Rahmen ihrer therapeutischen Kette auch einen Vorsatz zu geben, zum Beispiel:

»Ich blei – be
kon – se – quent
ab – sti – nent.«

Vorsätze müssen zur Situation passen.

Je genauer die Diagnose ist, desto klarer kann der Übende seinen Vorsatz formulieren. Oftmals sollte der Übende aber auch seinen psychischen Hintergrund mit in den Vorsatz einbeziehen. Beispielsweise sagt man Patienten mit einem Sudeck-Syndrom nach, sie seien ängstlich. Unter dem Sudeck-Syndrom versteht man die zunehmende Entkalkung nach einem Knochenbruch sowie eine zunehmende Atrophie (Zurückbildung, Schwund) von Haut und Muskeln. Es genügt also nicht, wenn sich jemand, beispielsweise bei einem Sudeck der rechten Hand, den Vorsatz gibt:

»Hand warm und ganz normal.«

Der psychische Hintergrund sollte einbezogen werden:

»Ich bin vollkommen ruhig und gelassen.
Rechter Unterarm entspannt, spürt Eigengewicht.
Hand strömend warm und ganz normal (wiederholen).
Ich bin mutig und frei, ruhig und gelassen.«

Morgens gebe ich mir persönlich lieber aktivierende Vorsätze als passivierende, wie:

»Ich bin jung, gesund und voller Schwung.«

Vorsätze müssen zur Person passen.

Bei depressiven Verstimmungen kann man nicht mit dem Vorsatz »Ich sehe dem Tag gelassen entgegen« erfolgreich werden, da ist mehr Schwung im Vorsatz angebracht. Sportlern, beispielsweise Fechtern, kann man nicht unbedingt mit der »Schwereübung« kommen, denn »mit schweren Gliedern kann ich doch keine Erfolge erzielen«, sagte mir einmal ein Bonner Fechter. Aber auch leicht Depressive stören sich gelegentlich an dem Wort »schwer«.

Vorsätze nehmen den Erfolg vorweg.

Wir sagen uns also nicht »Ich werde ganz ruhig und gelassen«, sondern wir nehmen grundsätzlich den Erfolg vorweg mit: »Ich bin vollkommen ruhig und gelassen.« Eine leicht zu depressiven Verstimmungen neigende Kursteilnehmerin übergab mir einmal ihren Vorsatz:

»Ich will mich nicht mehr ärgern,
denn Ärger bringt nichts ein.
Ich möcht' recht fröhlich werden,
um auch gesund zu sein.«

Das sind Absichtserklärungen bei inneren Widerständen; besser wäre es, den Vorsatz völlig umzuändern, z. B. in:

»Ärger ganz gleichgültig,
ich bin vollkommen ruhig und gelassen,
ruhig und heiter
immer so weiter.«

Vorsätze wollen im Grunde genommen die inneren Selbstheilungskräfte und -tendenzen verstärken oder mobilisieren.

Vorsicht mit Vorsätzen in Befehlsform.

Aus alter Erfahrung weiß man, daß man sich kaum etwas selbst befehlen kann. Die meisten Menschen sprechen sich beispielsweise in Krisenzeiten instinktiv selbst gut zu, anstatt sich etwas zu befehlen.

Vorsätze sollten humorvoll sein.

Darauf hat besonders der Hamburger Psychiater Bernt Hoffmann hingewiesen. Ein Kollege aus Duisburg litt unter Nierenkoliken durch Nierensteine. Er gab sich mit Erfolg den Vorsatz:

> »Harnleiter entspannt,
> Stein rutscht elegant.«

Aber leider bekam er später wieder einen neuen Nierenstein, der dann schließlich operativ entfernt werden mußte, weil er selbst durch einen entspannten Harnleiter nicht mehr hindurchging.

Wer zur Hektik und Verkrampfung neigt, kann auf folgenden Vorsatz zurückgreifen:

> »Ruhig, gelassen und heiter,
> ich schaffe es auch noch weiter.«

> »Ich bin jung, gesund und heiter
> und komme so bestimmt weiter.«

Erwähnt sei auch der Vorsatz, den sich ein 12jähriger Schüler gab, als er seine (juvenile) Warze los werden wollte. Er zeigte mit dem Zeigefinger auf sie und sagte sich mehrfach:

> »Hau ab du Aas.«
> Ebenso könnte man sich einfach sagen:
> »Verschwinde.«

Bei flüchtigen Magensymptomen und wenn die Diagnose klar gestellt ist, empfehle ich gerne:

> »Leib strömend warm,
> Magen (arbeitet) ganz normal und unauffällig.«

In ähnlicher Weise kann man bei Prostata-Beschwerden vorgehen:

> »Kleines Becken strömend warm,
> Damm strömend warm,
> Prostata-Gegend ganz normal und unauffällig.«

Verstärkung der Vorsatzwirkung

Von den Vorsätzen wünscht man sich, daß sie haften. Daher sagt sich beispielsweise der Übende, wenn er nach Ruhe strebt, am Schluß des Trainierens:

> »Ruhe hält an.« Oder:

»Ruhe bleibt in jeder Situation.« Oder:

»Ruhe ist meine erste Bürgerpflicht.«

Auch mit Hilfe von Stabreimen läßt sich die Vorsatzwirkung verstärken:

»Worte wirken weiter.« Oder:

»Worte werden (sind) wirksam.«

Die häufige Wiederholung läßt Vorsätze wirksamer werden, wenn sie auch nicht unbedingt erforderlich ist. Letzten Endes glaube ich, daß die Motivation darüber entscheidet, ob der Vorsatz stark oder weniger stark wirkt.

Vorsätze kann man sich halblaut geben. Bei vielen Übenden hat sich die flüsternde Vorsatzgebung bewährt. Coué hat darauf schon kurz vor dem Ersten Weltkrieg hingewiesen.

Das Herunterleiern im Stile der Litaneien ist eine Mischung der beiden zuletzt genannten Vorgehensweisen. Die Vorsatzgebung kann auch singend, summend und pfeifend erfolgen. Vereinzelt höre ich von Kursteilnehmern, daß sie ihre Vorsätze im Auto, auf dem Fahrrad oder wenn sie allein in ihrer Wohnung sind, singen.

Seit altersher weiß man, daß der Übende seine Konzentration verbessern kann, wenn er seinen Herzschlag oder seinen Atmungsvorgang beobachtet. Er muß also zwei Dinge gleichzeitig tun: sich den Vorsatz geben und ihn in Einklang mit dem Herzrhythmus bringen. Seine ganze Aufmerksamkeit wird dadurch in Anspruch genommen, er wird nicht so leicht abgelenkt, die Vorsatzwirkung wird verstärkt.

Verstärkt werden Vorsätze auch durch eine frohe Erwartungshaltung oder durch eine freudvolle Stimmung. Eine Übende beendete jede ihrer Übungen mit dem Satz von Frau Fernau-Horn:

»Mit frohem Mut geht alles gut.«

Eine andere Übende sagte sich während des AT und während der Vorsatzgebung in regelmäßigem Abstand:

»Ich bin ganz froh und heiter
und mach' immer so weiter.«

Vorsätze: aufgeschlüsselt oder allgemein?

Allgemeine Vorsätze wie Coués bekannter Satz:

>»Jeden Tag, in jeder Hinsicht
>geht es mir besser und besser«

haben ihre Bewährungsprobe längst bestanden. Unter gewissen Umständen empfiehlt es sich, diesen Vorsatz abzuändern in:

>»Jede Stunde, in jeder Hinsicht,
>geht es mir besser und besser.«

Als morgendlichen Vorsatz hatte ich schon empfohlen:

>»Ich bin jung, gesund und voller Schwung.«

Nun gibt es Autoren, die davon ausgehen, mit diesen Vorsätzen könnten wir uns begnügen. So gut allgemeine Vorsätze auch sein können, so werden sie doch immer häufiger von anderen Autoren durch genauere und aufgeschlüsselte Formulierungen ergänzt.

Allgemeine Vorsätze können für jedermann Vorteile haben, aber sie lassen sich in speziellen Fällen durch ein detaillierteres Vorgehen erweitern. Wir könnten uns beispielsweise, um eine gewöhnliche Entspannung zu erreichen, einen Vorsatz geben wie

>»Ruhe – Schwere – Wärme – Gelassenheit«

und ihn mehrfach wiederholen. Aber wir können uns auch die Symptome der Entspannung ganz detailliert autosuggerieren:

>»Arm fühlt Eigengewicht –
>Hand fühlt Eigenwärme –
>Handinnenfläche strömend
>und trocken warm.« usw.

Beides kann zum Erfolg führen. Es wäre müßig zu fragen, welche Methode »besser« ist. Man kann lediglich fragen, für welche Übenden und in welcher Situation das allgemeine Vorsatzgeben geeigneter ist und wann das detaillierte Vorgehen von Vorteil sein könnte.

Allgemeine Vorsätze wie »Ruhe – Schwere – Wärme« kann anwenden:
- wer müde ist
- wer keine Zeit zu haben glaubt
- wer nervös ist
- wer bequem ist
- wer noch ein Anfänger ist.

Detailliert vorgehen kann:
- wer anatomisch genau denken kann
- wer Zeit hat
- wer ruhig ist
- wer frisch ist.

Das amerikanische Arztehepaar Simonten hat bei Krebskranken das detaillierte Vorgehen gewählt und will bei ihnen gute Erfolge beobachtet haben. Aber auch da zeigte sich, daß die Mehrzahl der krebskranken Patienten für dieses Vorgehen nicht geeignet war.

Aktives Mitdenken, Einbildungskraft und systematisches Üben ist vielen Menschen nicht gegeben. Dennoch meine ich, wo ein detailliertes Vorgehen angezeigt ist, sollte man es empfehlen. In der Regel setzt das einen guten Kontakt zum behandelnden Arzt voraus.

Vorsatzgebung im Jet

Vor einigen Jahren kam der Inhaber mehrerer deutscher Firmen und Mitglied des Aufsichtsrats einiger Weltfirmen mit seinem Düsenflugzeug nur deshalb nach Bonn, um sich mit mir über seine Vorsätze zu unterhalten. Er war damals 71 Jahre alt und sehr dynamisch. Er wollte erfahren, wie er seine Vorsätze am wirkungsvollsten einsetzen konnte.

Vielleicht ist es von Interesse, welche Vorsätze sich ein Multimillionär gibt, der im geschäftlichen Bereich alle Erfolge erzielt hatte, die man sich nur denken kann:

> »In Krisen mit meinem Rücken zur Wand
> bin ich mutig, zuversichtlich, entspannt.«

> »Ich esse wenig und gesund,
> wieg' höchstens 150 Pfund.«

»Ich meide heut' jede Rechthaberei,
ob sie von mir selbst oder von ... sei.
Rechthaberei ist vollkommen gleichgültig.«

»Gedächtnis arbeitet dauerhaft und schnell,
auch Namen haften auf der Stell'.«

»Mich machen und halten zu jeder Stund',
alle guten Kräfte und Säfte gesund.«

»Ich meide heute jede Hektik und Hast
und erspar' so dem Herzen Mühe und Last.«

»In mir strahlt wie helles Licht
Freude, Weisheit, Zuversicht.«

Je nach Bedarf gab er sich den einen oder anderen Vorsatz, oft auch im Jet. Seine Wünsche, seine Ziele sind wohl von allen zu verstehen, die ähnlich viel zu tun haben und die seiner Altersgruppe angehören. Im übrigen war er fest davon überzeugt, daß Autosuggestionen und seine positive Lebenseinstellung ganz erheblich zu seinen Erfolgen im Leben beigetragen hatten.

Vorsätze im Alltag

Eine 31jährige Hausfrau verbrannte sich den ganzen Handrücken mit kochendem Wasser. Sie legte sich sofort aufs Bett und konzentrierte sich Kälte auf den Handrücken mit dem Vorsatz: »Handrücken eiskalt«. Nach dreißig Minuten waren die Schmerzen verschwunden, es traten keine Blasen auf, die Rötung war am folgenden Tage nicht mehr zu sehen.

Gedanken sind Kräfte.

Die Gedankenkraft verstärkt sich durch dauerndes Wiederholen, durch Zielgerichtetheit und wenn hinter den Gedanken ein Wunsch steht, ein Motiv. Wer noch immer daran zweifelt, daß auch seine Gedanken Kräfte sind, möge sich nur vorstellen, er schwebe in Lebensgefahr – seine Angstreaktionen müßten ihm eine Lehre sein. Oder er denke an die hypnotisch erzeugten Kräfte. »Der Geist ist alles. Was du denkst, das wirst du.« Diesen Satz entnahm Buddha dem Yoga-Gedankengut, gleichzeitig aber spezifizierte er: »Wer seinen Geist auf einen Punkt zu sammeln vermag, dem ist kein Ding unmöglich.«

Ein 55jähriger Arzt schaffte es, seine Hüften mit einem PT-Atemzug »strömend warm« zu stellen. Seine Beschwerden – Durchsacken in Knie- und Hüftgelenk – verschwanden vollständig. Für diesen Erfolg benötigte er aber nahezu drei Jahre.

Eine Übungsteilnehmerin von 62 Jahren freute sich, daß ihre Kniegelenk-Arthrose nicht mehr schmerzte. Sie führte das darauf zurück, daß sie ebenfalls auf Kommando ihre Knie warmstellen konnte.

Die Beruhigung und Gelassenheit kann sehr weit gehen. So berichtete eine Kursteilnehmerin: »Ich bin so ruhig geworden, daß ich alle Menschen in Ruhe lasse und sie respektiere, was mir früher sehr schwer fiel.« Einem Teilnehmer fiel auf, daß jetzt sogar seine Kaumuskeln entspannt waren. Durch den Vorsatz: »Ruhe, Entspannung, Gelassenheit« fühlte er sich »durch und durch entspannt«. Ein anderer Übender stellte etwas fest, was er sich nicht hätte träumen lassen: »Der Vorsatz ›An jedem Ort, zu jeder Zeit, mehr Ruhe und Gelassenheit‹ hat mich so ruhig gemacht, daß ich jetzt sogar noch abends Kaffee trinken kann, ohne daß es mich im geringsten stört.«

Ruhe und Gelassenheit können oft den Blutdruck senken. So normalisierte eine Teilnehmerin ihren vorher deutlich erhöhten Blutdruck mit dem Vorsatz: »Ich bin der Blutdruck, ich bin ruhig und gelassen, mein Blutdruck ist normal, Gefäße sind entspannt.«

Ein Beamter konnte mit dem Vorsatz

»Ich bin und bleibe in Schwung«

seine Wochenendmigräne ganz erheblich lindern.

Gegen Verkrampfung und Feindseligkeit gab sich eine 54jährige Hausfrau folgenden Vorsatz:

»Meine Muskeln sind locker und weich,
Ruhe und Frieden machen mich reich.«

Einen weiteren Vorsatz implantierte sie sich gegen den »hemmenden Einfluß des eigenen überempfindlichen Gewissens«:

»Ich muß mich selbst entscheiden,
es führt kein Weg vorbei.
Ich kann's nicht jedem recht tun,
drum fühl' ich mich endlich frei.«

Vorsätze muß man sich erst einmal schriftlich erarbeiten. Sie müssen einem liegen. In diesem Buch muß der Leser nicht unbedingt einen zu ihm passenden Vorsatz finden, vielmehr sind diese Beispiele nur als Anleitung gedacht, als Hinweis, wie sie ungefähr aussehen können. Ich möchte sogar ausdrücklich davor warnen, Vorsätze aus diesem oder einem anderen Buch einfach zu übernehmen, zu transplantieren. Es kann zu Unverträglichkeiten, zu Abstoßungen oder günstigenfalls zur Wirkungslosigkeit kommen.

Ebenso wichtig wie ein guter Vorsatz ist, daß man ein gesundes Bild von sich selbst hat. Ohne ein gesundes Selbstbild werden Vorsätze in ihrer Wirksamkeit eingeschränkt. Mehr noch: das positive Selbstbild ist ein Vorsatz; es verstärkt die gedanklichen oder verbalen Vorsätze. Hier einige Beispiele von Kursteilnehmern:

»Ich bin mit mir eins.«

»Ich fühle mich wohl in meiner Haut.«

»Ich fühle mich ruhig, sicher und heiter
und mache gelassen immer so weiter.«

»Jede Zelle meines Körpers
wird von Ruhe und Gelassenheit durchpulst.«

»Ich bin selbstsicher und gelassen,
kleine Fehler ganz gleichgültig.«

»Dank, daß ich bin,
Werden wie DU.«

»Jede Zelle meines Körpers atmet
Ruhe, Toleranz und Gelassenheit.«

»Ich bin ganz Dank und Freude.«

Autosuggestionen in diesem Sinne sind leicht zu erkennen als sich selbst erfüllende Prophezeiungen.

Vorsätze beim Sport

Die Anwendung von Vorsätzen wird bewußt und oft auch unbewußt durchgeführt. Wenn ein Sportler an eine Leistungssteigerung durch unser Training und seine Vorsätze glaubt, wird er natürlich Erfolge erzielen, das wissen wir bereits. Ein Kursteilnehmer schrieb mir eines Tages folgenden Brief: »Sicher erinnern Sie sich noch an den Marathonläufer, der als 40jähriger mit der Leichtathletik begonnen hatte. Folgendes möchte ich Ihnen jetzt mitteilen.

Die Qualifikationszeit für die Deutsche Marathonmeisterschaft 1975 beträgt 2:45.00 Stunden. Mein Ziel war es, in diesem Frühjahr Bestzeit zu laufen, und zwar unter 2:43.40 Stunden. Mitte April war es dann soweit, nach einem langen und intensiven Training und mit Hilfe Ihrer Entspannungsmethode bin ich vollkommen ruhig und gelassen an den Start gegangen.

Unter 180 Läufern erreichte ich schließlich in einer Zeit von 2:41.43 Stunden den 7. Platz, in meiner Altersklasse III der über 40–45jährigen mit großem Abstand den 1. Preis. Nach Aussagen meiner Kollegen, die entweder aufgegeben hatten oder als Zuschauer anwesend waren, hat keiner der ersten 30 Läufer, die das Ziel erreichten, so frisch ausgesehen wie ich.

Folgende Vorsätze hatte ich mir teils vor dem Wettkampf, teils während des Laufens eingeprägt und immer wieder vorgesagt:

>»Ich trainiere mit Lust und Liebe.«

>»Ich laufe ganz flüssig, frei und locker.«

>»Ich laufe durch.«

>»Ich schaffe es.«

Er fügte noch hinzu, daß sein Puls zwischen 46 und 52 liege.

Entspannungsmethoden haben sich längst im Sport durchgesetzt, es gibt kaum noch Hochleistungssportler, die ohne solche einfachen und natürlichen Psycho-Methoden auskommen. Das wird um so verständlicher, wenn man sich überlegt: Unser Hirn ist so aufgebaut, daß Vorsätze bei richtiger Anwendung wirken müssen. Wer – egal ob im Sport oder im Alltag – keine Vorsätze anwendet, nutzt seine Möglichkeiten nicht voll aus. Oder er ist von Natur aus ein »Positivist«, der sich automatisch seine positiven Vorsätze gibt, beispielsweise nach dem bekannten Motto: »Ich bin der Größte.«

Glaube fördert Selbstheilungstendenzen

Ärzte und Krankenschwestern wußten früher, daß sie bei der Pflege von Patienten mit ansteckenden Krankheiten durch entschlossenes und selbstbewußtes Handeln sowie durch eine beherzte und unerschütterliche Einstellung die Gefahr einer Selbstansteckung ganz erheblich verringern konnten. In diesem Sinne kann Mut die Abwehrkräfte stärken.

Das hat in ähnlicher Form Goethe erfahren: »Ich war bei einem Faulfieber der Ansteckung unvermeidlich ausgesetzt und wehrte bloß durch einen entschiedenen Willen die Krankheit von mir ab. Es ist unglaublich, was in solchen Fällen der moralische Wille vermag! Er durchdringt gleichsam den Körper und versetzt ihn in einen aktiven Zustand, der alle schädlichen Einflüsse zurückschlägt. Furcht ist ein Zustand träger Schwäche, wo es jedem Feind leicht wird, von uns Besitz zu nehmen.«

Der Begründer der wissenschaftlichen Hygiene, Max von Pettenkofer (1818–1901), entschloß sich, als er im Streit mit Robert Koch über die Entstehung der Cholera wenig überzeugende Argumente vorbrachte, zu seinem berühmten Selbstversuch: er trank eine Cholerakultur. Pettenkofer war fest davon überzeugt, daß Cholera-Vibrionen erst im Boden »eine Reifung« durchmachen müßten, ehe sie infektiös werden. Obwohl diese Theorie falsch war, überstand er das Abenteuer unversehrt – vermutlich nur, weil sein fester Glaube daran ihn vorübergehend »immun« machte, und nicht, wie einige Kritiker meinten, weil er schon einmal eine Cholera gehabt hatte.

Ein Vorsatz, der die Selbstheilungsmechanismen und die Homöostase (W. B. Cannon, 1871–1945), das heißt das Gleichgewicht der Regelkreise im Organismus, direkt oder indirekt unterstützen kann, könnte so aussehen:

»Ich bin vollkommen ruhig und gelassen,
jederzeit völlig ruhig und gelassen.
... –Störungen verschwinden,
alles arbeitet normal und unauffällig.
Vollkommenes Gleichgewicht herrscht in mir.
Meine Widerstandskraft ist stark,
ich bin mutig und frei.
Ich bin jung, gesund und voller Schwung.«

Auch hier gilt: am Wortlaut der Vorsätze braucht man nicht zu kleben, ihre Aussage ist das Wichtigste.

Gute Einfälle für jedermann?

Schöpferisches Denken ist nicht allein den Künstlern und Erfindern gegeben, bis zu einem gewissen Grade und in einem ganz individuellen Umfang kann jeder von uns nicht nur gute Einfälle haben, sondern auch Erfinder sein. Sicherlich, der eine ist von Natur her mehr Kreator, der andere mehr Kreatur – aber alle einigermaßen psychisch Gesunden haben Eingebungen und Einfälle, die sie sich selber nicht von vornherein zugetraut hätten oder auf die sie nicht genügend achten.

Die Industrie lebt von schöpferischen Ideen. Ihre Manager, vor allem ihre potentiellen Erfinder nehmen an Lehrgängen zur Entwicklung und Entfaltung kreativen Denkens teil. Offenbar mit gutem Erfolg, denn die Teilnehmer solcher Kurse haben im Durchschnitt viel mehr Patente angemeldet und Erfindungen gemacht als Angehörige des Personenkreises, dem derartige Lehrgänge nicht geboten wurden.

Wer sich dieser schöpferischen Quelle in sich selbst bedienen und sich nicht durch Drogen wie Kaffee oder Alkohol inspirieren lassen will wie beispielsweise Baudelaire oder Oscar Wilde, der muß sein Unbewußtes zuvor anregen und sein Problem klar vor Augen haben. Je genauer er das Problem erkannt hat, desto eher kann er in der Entspannung mit Eingebungen rechnen. Je mehr er sich aus allen Winkeln mit einem Problem befaßt hat, je mehr er mit ihm lebt, desto eher kann das schöpferische Unbewußte ihm in der Entspannung die Lösung eingeben.

Es gibt offenbar gar nicht wenige Menschen, die sich tagelang mit einem Problem beschäftigen, um dann für einige Zeit – eine Nacht oder ein paar Tage, manchmal auch einige Wochen – an etwas völlig anderes zu denken. Danach – manchmal schon nach einer einzigen Nacht – meldet sich das Unbewußte mit der fertigen Lösung.

Können auch wir unser Unbewußtes dahin bringen, daß es uns bei der Erfüllung bestimmter Wünsche Hilfestellung leistet? Können wir unsere Erfindungsgabe, unser schöpferisches Denken weiterentwickeln? Die Frage läßt sich unbedingt bejahen.

Schöpferische Eingebungen kann man fördern, wenn man folgendes berücksichtigt:
1. Genau wie beim Schreibenlernen gilt auch hier: immer wieder üben.
2. Man muß sich mit seinem klar formulierten Ziel immer wieder beschäftigen, nicht nur vor dem Einschlafen, sondern mehrfach am Tage, sozusagen »ohne Unterlaß«.
3. In der Einschlafsitzung sagt sich der Betreffende, die Lösung seines Problems sei schon da, sie liege in der Luft: »Ich sehe die Lösung immer klarer vor mir.«
4. Ideen findet man besonders leicht, wenn man das Problem durchdacht hat und wenn man es mit guten Bekannten bespricht, beispielsweise auch in Form des Brainstorming, wobei kritiklos jede Antwort notiert wird.
5. Manchmal bietet es sich an, an sein Problem nicht zu denken, eine »schöpferische Pause« einzulegen.
6. Grundsätzlich sei man bemüht, eine positive Erwartungshaltung einzunehmen.
7. Gelöstheit und Entspannung sind eine besonders gute Basis für schöpferische Eingebungen, was nicht heißen soll, daß zahlreiche Künstler nicht auch unter leichtem Druck wunderbar arbeiten konnten. »Not macht erfinderisch.« »Not bricht Eisen.«

»Lernen wir träumen...«

»Lernen wir träumen, dann finden wir vielleicht die Wahrheit«, sagte der Wissenschaftler Friedrich August Kekulé von

Stradonitz (1829–1896). Auf dem »Benzolfest«, das die Deutsche Chemische Gesellschaft ihm zu Ehren am 11. Mai 1890 in Berlin veranstaltete, berichtete er als gefeierter Hauptredner:

»Vielleicht ist es für Sie von Interesse, daß ich durch höchst indiskrete Mitteilungen aus meinem geistigen Leben Ihnen darlege, wie ich zu einzelnen meiner Gedanken gekommen bin. Während meines Aufenthaltes in London wohnte ich längere Zeit in der Chapham Road in der Nähe des Common. Die Abende verbrachte ich vielfach bei meinem Freund Hugo Müller in Islington, dem entgegengesetzten Ende der Riesenstadt. Wir sprachen da von mancherlei, am meisten aber von unserer lieben Chemie. An einem schönen Sommertag fuhr ich wieder einmal mit dem letzten Omnibus durch die zu dieser Zeit öden Straßen der sonst so belebten Weltstadt, ›outside‹, auf dem Dach des Omnibusses wie immer. Ich versank in Träumereien. Da gaukelten vor meinen Augen die Atome. Ich hatte sie immer in Bewegung gesehen, jene kleinen Wesen, aber es war mir nie gelungen, die Art ihrer Bewegungen zu erlauschen. Heute aber sah ich, wie vielfach zwei kleinere sich zu Pärchen zusammenfügten; wie größere zwei kleinere umfaßten, noch größere drei und vier der kleinen festhielten und sich alles in wirbelndem Reigen drehte. Ich sah, wie größere eine Reihe bildeten und nur an den Enden der Ketten noch kleinere mitschleppten. Der Ruf des Conducteurs ›Chapham Road‹ weckte mich aus meinen Träumereien. Aber ich verbrachte einen Teil der Nacht, um wenigstens Skizzen jener Traumgebilde zu Papier zu bringen. So entstand die Strukturtheorie.

Ähnlich erging es mir mit der Benzoltheorie. Während meines Aufenthaltes in Gent in Belgien bewohnte ich ein elegantes Junggesellenzimmer in der Hauptstraße. Mein Arbeitszimmer lag an einer Seitengasse und hatte während des Tages kein Licht. Für den Chemiker, der die Tagesstunden im Laboratorium verbringt, war dies kein Nachteil. Da saß ich nun und schrieb an meinem Lehrbuch, aber es ging nicht recht. Mein Geist war bei anderen Dingen. Ich drehte den Stuhl nach dem Kamin und versank in Halbschlaf. Wieder gaukelten die Atome vor meinen Augen. Kleinere Gruppen hielten sich diesmal bescheiden im Hintergrund. Mein geistiges Auge, durch wiederholte Gesichte ähnlicher Art geschärft, unterschied jetzt größere Gebilde von mannigfaltiger Gestaltung, lange Reihen, vielfach dichter zusammengefügt; alles in Bewegung, schlangenartig sich windend und drehend. Und siehe, was war das? Eine der Schlangen erfaßte den eigenen Schwanz, und höhnisch wirbelte das Gebilde vor meinen Augen. Wie durch einen Blitzstrahl erwachte ich; auch diesmal verbrachte ich den Rest der Nacht, um die Konsequenzen der Hypothese auszuarbeiten.«

Die Schlange, die den eigenen Schwanz erfaßte, wurde – sozusagen – zum Benzolring. »Lauschen, warten, denken, das muß ein Wissenschaftler können.« Kekulé wies zum Schluß seine begeisterten Zuhörer darauf hin, Träume sollten durch den wachen Verstand geprüft werden, ehe man sie vorschnell veröffentlicht.

Kekulé befand sich in den beiden geschilderten Situationen in einem Versenkungszustand; die einfache Entspannung scheint häufig zu genügen, um zum »rettenden Einfall« zu gelangen.

Der Zauberer vom Menlo Park

1876 kaufte der junge Erfinder Thomas Alva Edison (1847–1931) in Menlo Park bei New York ein altes Gebäude, das er zum ersten Forschungslaboratorium in der Neuen Welt machte. Etwa 1500 angemeldete Patente stammen aus seinem Laboratorium, darunter das Alltagsleben so stark beeinflussende wie die Glühlampe oder der Dynamo, das Paraffinpapier zum Verpacken von Lebensmitteln oder auch der Kaugummi.

Wegen dieser sprudelnden Erfindungsgabe nannte man ihn zu seiner Zeit den »Zauberer vom Menlo Park«. Seine Frau berichtete nach seinem Tode, er hätte sich immer, wenn er mit seinen Erfindungen nicht so recht vorankam, in ein winziges Zimmer zurückgezogen, in dem nur ein Sofa stand. Völlig entspannt auf diesem Sofa liegend, erwartete er dann die Lösung seines Problems. Und offenbar konnte er über einen Mangel an »Erleuchtungen« und Eingebungen nicht klagen. Hinzugefügt werden muß, daß Edison eben mit seinen Problemen »lebte«, so daß uns sein Ausspruch nicht mehr überrascht: »Genie ist zu 10 Prozent Inspiration und zu 90 Prozent Transpiration.«

Nahezu alle Musiker haben wohl einen besonders guten Zugang zum Unbewußten. Franz Schubert (1797–1828) beispielsweise glaubte, sich an Melodien zu »erinnern«, obwohl sie originär waren und noch niemals vor ihm gespielt wurden.

Von dem Komponisten Joseph Haydn wird berichtet, er habe nach dem brausenden Beifall der Wiener Zuschauer nach der Premiere seines Werkes »Die Schöpfung« mit zum Himmel erhobenen Händen weinend gestammelt: »Nicht von mir! Von dort oben kommt alles. Alles von Gott.«

Mozart (1756–1791) trug stets Bleistift und Papier mit sich, um auch dann, wenn er kegelte oder Billard spielte, wenn er sich also entspannte, seine Einfälle notieren zu können.

Auch zahlreiche Dichter haben offenbar »einen besonders guten Draht« zum Unbewußten. Ralph Waldo Emerson (1803–1882) begründete eine idealistische Weltauffassung, die noch heute selbst in Europa zahlreiche Anhänger hat. Er war fest davon überzeugt, einige seiner Gedanken seien nicht in seinem eigenen Gedankenapparat entstanden; Ideen lägen sozusagen in der Luft, sagte er einmal. Und wörtlich: »Es gibt einen allgemeinen Menschengeist, der jedem Einzelmenschen gehört und allen Menschen zugleich.«

Diesen allgemeinen Menschengeist vermochte Goethe ebenfalls anzuzapfen, so daß er Eckermann gegenüber äußerte, seine Werke seien das Produkt eines Kollektivs, einer Produktionsgemeinschaft, die den Namen Goethe trüge.

Von zahlreichen Dichtern wissen wir aber auch, daß die Quelle der Einfälle ebenso gut versiegen kann. Der Pilot und Autor des großen Bestsellers »Die Möwe Jonathan«, Richard Bach, hörte auf einem einsamen Abendspaziergang in Kalifornien plötzlich eine innere Stimme sagen: »Jonathan Livingstone Möwe«. Zu Hause angekommen, begab er sich sofort an die Niederschrift seiner Erzählung, deren Heldin die Möwe Jonathan wurde. Jedoch bevor das Buch fertig geschrieben war, versiegte seine Quelle. Erst einige Jahre später zwang ihn etwas, die Erzählung zu beenden: seine Quelle sprudelte wieder.

Der große Schweizer Psychiater C. G. Jung (1875–1961) nannte das Unbewußte daher den »schöpferischen Mutterboden des Bewußtseins«.

Vorsatzschritte zum Lebenserfolg

Vorsätze hat man sich zu allen Zeiten gegeben. Der bedeutende Theologe Albert Magnus – er starb 1280 in Köln –, der Lehrmeister von Thomas Aquin, schrieb einmal über seinen Weg zum Erfolg: »Ich werde täglich etwas tun – und ich werde nicht mit Vorurteilen mein Tun blockieren. Ich werde nicht die Methoden zerreden, bevor ich begonnen habe. Ich werde anfangen. Ich werde etwas tun. Ich weiß, daß sich meinem Tun Hindernisse in den Weg stellen. Ich weiß aber auch, daß das Hindernis zum Leben gehört. Deshalb wird es mich weder überraschen, noch entmutigen. Ich werde regelmäßig weiterüben und die Vorstellungen Wirklichkeit werden lassen. Wer das Tun vor die Kritik stellt, hat Erfolg. Wer seine Unzulänglichkeiten bejaht und sie als Faktor erkennt, wird sie überwinden.«

Angeregt durch dieses Bekenntnis, sind hier einige Schritte zum Lebenserfolg aufgezeigt.

1. Eine wichtige Voraussetzung ist die Zielstrebigkeit. Je genauer wir unser Ziel im Leben vor Augen haben, desto weniger leicht verlieren wir es aus dem Sinn.
2. Ausdauer gehört zur Zielstrebigkeit; Ausdauer kann die vielen »Aber« und »Wenn« besiegen, mit denen jeder Lebensweg gepflastert ist.
3. Rückschläge sind ein Teil des Lebens und des Erfolges. Abraham Lincoln wurde erst nach einer Serie von Nackenschlägen 1861 zum 16. Präsidenten der USA gewählt.
4. Auch Unzulänglichkeiten gehören zum Leben, an ihnen dürfen unsere Bemühungen nicht scheitern. Nehmen wir sie an und versuchen wir, sie durch Gelassenheit zu verringern.
5. Mitdenken und erfinderisch sein in der Verfolgung von Zielen ist unerläßlich. Tagträumereien mögen ihren Wert als

kurze Pause haben, aber was wir im Auge behalten müssen, sind klare Vorstellungen.
6. In der PT-Entspannung geben wir unserem Unterbewußten Leitlinien, Vorsätze, wie:

>»Ich erreiche mein Ziel.«
>
>»Ich schaffe es.«
>
>»In aller Ruhe und Gelassenheit,
>mit Ausdauer und mit Beharrlichkeit
>erreich' ich viel:
>mein Lebensziel.«

7. Der feste Glaube an das Erreichen des Zieles gehört zur selbstverständlichen Voraussetzung für den Erfolg. Der Glaube als Tat: er führt zu Rückwirkungen nicht allein im Unterbewußten, sondern im ganzen Organismus.
8. Für unser Ziel müssen wir uns mit ganzer Kraft einsetzen. Die Begeisterung wird uns beflügeln.
9. Diese in der Regel nicht einfache Zeit kann man besser durchstehen, wenn der Partner mitzieht und mitdenkt.
10. Wir dürfen uns bei diesem Vorhaben nicht verkrampfen, das kann zu gesundheitlichen Störungen oder gar zu Krankheiten führen, beispielsweise zum Herzinfarkt. Bei allem bleibt ein gerüttelt Maß an Humor, an Gelassenheit, an Entspannung Garant dafür, daß wir unser Ziel in Gesundheit erreichen.

Visualisierung

Eine besondere Art konsequenter und systematischer Anwendung der bildhaften Vorsatzgebung ist die Visualisierung. In jüngster Zeit fand sie außerordentlich starke Verbreitung. Da ihre Ergebnisse die heute gültigen wissenschaftlichen Erkenntnisse übersteigen, können sie ein fließender Übergang zu den unerklärbaren Geschehnissen sein, die wir immer noch Wunder nennen. Viele meiner Kursteilnehmer haben mir von ihren positiven Ergebnissen bei chronischen Erkrankungen berichtet, doch nicht nur das: Erfolge meldeten sie nicht nur im persönlichen, sondern auch im sozialen Bereich.

Aber ist die Visualisierung nicht auch ein permanentes bildhaftes Wunschdenken? Ich hatte kurz vor und während des Krieges sowie während der langen Monate der Verwundung und der Gefangenschaft drei sich immer wiederholende völlig ungewöhnliche Wunschvorstellungen: Ich wollte einmal in Marokko arbeiten, in einem Faltboot den Atlantik überqueren und einmal um die Welt segeln. Es waren Fluchtträume in einer Zeit zum Weglaufen. Und was geschah? Die drei Träume erfüllten sich, aber nicht zu einer Zeit, als ich es wollte, sondern zu einer Zeit, die das Schicksal bestimmte.

Ist es nicht so ähnlich vielen von uns ergangen, die sich ihr »Traumhaus« bauten oder nach langer Suche ihren »Traumpartner« fanden?

Wer abends im Bett liegt und sich immer wieder sein Ziel in allen Einzelheiten vorstellt, der visualisiert. Daß hier auch Sofortwirkungen zustandekommen, beweisen die vielen überraschenden Besserungen und Heilungen bei schwierigen Erkrankungen, insbesondere bei Krebs. Du bist, was du denkst, haben die Alten gesagt und meinten damit: Was wir uns immer wieder einreden, nimmt Gestalt an, wenn die Zeit reif ist. »Wunder« geschehen auch heute noch immer wieder, aber nur bei solchen Menschen, die ihr Ziel fest und klar vor Augen haben und die unerschütterlich daran glauben, daß sie dieses Ziel erreichen werden. Mit dem neuen Namen Visualisierung wird eine uralte Erfahrung neu eingekleidet. Was jedoch in der Regel verschwiegen wird: Nur ein gewisser Prozentsatz der Übenden visualisiert so konzentriert, daß positive Ergebnisse zustande kommen.

Grenzen der Vorsatzgebung

Die Grenzen der Vorsatzgebung liegen vor allem in uns selbst. Von unserer Persönlichkeit hängt es ab, wie groß unsere Erfolge sind. Wer sich Vorsätze richtig einverleibt, wer absolut sicher ist, daß sie ihm helfen werden, der wird selbstverständlich größere und deutlichere Erfolge erzielen als Kleinmütige, die sich ihres Tuns stets unsicher sind.

Wer sich seiner inneren Kraft, seiner geistigen Gaben oder seiner Seelenstärke voll bewußt ist, wird die Grenzen viel wei-

ter ziehen als ein ängstlicher Mensch. In diesem Sinne meinte Luther, der Glaube mache Wundertäter, das Zweifeln dagegen mache (schwache) Menschen. Daher:
Die Grenzen der heilsamen Vorsatzgebung sind Selbstbegrenzungen.

Der Übende muß sich bei seinem Vorhaben auch klar darüber sein, daß er sein Anliegen nicht mit dem eines anderen vergleichen darf; der Kursleiter kann nicht erkennen, was hinter einem Leiden oder einer Krankheit steckt, welche ursächlichen Faktoren wirksam geworden sind oder welche Widerstände die Bemühungen des Übenden behindern. Dazu bedarf es mehrerer analytischer Gespräche.

Wie weit kann man gehen, wenn man die Grenzen der Vorsatzgebung absteckt? Goethe schrieb in »Dichtung und Wahrheit«: »Unsere Wünsche sind Vorgefühle der Fähigkeiten, die in uns liegen, Vorboten desjenigen, was wir zu leisten imstande sein werden.« Dies gilt jedoch nur für realistische Wünsche.

Gefahren durch Vorsätze

Wer die Vorsatzgebung beherrscht, kann mit Vorsätzen großartige Erfolge erzielen. Manchmal sind die Auswirkungen von Vorsätzen auch als ein »Stoß ins System« anzusehen, mindestens jedoch als ein Anstoß, der nicht nur zur Besserung führen, sondern sogar Störungen und Krankheiten zum Verschwinden bringen kann. Gelegentlich mag das Wort Heilung auch erlaubt sein.

Eine Gefahr besteht darin, daß man sich am falschen Objekt bemüht. Ein Beispiel: Ein Patient mit einem Meniskusschaden beherrscht die Vorsatzgebung sehr gut. Er ist medizinisch nicht vorgebildet und glaubt, er könne durch Vorsätze sein inneres Knie warm stellen und dadurch mehr Blut dorthin lenken, so daß mehr Heilstoffe ins Knie gelangen und mehr Schadstoffe von ihm hinwegtransportiert werden können.

Er ist sich nicht darüber klar, daß ein Knorpel wie der Meniskus wenig durchblutet wird und einen langsamen Stoffwechsel (sogenanntes bradytrophes Gewebe) hat. Es handelt sich also wahrscheinlich um eine Selbsttäuschung, wenn der

Patient meint, das Innere des Knies werde warm; in der Regel wird nämlich nur die Haut um das Knie herum erwärmt. Wie so oft ist auch hier die Voraussetzung für einen Erfolg, daß man klare Vorstellungen über den Aufbau des jeweiligen Körperbereiches, hier also des Knies, hat. Erst wenn man, um bei unserem Beispiel zu bleiben, über die Anatomie des Knies Bescheid weiß, kann man hoffen, den kleinen Teil des Meniskus besser zu durchbluten, in den die Blutgefäße münden.

Bei unklarer Diagnose, beispielsweise wenn es sich um einen unerkannten Meniskus-Abriß handelt, kann der Übende unter Umstände vergeblich trainieren oder Vorsätze anwenden, zusätzlich kann er sich durch die falsche Belastung noch im anderen Knie einen Meniskusschaden zuziehen.

Es muß immer wieder betont werden: wer sich nicht um eine klare Diagnosestellung bemüht, kann zu spät zur Operation oder in die Behandlung eines Fachmannes kommen.

Eine andere Gefahr ist, daß der Übende die Linderung der Beschwerden mit Heilung verwechselt. Er wiegt sich dann in Sicherheit, wo Wachsamkeit geboten wäre. Wenn die Beschwerden mit Hilfe der Autosuggestionen abgeklungen sind, ist damit noch lange nicht gesagt, daß der zugrunde liegende Prozeß verschwunden ist.

Eine dritte Gefahr: Der Übende sucht den Arzt erst gar nicht auf. Er behandelt sich selbst und ist von seiner Therapie fest überzeugt. Das kann nur dann gutgehen, wenn keine ernsthaften Erkrankungen vorliegen. Auch positiv eingestellte Menschen können zu diesem Verhalten neigen; sie trichtern sich immer wieder ein, ihre Beschwerden gingen vorüber.

Schließlich kann man sich auch falsche Vorsätze geben, so daß keine oder gelegentlich auch paradoxe Wirkungen auftreten.

Grundsätzlich jedoch ist festzustellen: Gefahren treten bei der Vorsatzgebung selten auf. Das häufigste Malheur ist: die Bemühungen der Übenden verpuffen im Nichts. Die Ursache dafür kann in der Formulierung der Vorsätze liegen, sie kann aber auch in den inneren Widerständen liegen, die in der Regel Erfolge sabotieren.

Die häufigsten Störungen, die sich mit Hilfe des PT gut beeinflussen lassen, werden im Schlußkapitel besprochen.

Hauptsächliche Anwendungsgebiete für das PT

SCHLAFSCHWIERIGKEITEN

Schlaf, »süßes Labsal, Trost der Leidenden« (Euripides), dient der Erholung wie der Kräftigung, der Umwandlung wie der Erneuerung, der Auffrischung wie der »Verjüngung«, dem Aufbau wie der Belebung. Und er dient dem Streßabbau. Für viele ist er der Höhepunkt des 24-Stunden-Geschehens, die eigentlich private Sphäre, die Flucht in sich selber und manchmal wohl auch vor sich selber.

Wenn der erquickende Schlaf gestört wird, werden die meisten Menschen unruhig: Wie sollen wir den schweren Arbeitstag, »ohne geschlafen zu haben«, durchstehen?

Es gibt wohl auf dem Gebiet der Gesundheit nur wenige Bereiche, in denen soviel falsch gemacht wird wie in diesem, und zwar werden die Fehler nicht nur von den Schlafsuchenden, sondern teilweise auch von Therapeuten begangen.

Ursachen der Schlafstörungen

Schlafstörungen sind ein Symptom, ein Zeichen für eine Störung, manchmal auch Hinweis auf eine Krankheit. Oftmals haben sie auch mehrere Ursachen zugleich.
1. Schlafstörungen sind besonders häufig bei allen Formen von Depressionen anzutreffen. In leichteren Fällen von depressiven Verstimmungszuständen kann man den Schlaf mit Entspannungsmethoden wie dem PT verbessern, jedoch entscheidet in der Regel die ärztliche antidepressive Medikation darüber, ob die Schlafstörung vollständig behoben wird oder nicht. Auch bei zahlreichen anderen Erkrankungen, die in den psychiatrischen Bereich fallen, kann die Schlafstörung Leid-Symptom sein: bei Hirngefäßsklerose, Hirntumor, Psychose usw.

Die erfolgreiche Therapie der Primärerkrankung bringt das Symptom zum Verschwinden.
2. Nahezu alle Erkrankungen können auch einmal Schlafstörungen hervorrufen. Die häufigsten sind: Überfunktion der Schilddrüse, Bluthochdruck, Atemwegserkrankungen, Herzkrankheiten, Höhenkrankheit, bestimmte Fälle von Diabetes, in denen der Blutzuckerspiegel nachts abfällt, Leberkrankheiten und viele andere Leiden. Auch hier gilt:
Die Primärkrankheit behandeln, PT bringt gute Besserung.
3. Nächtliche Schmerzen können einem den Schlaf rauben. Wer will erwarten, daß ein Mensch mit arthrotischen Hüftbeschwerden gut schläft? Wie soll jemand gut schlafen, dessen Wirbelsäule zu einem Hohlkreuz verbogen ist? Kann man von einem alten Menschen mit Herzbeschwerden einen Bauernschlaf erwarten? Gerade in diesen Fällen ist es doch so, daß die Leidenden am Tage Schwierigkeiten haben, sich müde zu trimmen.

Wer nachts bei jeder Lageveränderung im Bett Schmerzen bekommt, wird natürlich häufiger wach. Das gilt auch für Herzkranke, die sich nicht auf die linke Seite legen können, weil sie dann Alpträume haben.

Denken wir auch an die Schlafschwierigkeiten durch Zahn- und Glaukomschmerzen, durch Neuralgien, durch Kopfschmerzen und Nebenhöhlenerkrankungen, durch Bandscheibenschäden und Rückenerkrankungen. Gynäkologische Leiden und Magendarmkrankheiten haben ebenfalls schon viele Menschen um einen gesunden Schlaf gebracht. Das gleiche gilt für Anfallsleiden, Muskelkrämpfe und Oberarmbeschwerden. Hier kann es ebenso nur heißen:
Primärkrankheit behandeln lassen, PT führt zur Besserung.
4. Auch Störungen von außen – etwa Verkehrslärm – können einen um den Schlaf bringen.
5. Schlimme Folgen für Menschen mit chronischen Rückenbeschwerden können zu weiche Matratzen haben, auf denen sich die Bandscheiben schlecht erholen.
6. Geruchsbelästigungen lassen einen manchmal schlecht einschlafen, sie machen zusätzlich nervös und ärgerlich, so daß man keinen Schlaf findet.
7. Die meisten Menschen schlafen in zu warmen Zimmern

nicht gut; bewährt hat sich eine Schlafzimmertemperatur zwischen 13 und 17 Grad Celsius.

8. Die häufigste Ursache von Schlafschwierigkeiten – Schlaflosigkeit gibt es so gut wie niemals, immer handelt es sich um Schlafstörungen – ist der Disstreß. Er kann in Gestalt von Berufsstreß (schwierige Mitarbeiter, Terminarbeiten, Versetzung, Übernahme anderer Arbeitsgebiete usw.) auftreten oder durch familiäre Schwierigkeiten zustandekommen.

Sorgen, existentielle Sinnentleerung, Angst, Ärger, schwere Erkrankung, Tod, Unfall oder ganz allgemein psychosozialer Disstreß im weitesten Sinne können – wenigstens vorübergehend – uns allen den Schlaf rauben. Wenn dann auch noch die Streßtoleranz gering ausgebildet ist, wie dies bei verwöhnten, sensiblen oder besonders leicht erregbaren Menschen der Fall ist, kann es schnell zu einer Schlafstörung kommen.

Auch bei Schulkindern sind Schlafstörungen leider nicht selten, jedes zehnte Kind ist davon betroffen. Die Ursachen liegen vorwiegend im psychologischen Sektor: Schulstreß, Leistungsstreß durch Familie, Verkehrsstreß und was sonst alles ein Kinderherz belastet. Vor allem sind es bevorstehende Termine wie Prüfungen, Klassenarbeiten usw., die die Schlafqualität verschlechtern.

Schlafstörungen haben in der Regel auch nicht nur einen Grund, sondern mehrere. Sie alle zu beseitigen, wäre das Optimale. Das jedoch ist längst nicht immer möglich und schon gar nicht Aufgabe des Arztes, der aber stets zuerst zu Rate gezogen werden sollte, weil es zunächst einmal gilt, organische Krankheiten auszuschalten.

Bei Disstreß als Ursache der Schlafstörung sind Psychohygiene (Ursachen beseitigen, neue Einstellung gewinnen) und PT angezeigt.

Bei übermäßiger Angst und Schuldgefühlen als Ursache der Schlafstörungen ist es oft notwendig, eine psychotherapeutische Behandlung einzuleiten; das PT kann dann unterstützend oder begleitend angewendet werden.

Sind Sie ein Kurzschläfer?

Ein Kurzschläfer kommt mit vier bis sechs Stunden pro Nacht *und* Tag aus. Die Geschichte kennt jedoch zahlreiche Kurzschläfer, die diese willkürlich gesetzte Grenze noch unterschreiten. A. v. Humboldt (1769–1859) beispielsweise klagte mit 80 Jahren auf einer Party allen Ernstes: »Ich werde alt, ich brauche mehr Schlaf, vier Stunden mindestens; als ich jung war, genügten zwei vollkommen.«

Edison (1847–1931) kam mit drei Stunden aus, entspannte sich aber am Tage stets dann, wenn er mit seinen Erfindungen keine Fortschritte machte.

Von Napoleon haben wir in der Schule gelernt, er habe nur vier Stunden geschlafen, wobei wir nicht wissen, ob der »Katzenschlaf« am Tage darin enthalten war. Seiner Empfehlung, vier Stunden Schlaf für die Männer, fünf für die Frauen und sechs für Dummköpfe, wollen wir lieber nicht folgen.

Von Winston Churchill, der immerhin ebenso alt wurde wie A. v. Humboldt, wird erzählt, er habe nachts nur wenige Stunden geschlafen, dafür aber nachmittags ein Nickerchen gehalten.

Es gibt zahlreiche Personen, die diesen berühmten Beispielen gerne nacheifern möchten. Jedoch nicht jeder kann seinen Schlaf auf wenige Nachtstunden komprimieren.

Kurzschläfer haben von Natur aus die gewiß nicht alltägliche Fähigkeit, schnell einzuschlummern und besonders tief zu schlafen. Ihr Tiefschlaf dauert in der Regel genauso lange wie der von Langschläfern, dafür ist bei ihnen die Phase des flachen Schlafes nur kurz.

Jeder Mensch reagiert auf Schlafentzug verschieden. Wer gewohnt ist, lange zu schlafen, kann unter Umständen mit dramatischen Schlafentzugssymptomen reagieren, während andere ohne weiteres mit dem Schlafdefizit fertig werden.

Schlafmangelsymptome sind: Mißmut, Nervosität, Antriebsschwäche, Lernschwierigkeiten, illusionäre Verkennungen, Einschlafen während der Arbeit oder am Autosteuer, Halluzinationen und schließlich Zusammenbruch.

Schlafen ist ein Bedürfnis, das man letzten Endes nicht unter Kontrolle bekommen kann – es sei denn, durch Schlafen.

Ich kenne mehrere Ärzte, die stolz darauf sind, daß sie mit Hilfe einer Entspannungsmethode ihren Schlaf auf vier oder fünf Stunden reduzieren konnten. Dagegen ist gar nichts einzuwenden, jedoch ob das nachahmenswert ist, weiß ich nicht. Ein Beispiel:

Ein 47jähriger Arzt, große Praxis, reduzierte seine Schlafquantität auf drei bis vier Stunden täglich, um mehr arbeiten zu können. Nachdem er dies jahrelang durchgehalten hatte, stellten sich bei ihm beunruhigende Symptome ein: er machte mehr Fehler als sonst, konnte sich schlechter konzentrieren, kam mit seiner Arbeit nicht voran, stritt sich zu Hause und in seiner Praxis, bis er eines Tages »durchdrehte«, die Scheidung einreichte und kurz darauf zusammenbrach. Nach einem vierwöchigen Urlaub, in dem er täglich sieben Stunden schlafen konnte, arrangierte sich wieder alles. Seine Frau konnte ihn überreden, sein Entspannungstraining für eine Schlafverlängerung einzusetzen.

Halten wir fest: es gibt Menschen, die von Natur aus erheblich weniger schlafen als die meisten anderen, ohne daß ihre Gesundheit darunter leidet. Natürlich kann man mit Hilfe des PT seine Schlafzeit verkürzen und vertiefen, aber nicht alle, die das möchten, scheinen damit gut zu fahren.

Einige Menschen sehen den Schlaf sogar als »Dieb« an, der ihnen die Hälfte oder ein Drittel ihres Lebens stiehlt:

Ein international bekannter Arzt, 63 Jahre, mit sehr umfangreichem Aufgabengebiet, hält Schlaf für »vertane Zeit«. Er versucht, nächtelang durchzuarbeiten, diktiert, antwortet Briefschreibern aus aller Welt, bildet sich weiter, schreibt Artikel und tut vieles andere mehr, während andere seelenruhig schlafen. Auf meine Frage, ob er denn keine Schlafentzugserscheinungen kenne, antwortete er: »Natürlich, aber sie sind das geringere Übel« (als der Schlaf). Man kann ihm nur wünschen, daß alles gutgeht. Zur Nachahmung ist sein Verhalten nicht zu empfehlen. Mehr noch: bei langen und eintönigen Autofahrten kann es unter solchen Umständen zum Sekundenschlaf kommen. Wer jemals nur eine einzige Nacht durchgearbeitet hat, weiß ein Lied davon zu singen. Sich dann ans Steuer setzen, wäre wenig verantwortungsbewußt. Dieser Kollege chauffierte allerdings nicht mehr.

Leben Langschläfer länger?

Wer ist Langschläfer? Wir wissen es bereits: der Kurzschläfer Napoleon gestand den Dummköpfen sechs Stunden Schlaf zu... Natürlich ist das überspannt. Vielleicht kann man Erwachsene, die acht Stunden oder länger schlafen, als Langschläfer bezeichnen.

Es gibt offenbar keine Hinweise dafür, daß Kurzschläfer früher sterben oder weniger gesund sind als Langschläfer. Fragt man jedoch 100jährige nach ihren Schlafgewohnheiten, so erfährt man, daß sie ihr Leben lang gut schlafen konnten.

Wer von uns hat nicht schon die Erfahrung gemacht, daß er durch reichliches Schlafen – beispielsweise im Urlaub oder bei einer leichten Erkrankung – jünger und besser aussah als sonst. Diese Beobachtung ist richtig, obwohl sich am Ende des Urlaubs, etwa ab der dritten Woche, die Schlafzeit den sonstigen Schlafgewohnheiten wieder anzupassen scheint.

Unser Schlafrhythmus hat die Tendenz, eine gewisse Konstanz zu bewahren. Jeder hat seinen Rhythmus, bei vielen läßt er sich verändern, bei manchen jedoch offenbar nicht.

Langschläfer haben es am Tage gar nicht so leicht; das scheint auch die Volksweisheit »Wer die ganze Nacht schläft, hat am Tage Anspruch auf ein wenig Ruhe« zu besagen. In der Tat gibt es Langschläfer, die sich nach ihrer ausgedehnten nächtlichen Ruhe am Tage wie »zerschlagen« fühlen. Das jedoch sind Ausnahmen.

Wer in besonderen Situationen – bei beginnenden Erkältungen, akuten Krankheiten, Streßsituationen – seine Schlafenszeit verlängern kann, dürfte davon nur Vorteile für seine Gesundheit gewinnen. Das gilt auch für die Wochenend-Langschläfer, die sich am Samstag und Sonntag richtig ausschlafen, um so ihr Schlafdefizit wieder aufzufüllen.

Mit zunehmenden Jahren, so heißt es, nehme das Schlafbedürfnis ab, und zwar sowohl die Dauer des sogenannten Traumschlafes (REM-Phase) wie die des tieferen Schlafes (NREM-Phasen). Aber hier gibt es so viele Ausnahmen, daß man sich fragen muß: schlafen gesunde alte Menschen, die noch körperlich aktiv sind, wirklich weniger als jüngere Menschen? Ich bin davon überzeugt, daß dies eine Illusion ist.

Und was stimmt an der uralten Behauptung, der Vormitternachtsschlaf sei der gesündeste? Wahrscheinlich rührt dieser Satz daher, daß man früher allgemein zeitig ins Bett ging und der Schlaf der ersten zwei bis drei Stunden besonders tief ist, so daß er dem Organismus tatsächlich am meisten nützt. Aber das sollte keinen dazu verführen, entgegen seinem Rhythmus und seiner Gewohnheit und ohne wirkliches Motiv neue Schlafgewohnheiten anzunehmen.

Schlafstörungen wegtrainieren

Wenn über Schlaflosigkeit geklagt wird, ist wohl immer eine Schlafstörung gemeint, die, wie bereits erwähnt, erst einmal diagnostisch abgeklärt werden muß.

Der Schlafgestörte muß sich an erster Stelle positiv trimmen: Schon am Abend muß er völlig sicher sein, daß er gut schlafen werde. Wenn er sich besorgt fragt: »Werde ich wohl heute nacht gut schlafen?«, macht er einen groben und leicht vermeidbaren Fehler. Eine positive Einstellung programmiert den gesamten Organismus, so daß man tatsächlich besser schläft.

Dafür spricht beispielsweise, daß es Leute gibt, die sich noch niemals in ihrem Leben Sorgen um ihren Schlaf gemacht haben. Und die schlafen in der Regel sehr gut.

Dann gibt es Leute, die sich über ihren Schlaf immer Gedanken machen und in dieser – oft auch in anderer – Hinsicht nur aus Zweifeln und Unsicherheit bestehen. Wie schlafen die wohl?

Befürchtungen sind Autosuggestionen, leider aber negative.

Erst die innere Distanz, die Gleichgültigkeit und Gelassenheit bringen die Umschaltung zum Einschlafen zustande. So ist der vielverwendete Vorsatz bei Schlafstörungen entstanden:

»Ruhe wichtig – Schlaf gleichgültig.«

Der Schlafgestörte muß also seinem Schlaf gegenüber gleichgültig werden, gelassen und unbekümmert. Er darf sich nicht selbst beobachten, sondern er muß »es« mit sich geschehen lassen, weshalb Ärzte ihren Patienten empfehlen: Wenn Sie sich ins Bett legen, tun Sie am besten so, als ob Sie nicht wüßten, daß es das Wort Schlaf überhaupt gibt.

Schlafstörungen wegtrainieren – dazu gehört, daß sich der Schlafgestörte erinnert: das gesamte PT kann als eine wunderbare Einschlafübung angesehen werden. Das setzt jedoch ein gewisses Maß an Konzentrationsfähigkeit voraus. Wer sich auf seinen Körper oder auf seine Atmung »hingebungsvoll« konzentrieren kann, hat es leichter. Mit anderen Worten: Schlafstörungen sind zum großen Teil auch Konzentrationsstörungen.

Man könnte auch sagen: Einschlafen ist ein Trick. Hierfür ein Beispiel.

Ein Minister suchte mich wegen Schlafstörungen auf. Seine Lebensführung war bis auf das Übermaß an Streß und Verantwortung ausgesprochen gesundheitsbewußt; vor allem bewegte er sich ausreichend, wenn auch unregelmäßig. Familienprobleme hatte er nicht. Ich machte ihn binnen weniger Minuten mit dem Prinzip des PT vertraut: daß es eine Hingabeübung sei, die automatisch zum Einschlafen führe. Einschlafen (auch Wiedereinschlafen) sei nur ein Trick. Beim Einschlafen laute das Motto: sich hingeben – sich auf den Körper konzentrieren – loslassen – abschalten, und im Nu werde man vom Schlaf überwältigt. Zum Wiedereinschlafen laute die Empfehlung: sich nicht ärgern, daß man wach geworden ist, sich seine üblichen Vorsätze geben und zufrieden darüber sein, daß man jetzt endlich Zeit hat, sich einmal auf den eigenen Körper zu besinnen. Positiv verstärkt werden diese Entspannung und die Fähigkeit, einzuschlafen, durch die PT-Atmung. Vier Wochen später kam ein Brief, er habe seine »Schlafstörung wegtrainiert«.

Die häufigsten Erfolge in den Anfangsstunden eines Kurses sind die Rückmeldungen vieler Teilnehmer, sie könnten jetzt wieder gut einschlafen. Der unmerkliche Übergang vom PT in den Schlaf hat viele Schlafgestörte angenehm überrascht. »Süßer Schlaf, du kommst wie ein reines Glück ungebeten, unerfleht am willigsten«, hatte schon Goethe beobachtet. Und eben das ist der Trick: nicht einschlafen wollen. Man wußte es zu allen Zeiten: Wer unbedingt einschlafen will, der schläft bestimmt nicht ein.

Wenn der Vorgang des Einschlafens zu lange währt, sollte man Schritt für Schritt, Glied für Glied das Körpergefühl entwickeln. Dabei muß immer wieder betont werden: Führen Sie diese Übung konzentriert, aufmerksam und dennoch so gelassen durch, wie es Ihnen nur möglich ist. Ich kenne keinen Menschen, der dann nicht eingeschlafen wäre, und zwar innerhalb von wenigen Minuten. Lassen Sie sich also nicht aus der Ruhe bringen, wenn Ihre Gedanken abschweifen wollen, sondern »binden Sie Ihre Aufmerksamkeit an Ihren Körper an«; auch das systematische Ankoppeln der Denkvorstellungen an die PT-Atmung hat sich bei vielen Übenden und Schlafgestörten bewährt. Wer so vorgeht, schläft binnen weniger Minuten ein. Wenn Sie mehr Zeit aufwenden müssen, darf man vermuten, daß Sie etwas falsch machen.

Schnell einschlafen können, heißt auch, Vertrauen haben.

Man muß sich loslassen können, man muß einen gewissen Mut aufbringen, sich zu lassen, sich fallen zu lassen. Diese Eigenschaften werden durch das PT verstärkt und trainiert.

Nicht wenige, die Einschlafschwierigkeiten haben, leiden unter kalten Füßen. Aber gerade gegen kalte Füße hilft das konsequent durchgeführte PT. Wie will man überhaupt schneller warme Füße bekommen als durch eine systematisch angewandte Körpergefühlsübung? Es sei hier nochmals auf die spezielle PT-Übung gegen kalte Füße hingewiesen.

Schlaftabletten – eine Alternative?

Viele Schlafsuchende haben kein Vertrauen zu sich selber, sie sind ungeduldig und greifen bei Einschlafschwierigkeiten sofort zur Schlaftablette oder was sie dafür halten. Ihnen fehlt das Schlafverständnis und die Gelassenheit, die das PT vermitteln kann. Sie schalten den geistigen Motor nicht ab und kommen vor lauter Nachsinnen, Nachdenken und Grübeln nicht zum Schlafen.

Mit Schlaftabletten, der chemischen Holzhammermethode, erzwingen sie sich gewaltsam einen Einheitsschlaf. Wo ein individuelles Schlafprofil nötig gewesen wäre, erlangen sie Betäubung statt Erfrischung. Natürlich, auch mit Schlaftabletten wird der Organismus fertig, wenn sie nur in Ausnahmefällen

genommen werden. Wenn man aber glaubt, man könne lebenslang oder auch nur jahrelang ungestraft Schlafmittel konsumieren, täuscht man sich:
– Wer über längere Zeit Schlafmittel zu sich nimmt, gewöhnt sich daran. Die Gewöhnung kann zur Abhängigkeit führen.
– Schlafmittel wirken über die Nacht hinaus, man kann ihre Wirkung nicht einfach wie einen Wecker abstellen. Zur Schlafstörung kommt jetzt auch noch eine Tagesstörung. Viele müssen dann Anregungsmittel nehmen; Kaffee allein genügt oft nicht mehr.
– Schlafmittelmißbrauch kann ernsthafte körperliche und psychische Störungen zur Folge haben. Die harmloseste könnte ein allgemeiner Leistungsrückgang sein, die schlimmste: eine organische Erkrankung.
– Schlaftabletten verändern den natürlichen Schlaf-Wach-Rhythmus, so daß man ohne Tabletten noch schlechter einschläft als zuvor.
– Durch Schlaftabletten leidet die Qualität des Schlafes, es entsteht ein Teufelskreis: man muß immer mehr Schlaftabletten nehmen, um die gleiche Wirkung zu erzielen.
– Im chemisch erzeugten Schlaf bewegt man sich weniger; darunter leidet das Gefühl, ausgeschlafen zu sein, morgens fühlt man sich nicht frisch.
– Schlafmittel lassen einen so tief schlafen, daß man weder Sturm noch Hagel hört. Man überhört aber auch die Geräusche von Einbrechern oder die Hilferufe aus der eigenen Wohnung oder aus dem Haus. Oder man spürt nicht, daß das eigene Haus brennt – die Dichterin Ingeborg Bachmann soll auf diese Weise ums Leben gekommen sein.

Wer meint, er käme ohne Schlafmittel nicht mehr aus, sollte seinen Arzt fragen, ob nicht auch ein Entspannungsmittel für ihn ratsam wäre. Vom Entspannungsmittel geht man dann auf das PT oder auf eine andere Entspannungsmethode über.

Besser als Schlafmittel sind Entspannungsmittel.

Besser als Entspannungsmittel sind Entspannungsmethoden.

Ein solides Schlafrezept ist seit alters her ein Glas Milch mit einem Eßlöffel voll Honig oder Haferflocken unmittelbar vor dem Zubettgehen.

Weitere Ratschläge, wie man sich unter Umständen das Einschlafen erleichtern kann, sind unter anderen: stets zur gleichen Zeit ins Bett gehen; statt zu lesen, lieber bis zum Einschlafen eine Fremdsprache lernen, was mehr ermüdet; sechs bis zehn Minuten lang ein heißes Bad nehmen; Kneippsche Güsse oder kalte Wadenwickel machen; entspannende Musik hören; ein Glas Bier trinken; sich nach dem Prinzip der paradoxen Intention bemühen, unbedingt wach zu bleiben und anderes mehr, was jeder für sich ausprobieren kann. Man sollte möglichst sein persönliches Ritual des Zubettgehens einhalten, da sich das für gewöhnlich schlaffördernd auswirkt.

Für ältere Menschen gelten einige besondere Hinweise, von denen zum Teil schon die Rede war.

Schlafregeln für ältere Menschen

– Wer sich wenig bewegt, braucht im allgemeinen auch weniger Schlaf. Die meisten alten Menschen haben ein erhebliches Bewegungsdefizit, sie dösen am Tage, nach dem Mittagessen etwa, und können deswegen vielleicht abends nicht gleich einschlafen.
– Nach dem abendlichen Fernsehen ordentlich recken und strecken und zusätzlich noch etwas für das Herzkreislaufsystem tun, z. B. Treppen steigen (30 bis 50 Stufen).
– Während man unmittelbar vor dem Zubettgehen noch einmal das Zimmer gut durchlüftet – wenn man nicht lieber bei offenem Fenster schlafen will –, sollte man am offenen Fenster noch einige besonders tiefe Atemzüge machen oder PT-Atmung betreiben.
– Vielen hilft eine Ganzabwaschung mit kaltem Wasser vor dem Schlafengehen.
– Vor dem Schlafengehen ist es gerade für alte Menschen ratsam, Darm und Blase zu entleeren.
– Wer Anhänger eines Schlaftrunkes (Bier, Milch) ist, sollte sich auch unmittelbar danach ins Bett begeben.
– Wer Schlaftabletten nimmt, sollte wissen, daß die chemischen Rückstände bei älteren Menschen meist etwas länger im Körper bleiben als bei jüngeren. Der nachfolgende Tag wird dadurch beeinträchtigt, gelegentlich sogar erheblich.

- Schlaftabletten führen besonders im Alter zu einem »geborgten« Schlaf, dessen Folge nicht das Wohlbefinden ist, das wir uns wünschen. Baldrian- oder Hopfentee sind besser.
- Herz- und Kreislaufschäden rufen gerade im Alter Schlafstörungen hervor, für die nur der Arzt zuständig ist.
- Nicht wenige alte Menschen entwickeln im Laufe ihres Lebens eine individuelle Empfindlichkeit gegenüber Tee, Kaffee, Speisen oder auch Alkohol. In jüngeren Jahren machte es ihnen gar nichts aus, auch abends noch Kaffee zu trinken.
- Besonders müde macht das Schauen der Augen auf die Nasenwurzel, der Konvergenzblick.
- In jedem Fall ist es bei Schlafschwierigkeiten angebracht, das PT anzuwenden.

Gedankensplitter zum Thema Schlaf

An Schlaflosigkeit ist noch keiner gestorben, es sei denn, man hätte ihn mit Gewalt am Einschlafen gehindert. Das soll – so lautet die Legende – dem letzten König von Makedonien, König Perseus (212–168 v. Chr.), in römischer Gefangenschaft passiert sein: nach einem Jahr ist er angeblich gestorben.

Wer bei einem wichtigen Vortrag oder bei einer Konferenz einzuschlafen droht, sollte seinen Atemrhythmus gewaltsam verändern, damit er wach bleibt. Beispielsweise kann man den Atemrhythmus so verändern, daß man drei bis fünf Sekunden einatmet, drei bis fünf Sekunden den Atem anhält, drei bis fünf Sekunden ausatmet und dann nochmals drei bis fünf Sekunden Pause macht. Hierbei kann man sich jedoch nicht besonders gut auf den Inhalt der Rede konzentrieren. Daß man daher mit dieser alten Methode nur kurze Schwächemomente überbrücken kann, liegt auf der Hand.

Schlaf ist beileibe nicht die einzige Regenerationsmöglichkeit der grauen Hirnzellen, der Großhirnrinde. Nur ein gewisser Teil der Hirnzellen tut jeweils Dienst, je nach Tätigkeit »schläft« der größere Teil der Nervenzellen und regeneriert sich. Es wäre auch falsch zu glauben, der Erholungseffekt des Schlafes sei einfach proportional zur Schlafdauer.

Das Gefühl dafür, wie lange man nachts schlafend zugebracht hat, ist stark getrübt. Manche schlechten Schläfer geben an, sie hätten »die ganze Nacht kein Auge zugedrückt«. Andere klagen, sie hätten die Kirchturmuhr jede Stunde schlagen hören. Aber aus Hirnstromkurven-Untersuchungen weiß man einwandfrei, daß sie in Wirklichkeit sechs bis sieben Stunden durchgeschlafen haben. Vor allem häufig neurotisch Reagierende lassen sich hier von ihrer Befürchtung, zu wenig geschlafen zu haben, täuschen.

Auch das Langschlafen, beispielsweise von zehn Stunden, kann gelegentlich Zeichen einer vegetativen Regelstörung oder einer Krankheit sein. Wer will, schließe sich der Erfahrung des gemäßigten Langschläfers Goethe an: »Früh ins Bett, früh heraus.« Vielleicht kann sie auch den einen oder anderen reich machen nach Benjamin Franklins Einsicht: »Early to bed and early to rise, makes a man healthy, wealthy and wise.« (Früh ins Bett und früh aufstehen, macht den Menschen gesund, reich und weise.)

Was empfiehlt der Volksmund?

»Nach getaner Arbeit ist gut ruhn«, was so viel heißen soll wie: ohne Arbeit, ohne Erfolgserlebnisse, ist es schwer, gut zu schlafen. Da es sich hierbei um eine alte Weisheit handelt, dürfen wir diesen Hinweis auf die körperliche Arbeit beziehen.

Es gibt wohl kaum körperlich schwer arbeitende Menschen, die schlecht schlafen.

Shakespeare läßt seinen Julius Cäsar sagen, er wolle Männer um sich haben, die »nachts gut schlafen«. Schlafen ist ein Teil des Tagesgeschehens: wie der Tag so die Nacht. Wer am Tage hektisch und überaktiv ist, vielleicht bis noch in die Nachtstunden hinein, darf sich nicht wundern, wenn er Schlafschwierigkeiten hat. In seinem Organismus sind Streßhormone produziert worden, die ihn am Einschlafen hindern. Er muß jetzt erst einmal zur Ruhe kommen.

Wer »den Schlaf des Gerechten« schlafen will, sollte gewisse psychohygienische Regeln beachten, sonst kann er sich selber um den Schlaf bringen. Denn nicht selten muß der Schlaf als »Sündenbock« für eigenes Versagen und Unvermögen herhalten.

»Ein gutes Gewissen ist ein sanftes Ruhekissen« – ein Satz, der noch einmal ausdrückt, was die vorigen meinten: aufgeschobene Lösungen von Konflikten können einen um eine ruhige Nacht bringen.

Der Schlafgestörte – oder ist er ein »Schlafstörer«? (20) – braucht vor dem Schlafengehen eine Entspannungszeit, in der er sich auf den Schlaf vorbereitet und den Tag in Ruhe ausklingen läßt. Wenn er nicht einschlafen kann, muß er diese Zeit der Muße einhalten, beispielsweise indem er noch vor dem Ins-Bett-Gehen Entspannungsgymnastik oder Tiefenentspannung durch Yoga betreibt oder indem er sich anständig reckt – streckt – dehnt und gähnt, wie wir es beim Zurücknehmen machen. Der Volksmund sagt dazu: »Wer dreimal anständig dehnt, spart eine Stunde Schlaf.« Dahinter steckt die Beobachtung, daß Verspannte offenbar mehr Schlaf benötigen als Entspannte.

Morgendliche Abgespanntheit

Gelegentlich trifft man Menschen, die zwar gut geschlafen haben, sich jedoch am Morgen so zerschlagen fühlen, als hätten sie die ganze Nacht kein Auge zugetan. Ihre Schlappheit und Lustlosigkeit ist nicht leicht zu verstehen. Es scheint sich jedoch nahezu ausschließlich um Personen zu handeln, deren vegetatives Gleichgewicht zu wünschen übrigläßt. Die Ärzte sprechen von einer »vegetativen Dystonie« oder dem psychovegetativen Syndrom, das man früher einfach als Nervosität bezeichnete.

Ursache ist vor allem ein niedriger Blutdruck und ein Übermaß an Streß, an Disstreß. Menschen dieser Art befinden sich in einem Dauerspannungszustand, aus dem sie offenbar nicht einmal nachts während des Schlafens herauskommen. Selbst nachts sind bei ihnen nicht alle Muskeln und vegetative Regelkreise entspannt. Diese Art der Überspanntheit hindert die Betroffenen daran, sich während des Schlafens zu erholen.

Aber auch Krankheiten können solche Symptome hervorrufen, beispielsweise eine Blutarmut. Daher sollte stets auch eine ärztliche Untersuchung erfolgen.

Wer sich schon morgens abgespannt fühlt, sollte das ernst

nehmen. Es ist eine Warnung, mit der unser Körper darauf aufmerksam machen will: So wie bisher geht es nicht mehr weiter, eine Änderung der Lebensweise tut not. Wer glaubt, Medikamente würden hier helfen, täuscht sich, weil sie die Ursache in der Regel nicht beseitigen können. Ebensowenig können das Tee oder Kaffee; man schiebt das Problem damit nur vor sich her.

Auch körperliche Erschöpfung kann zu geistiger Ermüdung führen. In einigen – sehr wenigen – Fällen kann ein Mangel an Zucker und Sauerstoff im Blut solche Symptome hervorrufen. Wer nur dreimal am Tage ißt, hat gelegentlich schon 75 Minuten nach dem Essen einen Abfall des Blutzuckerspiegels und bekommt dadurch Müdigkeitssymptome. Er braucht dann nur seine Ernährungsweise umzustellen und fünfmal am Tage zu essen – bei gleicher Kalorienmenge.

Wer stark unterkalorisch ißt, weil er schnell abnehmen will, läuft unter Umständen ebenfalls Gefahr, mit Müdigkeit und Abgespanntheit zu reagieren, vor allem, wenn der Blutdruck dabei noch abfällt. Hin und wieder geschieht es auch, daß jemand, der sich vorher wenig bewegt hat, durch plötzliche körperliche Überforderung 10–30 Prozent seiner roten Blutkörperchen verliert: sie werden zerstört, Müdigkeit ist eines der wichtigsten Folgesymptome. Daher lautet die Empfehlung immer wieder, sich langsam in ein Bewegungsprogramm »einzuschleichen« und plötzliche ungewohnte, übermäßige körperliche Anstrengungen zu meiden.

Natürlich können Ermüdungssymptome auch auf besonders starken Disstreß zurückzuführen sein, der die Betroffenen nachts nicht zur tiefen Ruhe kommen ließ.

Wer also am frühen Morgen über Abgespanntheit klagt, muß sich entspannen lernen – und dafür sorgen, daß sein Disstreß reduziert wird. Entstressung durch Bewegung und Streßabbau durch PT heißt die Antwort. Am Abend können Vorsätze mit in die Nacht übernommen werden:

> »Schlafe tief in der Nacht,
> bin um halb sechs erwacht,
> alle Müdigkeit ist vorbei,
> ich bin munter, fröhlich und frei.«

Die beste Therapie gegen morgendliche Müdigkeit ist die Motivation für die Arbeit. Wer motiviert ist, wird nicht müde, ihn muß man vielmehr bremsen. Zugegeben: vielen erscheint es schwierig, sich für ihre Arbeit zu begeistern. Trotzdem bleibt manchem nichts anderes übrig, als sich zumindest für sie zu interessieren und sie so gut zu machen, daß er gar nicht zum Nachdenken darüber kommt, ob er gerade müde ist oder nicht.

Oft ist bei solch abgespannten Menschen – abgesehen von medizinischen Ursachen – das Verhältnis zur Arbeit und zum Leben ganz allgemein gestört. Kennen Sie jemanden, der das Leben liebt und sich dennoch morgens wie gerädert und zerschlagen fühlt? Langweilige Gesellen fühlen sich leicht müde, weil ihnen die Impulse für das Leben fehlen. Gleichgültige kann man nur schwer motivieren.

Wer sich abgespannt fühlt, sollte lernen, Interesse für möglichst viele Lebensbereiche aufzubringen, damit er Lebens- und Gesundheitsimpulse in jeder Menge zurückerhält.

Klagen Sie niemals, Sie seien abgespannt – schon die Klage allein ist eine negative Suggestion, die Nachwirkungen hat.

ANGSTZUSTÄNDE

Es heißt: Wir leben im »Zeitalter der Angst«. Mit Angst und Unsicherheit mußten aber die Menschen aller Zeiten fertig werden. Ein angstfreies Leben gibt es ebensowenig, wie es eine absolute Sicherheit geben kann. Angst ist eine »Grundbefindlichkeit« des Menschen, wie sich der Freiburger Philosoph Heidegger ausdrückte.

Durch Erziehung und Umwelteinflüsse im weitesten Sinne haben wir ein individuelles Reaktionsmuster auf Reize entwickelt. Dieses Reiz-Antwort-Muster variiert im Laufe des Lebens ein wenig, vor allem richtet es sich danach, wie gesund man sich fühlt.

Das Wort Angst leitet sich ab von dem lateinischen anxietas = Furcht, Erregung, Ungewißheit.

Übermäßige Angst ist immer auch ein Mangel an Freiheit, an Individuation, an Entfaltung und somit als eine Ich-

Schwäche anzusehen. Angstreaktionen sind psychophysische Sympathikus-Reaktionen: sowohl Körper wie Psyche reagieren auf Angst; einseitige körperliche oder psychische Reaktionen gibt es nicht.

Die Realangst nennen wir Furcht, sie ist stets objektbezogen, wirklich und bedrohlich. Angst dagegen ist nicht greifbar, sie ist unbestimmt und ubiquitär. Aber diese Differenzierung kann längst nicht immer konsequent vorgenommen werden.

Enstehung von Ängsten:

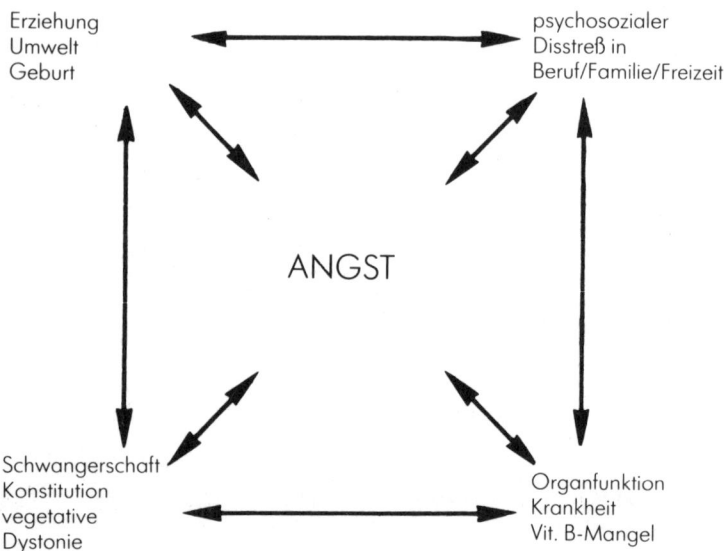

Angst ist nicht gleich Angst

Jeder reagiert auf Bedrohungen anders: was dem einen nur ein gewisses Unbehagen bereitet, kann dem anderen eine Heidenangst einjagen. Außerdem reagiert jeder zu verschiedenen Zeiten auf gleiche oder ähnliche Reize unterschiedlich. Wenn wir uns gesund fühlen, reagieren wir weniger ängstlich, als wenn wir uns nicht wohl fühlen.

Angst kann man als einen »komperativen« Begriff bezeichnen, der von leichter bis zu schwerster Angst reicht:

Vor-sorge
Sorge
Unbehagen
Verzagtheit
Unruhe
Kleinmut
Beklemmung
Bestürzung
Schrecken
Schauder
Heidenangst
Lähmung
Todesschrecken
Todesangst

Mit Sicherheit ließe sich diese Aufzählung noch beliebig erweitern.

S. Freud unterschied die Angst vor dem Liebesverlust, die Angst vor dem Mutterverlust, die Kastrationsangst, die Gewissensangst, die Angst vor dem Triebverzicht usw.

Unter Phobien versteht man besonders starke Ängste, gegen die man sich nicht wehren kann, die einen überwältigen. Daher spricht man von Zwangsängsten.

Es gibt unzählige davon. Einige der bekanntesten seien hier angeführt:

AGORAPHOBIE	= Angst, einen freien Platz zu überqueren
AKROPHOBIE	= Höhenangst
ARACHNOPHOBIE	= Angst vor Spinnen
BRECHPHOBIE	= Angst, erbrechen zu müssen
CANCEROPHOBIE	= Angst vor Krebs bis zur Einbildung, Krebs zu haben
ERYTHROPHOBIE	= Angst vor dem Erröten
FELINOPHOBIE	= Angst vor Katzen
KERAUNOPHOBIE	= Angst vor Gewitter
KLAUSTROPHOBIE	= Angst vor geschlossenen Räumen
PHOBOPHOBIE	= Angst vor einem Anfall von Angst
TRISKAIDEKAPHOBIE	= Angst vor der Zahl dreizehn
XENOPHOBIE	= Angst vor Fremden
ZOOPHOBIE	= Angst vor Tieren

Angst ist oftmals auch eine psychische Begleiterscheinung von körperlichen Symptomen und Krankheiten. Schmerzen können Angst auslösen, vor allem Herzschmerzen, die gleichsam als Existenzangst erscheinen können. Ebenso gehen Asthma-Anfälle mit schwerer Angst einher.

Angst kann sich hinter Lern- und Leistungsversagen verbergen, sie kann sich als Verhaltensauffälligkeit tarnen oder hinter psychosomatischen Beschwerden verstecken. Nahezu alle neurotischen Störungen sind in dieser oder jener Form mit Angst verbunden.

Angst kann man messen

Wir sprechen zwar vom Zeitalter der Angst, aber ob die Menschen früherer Zeiten weniger Angst hatten, ist kaum mit Gewißheit zu sagen. Angst muß auch nicht unbedingt mit negativen Symptomen einhergehen; sie kann für manche Leistungen sogar förderlich sein, vor allem, wenn sie noch nicht so groß ist, daß sie lähmend und blockierend wirkt. Mäßige Angstzustände – insbesondere im Sinne einer ungewissen Erwartung – können im Sport, in der Kunst oder im kreativen Bereich eine leistungsfördernde oder beflügelnde Wirkung haben.

Für den einzelnen kommt es darauf an, daß er seine eigene Angst erkennt und verbalisiert, daß er sie überdies akzeptiert, um dann besser mit ihr umgehen zu können. Wie angstvoll bin ich? Kann ich über mich selbst frei verfügen? Habe ich mich unter Kontrolle? Ist meine Angst noch situationsgerecht? Oder bin ich ein Opfer meiner Angstvorstellungen, das heißt meiner Gespensterseherei?

Angst zeigt man nicht gern, daher verbirgt sie sich so häufig hinter allen möglichen Beschwerdebildern und Krankheiten. Angst kann man unter Umständen auch messen, sie verändert die elektrische Leitfähigkeit der Haut, die durch die Angstschweißbildung erhöht wird. Angst läßt sich auch an der Atmungskurve und unter Umständen an der Katecholamin-Ausscheidung nachweisen.

Phobien gewöhnt man sich an, nach einem Schlüsselerlebnis beispielsweise. Man erwartet sie, man befürchtet sie auch.

Wenn man sich eine Phobie angewöhnen kann, muß man sie sich auch wieder abgewöhnen können, sollte man meinen. Aber Phobien sind – physiologisch gesehen – »konditionierte emotionale Reaktionen«, die man nicht einfach vergessen kann, sondern die »gelöscht« werden müssen. Eine solche Löschung ist ein Lernprozeß, der beispielsweise durch eine möglichst intensive Vorstellung der angstauslösenden Situation – vorzugsweise in der Entspannung – zustande kommt.

Angst und Entspannung sind unvereinbar. Wer ängstlich ist, ist stets auch verspannt. Wenn wir nach Entspannung streben, läßt sich unsere Angst lindern. Verhaltenstherapeuten wissen, wie man Phobien verlernt, wie man »gegenkonditioniert«. Von dem Südafrikaner Joseph Wolpe haben wir Anregungen für diese Art der »systematischen Desensibilisierung« erhalten. Ausdauer und systematisches Vorgehen sind – wie bei allen Entspannungsmethoden – Voraussetzungen für Erfolge.

Dafür ein Beispiel: Eine Bonner Sekretärin litt seit zwei Jahren unter Platzangst. In einer relativ guten Phase kam sie in Begleitung zu einem zehnwöchigen PT-Kurs. Sie lernte die Übungen überraschend gut. In einer einzigen privaten Sitzung wurde ihr im Anschluß an den Kurs gesagt, wie sie sich systematisch desensibilisieren konnte. Nach einem Monat schon erfuhr ich, daß sie wieder arbeitsfähig sei. Fünf Monate später übernahm sie im Ausland einen verantwortungsvollen Posten. Der Erfolg kam ganz ohne Medikamente, ausschließlich mit Hilfe unseres Entspannungstrainings, zustande.

Erziehung zur Angstbewältigung

Das Ziel der Erziehung oder der Psychohygiene ist nicht der absolut angstfreie Mensch, denn Angst kann auch notwendig und sogar lebensrettend sein. Unser Ziel ist es vielmehr, mit der Angst fertig zu werden, also Erziehung zur Angstbewältigung im Sinne der Primärprävention.

Dazu zählt die Erziehung zur Streßstabilität. Wer streßstabil ist, hat eine hohe Angstschwelle, was bedeutet, daß er nicht unter unangepaßten Ängsten leidet und daß er relativ frei von Zwangsängsten ist.

Wie kann eine Erziehung dieser Art aussehen? Selbstverständlich basiert sie auf der Liebe sowie auf dem Gefühl der Geborgenheit, das wohl nur eine Bezugsperson, in der Regel die Mutter, vermitteln kann. Ein weiterer Punkt ist die frühzeitige Bekanntschaft mit Abhärtungsmaßnahmen wie Sport, Wandern, Nachtwandern, Schwimmen im Meer, Wassersport und ähnlichem. Hinzu kommt der wohldosierte Umgang mit dem Wohlstand, das heißt, man muß schon in früher Jugend lernen, auch einmal verzichten zu können.

Wichtig ist in diesem Zusammenhang das Streben nach Entspannung, nach einer ruhigen, gelassenen und humorvollen Familienatmosphäre. Wer mit seiner Angst gut umgehen kann, ruht im allgemeinen in sich selbst. Man kann diese seltene Fähigkeit durch Meditationsübungen erheblich verstärken.

Zu der angepaßten, der normalen Angst gehört aber auch: die Enttabuisierung des Todes, ein natürliches Verhältnis zum Tode. Das meinte Montaigne (1533–1592) mit seinem aus der Bibel stammenden Hinweis: »Wer die Menschen zu sterben lehrt, der lehrt sie zu leben«. (Qui apprendrait les hommes à mourir, leur apprendrait à vivre.) Im übrigen glaubte er, daß Angstlosigkeit die eigentliche und einzige Freiheit ist, die der Mensch erringen kann.

Angsttherapie

Angstzustände sind keine Dauerzustände, sie können gelegentlich spontan verschwinden. Von Fachleuten hört man manchmal, Neurosen würden zu einem großen Teil – die Angaben schwanken zwischen einem bis zwei Drittel – von selbst weggehen. Jedoch wird man in der Regel nicht warten können, bis sich Angstzustände verlieren – denn das kann viele Jahre dauern.

Mit dem PT versuchen wir, die leichten Angstzustände, die noch keinen Krankheitswert besitzen und eher als eine Normvariante anzusehen sind, zu beseitigen. Echte Phobien im Sinne von neurotischer (unangepaßter) Angst sollten von Fachleuten (Psychologen, Psychotherapeuten, Psychiatern) therapiert werden. Der Leidensdruck dieser Kranken ist groß, bei einem depressiven Fundament kann es zu Selbstmordideen kommen.

Angsttherapie sollte stets mehrspurig verlaufen. Wer nur Medikamente, sogenannte »Aufheller« verschreibt, macht es sich zu einfach. Die nachfolgenden therapeutischen Möglichkeiten setzen die Selbstverfügbarkeit des Patienten voraus.

1. Entspannung kann Angst, die mit Spannung einhergeht, lindern oder verringern helfen. Entspannungsmethoden wie das PT können also mit Vorteil angewendet werden.

2. Vorsatzgebung in der Entspannung und mit der PT-Atmung: Man gibt sich psychohygienische Vorsätze wie

>»Ich bin mutig und frei (von Angst).« Oder:

>»Ich bin vollkommen ruhig und gelassen.« Oder:

>»Ich bin vollkommen ruhig und heiter
>und mache immer so weiter.«

Wie immer im PT werden die Vorsätze gekoppelt mit der verlängerten Ausatmung in die Leibmitte gegeben. Diese Art der Vorsatzgebung kann selbstverständlich auch unauffällig – ohne die systematische Entspannung – angewendet werden, beispielsweise beim Autofahren, also in der Aktion.

3. Ablenkung durch Arbeit: Indem man sich auf die vorliegende Arbeit konzentriert oder seinem Hobby nachgeht, kann man Ängste verlieren. Für disziplinierte Menschen, die sich gut konzentrieren können, ist dies ein Weg, den sie oft automatisch wählen.

4. Durch Besinnung auf religiöses Verhalten läßt sich Angst beseitigen, wenn auch der freie Umgang mit der Religion ein gewisses Maß an Gesundheit erfordert, da es sonst unter Umständen zu religiösen Neurosen (Schuldgefühle, Wahnvorstellungen, »ekklesiogene Neurosen« usw.) kommt. Gott kann nicht gewollt haben, daß wir – seine Ebenbilder – ängstlich durch die Welt laufen. Das Christentum will vor allem den Schwachen, also auch den Ängstlichen, helfen. Immer wieder heißt es in der Bibel: »Fürchtet euch nicht.«

»Fürchte dich nicht, glaube nur.« (Lukas 8,50).

»Fürchtet euch nicht; siehe, ich verkündige euch große Freude.«

»In der Welt habt ihr Angst, aber seid getrost, ich habe die Welt überwunden« (Joh. 16,33).

»Man könnte die Menschen zu Göttern machen, wenn man imstande wäre, ihnen die Angst zu nehmen«, meinte der Arzt und Dichter Friedrich von Schiller.

5. Sich selber entängstigen heißt, daß man sich positiv trimmt, indem man den negativen autosuggestiven Anteil der Angst durch positive Vorsätze umfunktioniert. Angst kann sich epidemisch ausbreiten, zum Beispiel bei einer Panik oder bei einer Hysterie-Epidemie. Kursleiter dürfen also keine Angst, keine Unsicherheit zeigen, weil es sonst zu Übertragungen kommen kann. Das gilt aber mehr oder weniger für jeden Erzieher.

6. Bewegung unterstützt die Therapie für ängstliche Menschen: Wandern, Bergsteigen, Tanzen, Surfen, Schwimmen im bewegten Wasser usw. Einerseits wird durch Bewegung die Streßtoleranz erhöht, andererseits kann sie je nach der Art der Ängste als Verhaltenstherapie dienen. Angsttherapie ohne systematische Bewegung sollte es nicht geben.

7. The hard way (der harte Weg) ist dem Sinne nach eine »Roßkur«, auch eine Art der Verhaltenstherapie. Beispielsweise litt der junge Goethe unter der Angst, in großer Höhe schwindelig zu werden, wenn er von oben in die Tiefe schaute. Als Student hat er deswegen in Straßburg häufig das Münster bestiegen, um sich diese Akrophobie wegzuerziehen, abzugewöhnen – »the hard way«. Da er auch lärmempfindlich war, ging Goethe, wenn es sich gerade anbot, neben einer lauten Blaskapelle einher, um sich seine Empfindlichkeit gegenüber Lärm abzugewöhnen.

8. Die Methode des »So-Tun-als-ob« – man mutig und gelassen sei – ist eine schon von den »älteren Stoikern« gelehrte Methode, die in bestimmten Fällen spontane und überraschende Erfolge zeitigen kann. Rückfälle kommen allerdings oft vor. Häufigste Anwendungsgebiete sind Prüfungsangst und Angst vor Reden oder Stottern.

9. Die paradoxe Intention ist eine Methode, die bereits von Coué und Baudouin gelehrt wurde und die der Wiener Psychiater V. Frankl besonders empfahl: Wenn man bewußt Angst hervorrufen will, tritt sie nicht ein (paradoxe Logik).

Der Ängstliche wünscht sich also gerade dann bewußt Angst herbei, wenn er üblicherweise damit zu rechnen hätte. Eine solche Methode läßt sich beispielsweise gut bei der Errötungsfurcht anwenden.

10. Kommunikation kann Angst abbauen: mit-geteilte Angst ist halbe Angst. Ängstliche können zum Beispiel in Gesellschaft durch einen Wald gehen, nicht aber allein.

11. Eine einsichtige Familie kann ihren schwächsten Mitgliedern Ängste abbauen helfen, indem sie sie stützt und dauernd ermuntert.

12. Die Angst angreifen und damit vermindern kann man, indem man sie in Wut, Trotz, Zorn oder Heftigkeit umwandelt. Ein bekannter Redner sprach in seinen jungen Jahren stets zu Beginn einer jeden Rede besonders laut und schnell, eben aggressiv, bis er nach wenigen Minuten seinen eigenen, viel ruhigeren Rhythmus fand.

13. Auf humorvolle Weise kann man ebenfalls seine übermäßigen Ängste in Schach halten. Man redet sich selber gut zu und versucht, sich von seiner unangepaßten Angst zu distanzieren. Humor als Abwehrmechanismus und Anpassungsstrategie.

14. Durch den Abbau von Todesfurcht lassen sich unter Umständen auch gewisse Ängste reduzieren. Wer den Tod nicht mehr fürchtet, was soll er dann noch fürchten? Eine solche Einstellung kann zur Aufhellung des Alltags ganz erheblich beitragen, kann heiter machen, vor allem jedoch: sie macht gelassen und überlegen.

15. Der Stoiker Epiktet, ein entlassener Sklave, empfahl um 100 n. Chr.: »Es gibt nur einen Weg zum Glück, und der besteht darin, sich nicht über Dinge zu sorgen, die sich der Beeinflussung durch unseren Willen entziehen.« Die meisten Ängste sind Eigenproduktionen, Phantasieprodukte, also selbstgemacht. Das Leben ist zu schön, um es sich durch überflüssige Ängste zu vermiesen.

16. Angst ausatmen, Mut einatmen – nach dem Motto: »Alles, was ich nicht verkraften kann, vertrau' ich meiner Ausatmung an.« Mit der Einatmung kann man sich wiederholt »Mut« einreden, mit der Ausatmung wirft man die Angst über Bord, indem man sich beispielsweise sagt: »Angst verschwindet,

Angst verschwindet« oder »Angst geht vorbei« oder »Angst ganz gleichgültig«.
Zielrichtung ist auch hier das Sonnengeflecht, die Leibmitte. Die Atmung verstärkt den Vorsatz; sie zwingt den Trainierenden zu etwas mehr Konzentration.

Bei schweren Angstzuständen – das sei nochmals ausdrücklich betont – muß sich der Patient an seinen Psychiater oder Psychotherapeuten wenden, der alles weitere veranlassen wird.

BLUTDRUCKSTÖRUNGEN

Fachleute gehen davon aus, daß in der Bundesrepublik nahezu sechs Millionen Menschen mit einem zu hohen Blutdruck (Hypertonie) leben. Rechnet man noch die Personen hinzu, deren Blutdruck sich im oberen Grenzbereich befindet, dann dürfte diese Zahl erheblich höher liegen.

Mit zunehmendem Alter steigt der Blutdruck in unseren Breitengraden häufig deutlich an, so daß die Mediziner noch vor zwanzig Jahren meinten, der obere Wert dürfe soviel über 100 betragen, wie man Jahre zähle. Ein 80jähriger dürfte danach einen Wert von 180 im systolischen Bereich haben. Die Systole ist die Kontraktion, die Zusammenziehung des Herzmuskels; der untere Blutdruckwert, der diastolische, bezieht sich auf die Phase zwischen den Kontraktionen, also auf die Entspannung des Herzens. Er wird stark von der Abflußgeschwindigkeit des Blutes bestimmt. Seine Zahl sollte nach früherer Ansicht 100 nicht überschreiten. Heute neigt man dazu, diese Zahlen niedriger anzusetzen, wie sich auch aus der auf Untersuchungen basierenden Tabelle (siehe S. 217) ergibt, die Lebensalter, Blutdruck und Lebenserwartung in Relation setzt.

Solche und andere Untersuchungen lassen die statistische Wahrscheinlichkeit erkennen:

Je höher der Blutdruck ist, desto früher stirbt man.

Das gilt auch für den normalen Bereich, so daß Personen mit einem Wert von 120/80 mmHg statistisch gesehen etwas länger leben als solche mit einem Wert von 140/85 mmHg.

Bluthochdruck und Lebenserwartung

Alter	Blutdruck	Männer		Frauen	
		Lebenserwartung (Jahre)	Lebensverkürzung (Jahre)	Lebenserwartung (Jahre)	Lebensverkürzung (Jahre)
45	normal	32	–	37	–
	130/90	29	3	35,5	1,5
	140/95	26	6	32	5
	150/100	20,5	11,5	28,5	8,5
55	normal	23,5	–	27,5	–
	130/90	22,5	1	27	0,5
	140/95	19,5	4	22,5	3
	150/100	17,5	6	23,5	4

Quelle: Build and Blood Pressure Study. Society of Actuaries, 1959

Die Zahl 140/85 bedeutet, daß der obere (systolische) Wert so groß ist wie der Druck einer 140 mm hohen Quecksilbersäule, der niedere Wert so hoch wie der einer 85 mm hohen Quecksilbersäule.

Die Weltgesundheitsbehörde hat 1959 durch Übereinkunft die Blutdruckgrenzwerte festgelegt. Die obere Zahl soll demnach 140 nicht überschreiten, während die sich aus der Diastole ergebende untere Zahl unter 90 liegen sollte. Von 140/90 bis 160/95 liegt der Blutdruck im »kontrollbedürftigen Grenzbereich«. Sind die Werte höher als 160/95, spricht man von erhöhtem Blutdruck, von Hypertonie. Über die Behandlungsbedürftigkeit ist damit allerdings noch nichts ausgesagt, sie wird ausschließlich vom Arzt bestimmt.

Zeitdruck – Bluthochdruck

Ob der Blutdruck erhöht ist, kann der Arzt stets erst nach mehreren Kontrollen sagen, denn nur zu oft geschieht es, daß sich eine Sprechstunden-Nervosität in einer vorübergehenden Erhöhung des Blutdrucks bemerkbar macht. Wer Angst hat, wer gespannt ist, muß in der Regel mit einem Blutdruck rechnen, der höher liegt, als wenn er sich in einem entspannten Zustand befände.

Angst vor dem Messen des Blutdrucks oder der ärztlichen Untersuchung läßt meist den Blutdruck ansteigen.

Daher kann auch ein gesunder Mensch in einer spannungsgeladenen Situation erhöhte Werte haben, selbst wenn er diese Situation gar nicht als negativen Streß empfindet. So hatte beispielsweise ein Tischtennisspieler unmittelbar nach einem gewöhnlichen Punktspiel einen Blutdruck von 240/120. Je nach Wichtigkeit eines Spiels, nach Spielausgang und Trainingszustand, aber auch je nach Persönlichkeitsstruktur kann der Blutdruck im Sport ganz beträchtlich ansteigen. Aus diesem Grund besitzen die gemessenen Werte erst dann eine gewisse Aussagekraft, wenn man sich vor dem Messen für einige Zeit im Ruhezustand befunden hat.

Wer unter Zeitdruck arbeiten muß, befindet sich meist in einem Spannungszustand, so daß der Blutdruck ansteigt. Zahlreiche Menschen empfinden diesen Zustand als Disstreß, als negativen Streß. Wenn sie sich dann nicht durch Bewegung entstressen, kann der Blutdruck bei chronischem Fortdauern der Disstreß-Ursache ein leicht erhöhtes Niveau beibehalten, besonders wenn eine Disposition dazu besteht.

Das zeigen auch Untersuchungen an Busfahrern. So haben unter anderen V. G. Pikus und Mitarbeiter in Odessa herausgefunden, daß die Busfahrer dieser Stadt bereits nach fünfjähriger ununterbrochener Tätigkeit in 46,1 Prozent aller Fälle einen Hochdruck aufwiesen. Busfahrer mit 21- bis 25jähriger Berufspraxis litten zu 53,8 Prozent an Bluthochdruck.

Umgekehrt melden gelegentlich Urlauber, die ihren Blutdruckapparat mit in die Ferien genommen haben, ihr Blutdruck sei im Verlauf eines vierwöchigen Urlaubs deutlich gesunken. Ähnliches habe ich von drei Senioren gehört; ihr Blutdruck hatte sich nach der Pensionierung allmählich normalisiert.

Weitere ursächliche Faktoren

Ungeachtet dieser augenfälligen Hinweise ist ein weiterer Faktor für die Entstehung eines bleibenden Bluthochdrucks notwendig: der Erbfaktor. Diesen genetischen Faktor kann man wohl als Fundament bezeichnen, auf dem andere Risikofaktoren den Bluthochdruck errichten. Wer also eine familiäre Disposition zur Hypertonie hat, sollte sogar nach Ansicht mancher Experten schon als Gesunder frühzeitig auf salzreiche Kost sowie auf jegliches Nachsalzen der Speisen verzichten.

Salzreiche Kost mit mehr als acht Gramm Kochsalz am Tage ist nach Ansicht der meisten Kliniker ein weiterer Risikofaktor für die Entstehung eines Hochdrucks. In einigen Gegenden der Welt, beispielsweise in Nordjapan, weisen Menschen, die auf versalzenem Boden leben, sehr häufig einen Bluthochdruck auf. Dennoch spielt der Kochsalzverbrauch als ursächlicher Faktor der Hypertonie nicht allein die entscheidende Rolle.

Hochdruckkranke sollten täglich nicht mehr als zwei Gramm Kochsalz zu sich nehmen. Diese Menge ist in der Regel in der Nahrung enthalten, vor allem, wenn man jeden Tag auch Milch, Käse und Brot verzehrt.

Kinderärzte weisen darauf hin, daß schon Babys mit übersalzener Nahrung gefüttert würden. Die früher stark gesalzene Fertigkost für Säuglinge und Kleinkinder sei lediglich ein Zugeständnis der Hersteller an den Geschmack der Mutter, meinen sie. Kuhmilch habe einen dreimal höheren Kochsalzgehalt als Muttermilch, warnen sie die Mütter.

Da die Entwicklung des Bluthochdrucks häufig bereits im Babyalter beginnt, sollte man zumindest bei Babys vorsichtig sein, bei denen in der Familie der Mutter oder des Vaters Fälle von Hypertonie vorliegen.

Auch zwischen Übergewicht und Hochdruck besteht »ein starker Zusammenhang«, wie unter anderen Experten der Schweizer Präventivmediziner H. Epstein annimmt.

Die Ursache des Hochdrucks – beispielsweise eine Nierenerkrankung – wird in etwa einem Sechstel der Fälle durch eine genaue ärztliche Untersuchung aufgedeckt; in diesen Fällen handelt es sich um eine sekundäre Hypertonie. Von primärer oder essentieller Hypertonie spricht man, wenn man nicht sicher weiß, warum es zur Erhöhung des Blutdrucks gekommen ist. Für die Entstehung dieser Form des Bluthochdrucks sind, wie oben beschrieben wurde, wahrscheinlich mehrere Faktoren verantwortlich.

Hoher Blutdruck wird von den Patienten in seinen Auswirkungen unterschätzt, weil er meist ohne Symptome auftritt.

Daher sollte man seinen Blutdruck in jedem Jahr kontrollieren lassen, denn meist wird die Hypertonie zufällig entdeckt.

Da sich die meisten Hochdruck-Patienten gewöhnlich subjektiv völlig wohl fühlen, nehmen viele von ihnen nicht oder nicht regelmäßig die ihnen vom Arzt verschriebenen Medikamente. Das jedoch kann Spätfolgen nach sich ziehen:

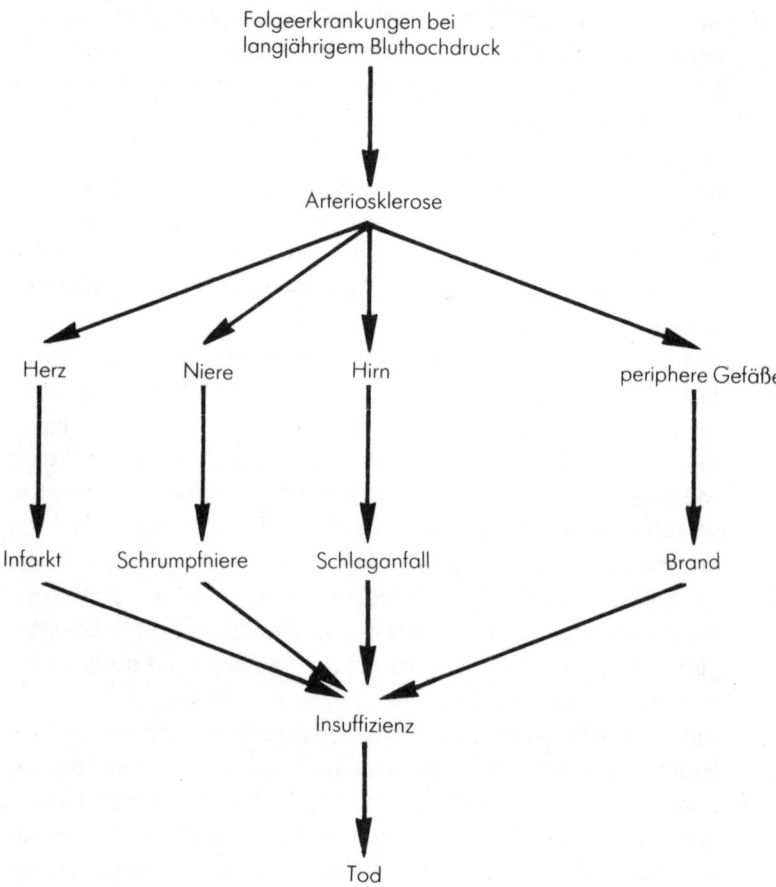

Die allgemeine Erfahrung »je höher der Blutdruck, desto früher stirbt man« sollte die Angehörigen eines Hypertonikers bewegen, gemeinsam mit ihm sein zukünftiges Leben zu planen. Je länger der Blutdruck erhöht gewesen ist, desto häufiger treten Komplikationen auf. In der Bundesrepublik sterben mehr Menschen an den Folgen der Hypertonie als an Krebs und Infektionskrankheiten zusammengenommen.

Das dürfte Grund genug sein, diese Erkrankung ohne Symptome so ernst zu nehmen, wie die Ärzte es verlangen.

Der Patient als Arzt

Beim Bluthochdruck kann der Patient, wie kaum bei einer anderen Erkrankung, viel tun, um seinen Zustand zu verbessern. Er ist also bis zu einem gewissen Grade sein eigener Arzt, vor allem was das systematische Trainieren (PT) oder auch die Lebensführung angeht. Selbst wenn der Patient sich nicht krank fühlt, sollte er folgende Hinweise beachten:
1) Ist es sicher, daß Ihr Blutdruck für längere Zeit am Tage mehr als 160/95 beträgt? Regelmäßige Blutdruckkontrollen, nur im Ruhezustand durchgeführt, können darüber Auskunft geben.
2) Gehören Sie vielleicht zu den seltenen Ausnahmen, die von Natur aus tatsächlich einen etwas höheren Wert haben müssen? Nur der behandelnde Arzt kann hierauf antworten.
3) Messen Sie Ihren Blutdruck auch selber und tragen Sie die Meßwerte in ein besonderes Buch ein. Die Werte schwanken von Tag zu Tag, manchmal sogar von Stunde zu Stunde, was normal ist.
4) Nehmen Sie Ihre blutdrucksenkenden Medikamente, falls sie ärztlich verordnet wurden, regelmäßig ein und stets zur gleichen Tageszeit. Es braucht eine gewisse Anlaufzeit, ehe sich das eingespielt hat.
5) Wie hoch ist Ihr Gewicht? Übergewicht erhöht oft den Blutdruck. Können Sie es vor sich selber oder gegenüber der Familie und Gemeinschaft verantworten, als Hypertoniker mit augenscheinlichem und handgreiflichem Übergewicht herumzulaufen? Oder sollten Sie nicht doch energisch Ihr Idealgewicht (Größe über 100 cm in kg minus 5–20 Prozent je nach Körpergröße und Muskeln) anstreben? Allein die Gewichtsreduktion kann gelegentlich den Blutdruck wieder normalisieren.
6) Wie ist Ihre Ernährung? Essen Sie knapp und abwechslungsreich? Essen Sie auch zu jeder Mahlzeit etwas Rohkost?

Salzreiche Speisen (Wurst, Senf, Essiggurken, Suppen, Fisch- und Fleischkonserven, evtl. auch Brot) meiden oder einschränken. Auf keinen Fall bei üblicher Kost die Speisen nachsalzen. Jeden Tag Käse essen, da das in ihm enthaltene Kalzium den Blutdruck senken kann (43).
7) Rauchen sollte auf jeden Fall aufgegeben werden, weil es für die Blutgefäße schädlich ist.
8) Ein Entspannungstraining wie das PT kann den Bluthochdruck senken und nicht selten auch normalisieren.

Ein typisches Beispiel hierfür war die 54jährige Sekretärin eines Cardiologen, die von ihrem Chef in seine Klinik aufgenommen werden mußte, weil ihr Blutdruck 220/120 betrug. Aber der viel zu hohe Blutdruck konnte auch in der Klinik nicht gesenkt werden. Sie kam daraufhin in meinen Kurs. In der sechsten Doppelstunde berichtete sie, ihr Blutdruck sei durch das PT wieder völlig normal geworden, ohne daß sie irgendwelche Medikamente genommen hätte. – Daß ihr Chef dadurch ein Befürworter von Entspannungsmethoden geworden ist, läßt sich leicht verstehen.

Solche Erfolge sind natürlich nicht die Regel, aber wer Schwere und Wärme in allen seinen Gliedern realisieren lernt, darf damit rechnen, daß sein Blutdruck abfällt.
9) Die PT-Atmung hat sich besonders in akuten Situationen als außerordentlich wertvoll erwiesen, wie beispielsweise der folgende Fall zeigt:

Ein 56jähriger Angestellter kam aufgeregt zum Betriebsarzt; er sah sehr schlecht aus, hatte kalte Hände und auf dem Gesicht kalten Schweiß. Blutdruck 250/140, Puls kaum fühlbar 150. Es wurde ihm beigebracht, im Sitzen die PT-Atmung durchzuführen. Nach fünf Minuten war sein Blutdruck auf 180/120 gesunken, der Puls blieb weiterhin sehr hoch (142). Nach zehn Minuten hatte sich der Blutdruck völlig normalisiert, die Pulsfrequenz sank auf 92. Nach weiteren fünf Minuten war auch der Puls mit 78 auf seiner normalen Höhe. Es wurden keine Medikamente gegeben, nur die konsequent durchgeführte PT-Atmung brachte diesen Erfolg.
10) Psychohygiene in der Lebensführung ist für den Hochdruckkranken unerläßlich; für ihn gilt das Motto »eile mit Weile«. Rechtzeitig aufstehen, nicht im Stehen frühstücken,

nicht ständig das Radio oder Fernsehgerät laufen lassen, den Wechsel von Spannung und Entspannung beachten, ausreichend schlafen und sich nicht stressen lassen.

11) Wenn irgend möglich, sollte in der Mittagspause das PT für etwa 20 bis 30 Minuten durchgeführt werden.

12) Eine überaus wichtige Frage lautet: Bewegen Sie sich genügend? Die Entspannungsphase nach der Bewegung führt zu einer vorübergehenden Blutdrucksenkung. Nach meinen Erfahrungen sollte sich ein Hochdruckpatient, dessen Blutdruck noch unter 180/100 liegt, nach Möglichkeit zweimal am Tage 10 bis 30 Minuten lang so intensiv bewegen, daß er ein wenig ins Schwitzen gerät; liegt der Blutdruck darüber, sollte man sich nur so bewegen, daß man warm wird. Im übrigen muß gerade diese Patientengruppe den Arzt fragen, ob er mit systematischen Bewegungsübungen einverstanden ist. Gymnastik ist auf jeden Fall indiziert, isometrische Übungen sind nicht zu empfehlen.

13) Wenn dem Hochdruckkranken Tee und Kaffee bekommen, ist gegen deren maßvollen Genuß nichts einzuwenden.

14) Kaliumreiche Kost ist zu empfehlen. Sie ist enthalten in Vollkornprodukten, in Nüssen, Hülsenfrüchten, Sojamehl, Kakao, Hefe, Kartoffeln, Bananen, Spinat, Grün- und Rosenkohl sowie in geringerem Maße auch in anderen Nahrungsmitteln. Überdies enthalten diese Produkte viel Magnesium.

15) Warum treten Sie nicht der Deutschen Liga zur Bekämpfung des hohen Blutdrucks bei? (Im Neuenheimer Feld 366, 6900 Heidelberg)

Was tun bei niedrigem Blutdruck?

Da das PT den Blutdruck mehr oder weniger senkt, fragen Kursteilnehmer regelmäßig, was denn nun mit dem niedrigen Blutdruck sei – wird er durch das PT noch mehr sinken?

In all den vielen Jahren, in denen ich Entspannungsmethoden vermittle, habe ich es noch nicht erlebt, daß jemand beim Trainieren wegen eines immer niedriger werdenden Blutdrucks Schwierigkeiten bekam oder deswegen gar das Trainieren aufgeben mußte.

Niedriger Blutdruck (Hypotonie) kann genetisch bedingt

sein, kann aber auch hundert andere Ursachen haben. Wer über Symptome durch einen niedrigen Blutdruck klagt, sollte folgendes beachten:

1) Er muß sich noch intensiver bewegen als der Hypertoniker, sein Ziel ist ein bestimmter Trainingseffekt: jeden Tag sich so viel bewegen, daß für etwa sechs bis zehn Minuten ein Puls von 180 minus Lebensjahre erreicht wird.

Eine 25jährige Frau müßte also eine Pulsfrequenz von 180 weniger 25 = 155 erzielen. Am leichtesten erreicht man diese hohe Pulszahl durch Dauerlauf oder Schwimmen. – Isometrische Übungen machen.

2) Bei jeder Mahlzeit sollte er ausreichend Eiweiß essen – zur Förderung seiner Muskelbildung, vor allem jedoch zur Stabilisierung seiner Stoffwechselreaktionen (z. B. Senkung des Blutzuckerspiegels).

3) Der Hypotoniker sollte seine Speisen ruhig nachsalzen, unter Umständen sogar kräftig, auch andere Gewürze darf er reichlich verwenden.

4) Trockenbürsten, Wechselduschen, Luft- und Lichtbäder, Schwimmen im Meer, barfuß laufen – dies alles kann dazu beitragen, den Blutdruck etwas in die Höhe zu bringen und den Kreislauf zu stabilisieren.

5) Gegen den Genuß von Tee oder Kaffee ist so lange nichts einzuwenden, wie er dem Hypotoniker bekommt. Viele Menschen, die an niedrigem Blutdruck leiden, haben sich angewöhnt, regelmäßig starken Tee oder Kaffee zu trinken.

6) Jedes Entspannungstraining muß auf die besondere Situation des Hypotonikers eingehen. Einer Kollapsneigung kann man vorbeugen, indem man vor allem die Schwereübung modifiziert. Ich empfehle hypotonen Kursteilnehmern seit Jahren, sich nicht mehr die Autosuggestion »Schwere« oder wie im PT »Eigengewicht« oder »Eigenschwere« vorzustellen, sondern die Schwereübung etwas abzuschwächen, indem man sich sagt: »rechter Unterarm locker« oder »Unterschenkelmuskeln gelöst« oder einfach »Armmuskeln entspannt«. Der Hochdruckkranke muß sich dagegen gerade die Schwereübung sehr gezielt vornehmen.

Wenn das keinen Erfolg bringt, sollten Übende mit einem niedrigen Blutdruck die Entspannung dosieren, indem sie, wie schon angegeben, während des Trainierens die Augen etwas öffnen oder einen Finger leicht bewegen.

7) Der Tagesablauf hat sich den Eigenarten und Symptomen des Betreffenden anzupassen. Das geschieht bestimmt nicht durch Schonung, sondern vielmehr durch eine gesunde Anspannung. Man kann sich nämlich mit einem niedrigen Blutdruck ohne Krankheitswert soweit schonen, daß man sich bald krank fühlt – der Blutdruck sinkt zu sehr ab.

So vorteilhaft sich gelegentlich ein niedriger Blutdruck auf die Lebenserwartung auswirkt, so symptomenreich kann er sich andererseits auch äußern: der Hypotoniker neigt zur Blässe, Schlaffheit, zu einer morgendlichen Schläfrigkeit, die es ihm schwermacht, aus dem Bett zu kommen. Der typische Morgenmuffel ist meist Hypotoniker. Manchmal leidet er unter diesem Zustand so, daß sogar Schuldgefühle und Gewissensqualen hinzukommen. Kopfschmerzen, vor allem jedoch Schwindelgefühl und eine Neigung zur Ohnmacht sind bei ihm häufiger als bei anderen Personen anzutreffen. Selbstverständlich kann daher das Schwindelgefühl während des Trainierens ebenfalls auftreten, insbesondere, wenn die Entspannung in einen Erschlaffungszustand übergeht.

Die kritische Phase des Hypotonikers ist meist das morgendliche Tief, auf das der Partner gefaßt Rücksicht nehmen sollte, indem er ihm das Frühstück ans Bett bringt...

SCHMERZEN

Der Schmerz ist ein Symptom, ein Alarmruf, eine notwendige Information des Organismus; er ist keine Krankheit. Wenn Körperzellen geschädigt werden, sei es endogen oder exogen, chemisch oder thermisch oder auf sonst eine Weise, werden »Schmerzstoffe« freigesetzt, die schon in geringsten Konzentrationen die Schmerzrezeptoren (-aufnahmeorgane) der Gewebe erregen.

Seit langem weiß man, daß ein Zweitschmerz einen bestehenden Schmerz, auch wenn dieser stärker ist, aufheben kann. Man erklärt sich das so, daß der hinzukommende Schmerz zur Katecholamin(Streßhormon-)ausschüttung anregt, wodurch der durch das Dopamin, eine Transmittersubstanz, übertragene Schmerz abgeblockt oder wenigstens gedämpft wird. Jeder von uns dürfte ein ähnliches Phänomen an sich selber beobachtet haben, beispielsweise verschwinden Zahnschmerzen oft im Wartezimmer des Zahnarztes. Die Erklärung für diese häufige Erscheinung ist: durch die Angst oder Aufregung kommt es zu einer Adrenalinausschüttung, die letzten Endes zur Dämpfung der Schmerzintensität, eventuell auch zur völligen Schmerzausschaltung, führen kann. Ob dies tatsächlich der Wirkungsmechanismus ist oder ob nicht doch andere Faktoren mitentscheiden, wird sicher noch herausgefunden werden.

Aber wenn man diesen Wirkungsmechanismus konsequent weiterverfolgt, bestätigt sich eine andere Erfahrung: große Freude vermag die Schmerzen ebenfalls zu dämpfen oder vorübergehend zum Verschwinden zu bringen. Und große Freude ist ein Affekt, der auch zur Adrenalinausschüttung führt.

Daß auch Ablenkung eine Schmerzaufhebung oder -linderung zur Folge haben kann, ist allgemein bekannt. Das Konzentrieren auf bestimmte Sachverhalte, Hobbys oder das Lesen spannender Geschichten hat schon so manchen Schmerzgeplagten den Schmerzstachel vorübergehend gezogen.

Syndrom Kopfschmerz

Fünf Prozent der Schulkinder und Erwachsenen leiden unter Kopfschmerzen; dabei ist auffallend, daß mehr Jungen als Mädchen, bei den Erwachsenen allerdings auffallend mehr Frauen betroffen sind. Kopfschmerzen sind meist nur ein Symptom; sie können – wie dies bei psychischen Erkrankungen der Fall ist – Teil eines Syndroms sein, aber auch als eigenständiges Leiden auftreten.

Häufig glauben Patienten, die unter Kopfschmerzen leiden, ihnen könne nicht geholfen werden. Daher suchen sie keinen oder viel zu spät einen Arzt auf. Diese Gruppe behandelt sich meist selbst und geht bisweilen erst in einem hoffnungslosen Zustand zum Arzt, beispielsweise dann, wenn sich ein Tumor gebildet hat, für den eine Operation zu spät ist. Aber selbst bei

Therapeuten herrscht größtes Unverständnis. So kann man bei einigen Psychologen lesen, Entspannungsmethoden seien im Migräneanfall kontraindiziert. Hier muß man sich fragen, sind die Autoren überhaupt therapeutisch tätig und haben sie Erfahrungen mit Entspannungskursen gesammelt? Denn gerade bei Kopfschmerzen können sowohl AT wie PT hervorragende Erfolge erzielen, im akuten Anfall wie als präventive Maßnahme.

Rund 90 Prozent der Kopfschmerzen sind vaskulär mitbedingt, das heißt, es handelt sich auch um Spannungskopfschmerzen. Und in diesen Fällen kann das PT hilfreich sein. Selbstverständlich sollte eine genaue ärztliche Untersuchung vorausgegangen sein, um eine organische Ursache auszuschließen. Wenn psychiatrische Erkrankungen zugrunde liegen – beispielsweise klagen rund 50 Prozent aller Depressiven über Kopfschmerzen –, sollte eine fachärztliche Therapie eingeleitet werden.

Ursächliche Faktoren von Kopfschmerzen

Abgesehen von diesen psychiatrischen und neurologischen Ursachen können noch unzählige andere ursächliche Faktoren in Frage kommen: Augenfehler und -krankheiten, Gehirnerschütterung, Bluthochdruck, psychosozialer Streß, Medikamente und Gifte, Nebenhöhlen, nahezu alle Krankheiten, muskuläre Verspannungen, Veränderungen an der Halswirbelsäule, allergische Faktoren, Entzug von Kaffee, Alkohol, Drogen etc.

Kopfschmerzen sind nicht gleich Kopfschmerzen. Der Arzt unterscheidet zum Beispiel die klassische und nicht-klassische Form der Migräne, den Cluster-Kopfschmerz (das heißt eine anfallsweise auftretende atypische Trigeminus-Neuralgie, die manchmal auch als »rote Migräne« bezeichnet wird), eine einseitige Migräneform sowie Migräne-Kopfschmerzen, die sich um bestimmte Hirnnervengebiete ausbreiten. Die Ursachen sind wiederum so vielgestaltig wie bei den gewöhnlichen Kopfschmerzen.

Es heißt, der Migräneanfall könne nur auf dem Boden einer instabilen vegetativen Reaktionslage entstehen, wobei von außen kommende Faktoren den Zeitpunkt und die Intensität des Anfalls bestimmten. Aber man lasse sich nicht täuschen: es gibt zahlreiche Migräneleidende, deren vegetative Balance so stabil ist, wie man es sich nur von allen Gesunden erhoffen kann.

Zu den ursächlichen Faktoren für einen Migräneanfall gehört u. a. die Nahrungsmittelintoleranz. So wurde am Charing Cross Hospital von London Anfang 1979 eine Arbeit abgeschlossen, aus der sich erkennen ließ, welche Nahrungsmittel bei 60 Patienten am häufigsten eine Migräneattacke auslösten: Weizenprodukte (78%), Orangen (65%), Eier (45%), Tee und Kaffee (40%), Schokolade und Milch (37%), Rindfleisch (35%), Korn, Rohrzucker und Hefen (33%), Pilze (30%) und Erbsen (28%). Sobald diese Nahrungsmittel vermieden wurden, hörten die Migräneattacken in 85% der Fälle auf, die übrigen neun Patienten litten allerdings noch gelegentlich unter Migräneschmerzen. Interessant ist auch ein Begleiteffekt des Versuches: der diastolische Blutdruck sank bei 15 Hypertonikern dieser Gruppe von 100 mmHg auf Werte unter 90 mmHg.

Linderung von Migräneschmerzen

In der Regel wird man krank, wenn mehrere ursächliche Faktoren zusammentreffen. So auch bei der Migräne. Eine gewisse Bereitschaft muß allerdings vorhanden sein, sonst laufen die Auslöserfaktoren ins Leere.

Wer es nun versteht, sich durch das PT mehr Ruhe und Gelassenheit einzuverleiben, kann sich schon allein dadurch helfen. So berichten Übende, die ihr Leben lang unter Migräneanfällen leiden mußten, daß die Anfälle seltener und schwächer wurden. Wohlverstanden: diese Erfolge wurden durch das übliche Training und nicht durch gezielte Maßnahmen erreicht.

Nach meinen Erfahrungen kann man auch eine allergisch mitbedingte Migräne durch ein Entspannungstraining erheblich lindern. Beispielsweise berichtete ein Patient, seine durch Schokolade ausgelösten Migräneattacken seien – obwohl er weiterhin Schokolade verzehrte – völlig ausgeblieben, seitdem er das PT sicher beherrschte. Als er einmal in einem Urlaub nicht trainiert hätte, sei prompt ein Anfall aufgetreten.

Selbstverständlich kann man auch im akuten Anfall die Migräne blockieren, so daß die Attacke abgeschlagen wird. Auch dafür kenne ich natürlich genügend Beispiele. So beginnt eine 36jährige Sekretärin – ihr Beispiel steht für zahlreiche andere –, bei den ersten Anzeichen einer nahenden Migräneattacke (Aura) sofort, die Grundübung zu machen. Die anderen Übungen kannte sie beim ersten Mal noch gar nicht. Brechreiz, Augensymptome und Kopfschmerzen verschwinden meist binnen weniger Minuten.

Wie geht man nun vor? Aus dem letzten Beispiel wird es bereits deutlich: ein migräne-spezifisches Vorgehen ist gar nicht nötig. Der springende Punkt ist die Konzentration auf den Körper. Je besser man sich auf die Übungen konzentrieren kann, desto sicherer wird man Erfolge erzielen. Das betrifft Schmerzen im allgemeinen und hier die Migräneattacke im besonderen.

Verständlich wird dies auch, wenn man sich überlegt, daß man sich nicht zur gleichen Zeit konzentrieren und Schmerzen haben kann. Wenn es sich hier auch nicht um ein Entweder-Oder handelt, so bleibt doch die Kunst der Konzentration entscheidend im Umgang mit Schmerzen. Damit ist jedoch nicht gesagt, daß sich jeder akute Schmerzanfall abblocken läßt. Die eben erwähnte Sekretärin schafft es auch nicht immer, die Migräneattacken im Beginn zu stoppen; dennoch erzielt sie mit dem PT seit Jahren schöne Erfolge.

Ein richtig durchgeführtes PT kann also eine bestehende Migräne günstig beeinflussen. Positiv verstärkt wird diese Wirkung durch folgendes Vorgehen: nach dem Realisieren von Schwere und Wärme im Körper konzentriert man sich auf die Nackengegend und wandert von dort in Gedanken langsam über die Hinterkopfgegend zur Stirn, wobei man sich sagt: »Nackengegend entspannt – fühlt Eigenwärme – als ob jemand dorthin hauchte – Kopfhaut entspannt – angenehm warm – Stirn entspannt – angenehm kühl.« Man »bearbeitet« dabei Zentimeter für Zentimeter.

Wenn die Schmerzen den unteren Gesichtsbezirk erfaßt haben sollten, was zum Glück selten vorkommt, wird selbstverständlich dieser Teil mit in das Training einbezogen. Wem es gelingt, ohne sich zu verspannen, bei der verlängerten Ausatmung den Atem in das Schmerzgebiet fließen zu lassen, der verschafft sich zusätzliche Vorteile.

»Konzertierte PT-Aktion« gegen Schmerz

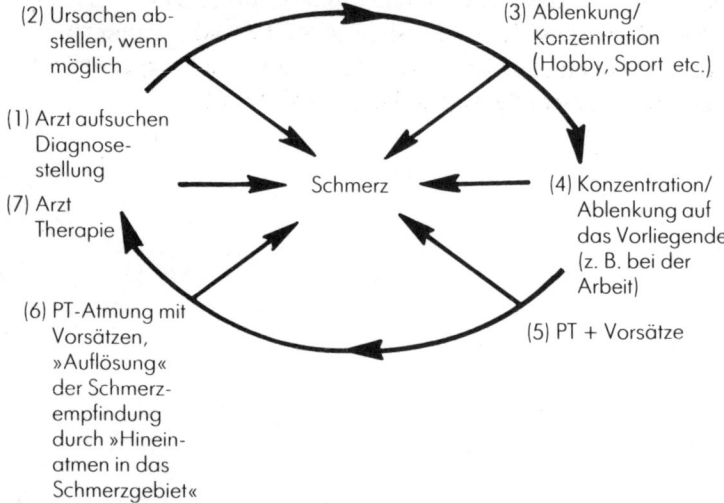

Bei Schmerzen unbekannten Ursprungs sollte zuerst der Arzt aufgesucht werden (1), damit er die Diagnose stellt. Sein Ziel ist, die Ursachen abzustellen (2). Nicht immer wird das möglich sein, nicht jeder Patient will gleich zu Schmerzmitteln greifen. Anfangs wird manch einer versuchen, sich abzulenken, vor allem durch eine Tätigkeit, die er besonders liebt (3). Die Schmerzen können auch bei intensiver Konzentration auf die vorliegende Arbeit nachlassen (4). Selbstverständlich kann man sich so nur vorübergehend etwas helfen. Therapeutisch wird das Vorgehen erst dann, wenn man gezielt das PT mit seinen Vorsätzen (z. B. »Schmerzen ganz gleichgültig« oder »Kopfhaut entspannt, angenehm warm und schmerzfrei« o. ä.) anwendet (5). Aus dem Yoga stammt die Empfehlung, in die Schmerzen mit seinen Gedanken hineinzugehen. Wir wenden zusätzlich die verlängerte Ausatmung an und tun so, als ob wir in das Schmerzgebiet hineinatmeten (6). Gleichzeitig kann man sich sowohl beim Ein- wie beim Ausatmen Vorsätze geben. Das Koppeln der Vorsätze an die Atmung verstärkt die Konzentration. Dadurch bringt das PT gerade bei Schmerzen oft unverhoffte Erfolge. Natürlich gelingt es nicht allen Trainierenden, schmerzarm, geschweige denn schmerzfrei zu werden. Der Gang zum Arzt steht ihnen dann immer noch offen (7). Wer nun meint, er käme stets ohne Arzt aus – in Ausnahmefällen wäre das sicherlich möglich –, sollte bei chronischen Schmerzen, die sich ohne ersichtlichen Grund verändern, auf jeden Fall den Arzt zu Rate ziehen, um sicherzugehen, daß nicht eine ernsthafte Erkrankung dahintersteckt.

Literatur

1 Barolin, G. S.: *Psychohygienische Maßnahmen bei Spitzensportlern.* Münch. med. Woch. 112, 1970, S. 1499–1503
2 Baudouin, Ch.: *Suggestion und Autosuggestion.* Schwabe, Stuttgart 1972
3 Biermann, G.: *Autogenes Training mit Kindern und Jugendlichen.* Reinhardt, München 1975
4 Böhm, M., Müller-Hegemann, D. u. Vater, D.: *Vasovegetative Störungen beim autogenen Training.* D. Gesundheitsw. 25, 1970, S. 404–408
5 Bovet, T.: *Angst und Geborgenheit.* Haupt, Bern 1958
6 Boyes, D.: *Autogenes Yoga.* O. W. Barth, München 1976
7 Chauchard, P.: *L'éducation de la volonté. Théorie et pratique du contrôl cérébal.* Salvator, Mulhouse 1969
8 Cheorghiu, V., Langer, D. u. Velden, M.: *Die Einstellung zu autogenem Training oder Hypnose.* Z. Psychother. Med. Psychol. 21, 1971, S. 129–137
9 Coué, P. E.: *Die Selbstbemeisterung durch bewußte Autosuggestion.* Schwabe, Stuttgart 1973
10 –: *Was ich sage.* Schwabe, Stuttgart 1974
11 Drunkenmölle, C. u. Bartusch, M.: *Änderung der Ruhedurchblutung der oberen Extremitäten während der Wärmeübung des autogenen Trainings.* Z. Gesamt. Inn. Med. 26, 1971, S. 278–279
12 Faller, A.: *Der Körper des Menschen.* G. Thieme, Stuttgart 1966
13 Feldenkrais, M.: *Bewußtheit durch Bewegung.* Suhrkamp Taschenbuch 429, Frankfurt 1978
14 Fernau-Horn, H.: *Die Sprechneurosen.* Hippokrates, Stuttgart 1977
15 Harbsmeier, G.: *Theologie für Nichttheologen.* Kreuz, 1964
16 Hauer, J. W.: *Der Yoga als Heilweg.* Kohlhammer, Stuttgart 1932
17 –: *Der Yoga – ein indischer Weg zum Selbst.* Kohlhammer, Stuttgart 1958
18 Heil, K. D. u. Hennenhofer, G.: *Angst überwinden.* Deutsche Verlagsanstalt, Stuttgart 1973
19 Heyer, G. R.: *Vom Kraftfeld der Seele.* Klett, Stuttgart 1949
20 Hoffmann, B.: *Handbuch des autogenen Trainings.* dtv, München 1977

21 Jacobs, D.: *Die menschliche Bewegung*. Henn, Ratingen 1962
22 Jencks, B.: *Respiration for Relaxation, Invigoration and Special Accomplishment*. (Available through Utah College Bookstore, 200 University Street, Salt Lake City, Utah 84111, USA)
23 –: *Your Body. Biofeedback at its Best*. Nelson Hall, Chikago 1977
24 Kahn, M. et al.: *Treatment of Insomnia by Relaxation Training*. J. Abnorm. Psychol. 73, 1968, S. 556–558
25 Kass, K. A.: *So heilt man vegetative Dystonie*. Bircher-Benner, Bad Homburg u. Erlenbach/Zürich, 1982, S. 82/83
26 Kuvalayananda, S.: *Pranayama. I u II*. Lonavia, Indien, 1950
27 Lambert, F.: *Autosuggestive Krankheitsbekämpfung*. Schwabe, Basel, Stuttgart 1971
28 Lenné, R.: *Zurück zum gesunden Schlaf*. Mosaik, München 1975
29 Lindemann, H.: *Überleben im Stress, Autogenes Training*. Mosaik, München 1973
30 –: *Was ist Psychohygiene?* JRK und Erzieher, Sept. 1975
31 –: *AT – eine Lebenshilfe auch in Schulen*. JRK und Erzieher, Juli 1975
32 –: *Antistreßprogramm*. Heyne TB Nr. 7039, München 1976
33 –: *Überwindung von Angst und Schmerzen*. ZO des DRK, V, 1977
34 Lysebeth, A. van: *Yoga für Menschen von heute*. Mosaik, München 1971
35 –: *Die Große Kraft des Atems. Die Atemschule des Pranayama*. O. W. Barth, München 1975
36 Martin, I. C.: *Progressive Relaxation Facilitated*. Behav. Res. Ther. 8, 1970, S. 217–218
37 Menninger, K.: *Das Leben als Balance*. Piper, München 1968
38 Meyer-Grote, L. (Hg.): *Atemschulung als Element der Psychotherapie*. Wiss. Buchgem., Darmstadt 1970
39 Müller, E.: *Streßbewältigung durch Entspannungstraining*. Praxis der Leibesübungen, Okt. 1978, 4 Fortsetzungen
40 –: *Entspannungsmethoden in der Schule*. Praxis der Leibesübungen, Febr. 1978
41 Murphy, J.: *Die Gesetze des Denkens und des Glaubens*. Keller, Genf 1965
42 Palos, S.: *Atem und Meditation. Moderne chinesische Atemtherapie*. Scherz, München 1974
43 Paul, G. L.: *Physiological Effects of Relaxation Training and Hypnotic Suggestion*. J. Abnorm. Psycol. 74, 1969, p. 425–437
44 Peale, N. V.: *Stay Alive all your Life*. Fawcett Crest, Greenwich, Conn. 1957
45 Peters, F. E.: *Blaise Pascal*. J. Trautmann, Hamburg 1947
46 Petzold, H. (Hg.): *Psychotherapie & Körperdynamik*. Junfermannsche Verlagsbuchhandlung, Paderborn 1977

47 Polzien, P.: *Die Gesamtumschaltung in den autogenen Zustand.* Ärztl. Praxis 29. Okt. 1974
48 Ramacharaka, Y.: *Die Kunst des Atmens der Hindu-Yogis.* Bauer, Freiburg
49 Ranaudin, G.: *La relaxation.* Cah. Coll. Med. Hôp. Paris 10, 1969, p. 445–453
50 Rimm, D. C. et al.: *The Role of Muscle Relaxation in Participant Modelling.* Behav. Res. Ther. 8, 1970, p. 127–132
51 Rossier, P. H., Bühlmann, A. u. Wiesinger, K.: *Physiologie und Pathophysiologie der Atmung.* Springer, Berlin 1956
52 Schaarschuch, A.: *Lösungs- und Atemtherapie bei Schlafstörungen.* Turm, Bietigheim 1962
53 Schmitt, J. L.: *Atemheilkunst.* München 1956
54 Schmitz, P.: *Die Bedeutung der Dimension Offenheit – Geschlossenheit für das Erleben und Verarbeiten psychosomatischer Beschwerden.* Forschungsbericht 3 aus dem Forschungsprojekt »Open-closed-Mindedness« 1984
55 Schultz, J. H.: *Das autogene Training.* G. Thieme, Stuttgart 1956
56 Sonnenschein, I., Tradt, A. und Nitsch, J. R.: *Kölner Psychoregulationstraining. Entwicklung und Erprobung eines Selbstregulationstrainings für Leistungssportler.* Psycholog. Inst. d. Sporthochschule Köln, II. 1983
57 Spoerri, T.: *Autogenic Training and Psychosomatic Disorders.* Psychother. Psychosom. 17, 1969, S. 354–364
58 Stokvis, B. u. Wiesenhütter, E.: *Der Mensch in der Entspannung.* Hippokrates, Stuttgart 1961
59 Taniguchi, M.: *Die geistige Heilkraft in uns.* Baum, Freiburg 1970
60 Walter, W. G.: *Ursachen über auftretende Verhaltensstörungen bei Kindergartenkindern.* Wehrfritz Wissensch. Dienst Nr. 11,3, 1979
61 Weizsäcker, C. F. v., und Krishna, G.: *Biologische Basis religiöser Erfahrung.* O. W. Barth, Weilheim 1971
62 Weth, G. v. d.: *Autogenes Training und Atmung.* Ärztl. Praxis, 5. X. 1976, S. 2959

Register

Abgespanntheit, morgendliche 205 ff.
Abhärtungsmaßnahmen 212
ältere Menschen 202
aktive Sitzhaltung 22
akute Psychosen 129
Alkalose, respiratorische 73
Alltagshilfe, psychische 134
Anaemie 37
Angelus Silesius 17
Angst 15, 70, 207 ff.
Angstbereitschaft 71
Angstbewältigung 211 ff.
Angsttherapie 212 ff.
Angstzustände 207 ff.
Anwendungsgebiet, PT- 192 ff.
Arthrose 178
Asthma 61
Atemfrequenz 46
Atemkurve, normale 59
Atemübungen 46
Atmen
–, bewußtes 52
–, oberflächliches 45
–, paradoxes 61
Atmung
–, flache 46, 59 f.
–, innere 44
–, PT- 43 ff., 62 ff., 83 f., 199
Atmungseinheit 52
Atmungstechnik 49
Atmungstherapie 47 f., 58
Atmungsübung, chinesische 76 f.
Aufmerksamkeitsdauer 36
aufrechte Sitzhaltung 22
Ausatmung 44, 54, 82 f.
–, PT- 64 ff.
–, verlängerte 43 ff.
Ausatmungsentspannung 63
Ausatmungsluft 46
Ausdauer 187
Autogenes Training 10 ff., 22, 27 ff., 30, 54, 57, 68, 70, 81, 87 f., 93, 95, 128, 142, 227
Autosuggestion 76, 142 ff.

Bach, R. 186
Bandscheiben 23
Bauchatmung 48, 64
Baudouin, C. 39, 40, 161, 214
Befürchtungen 160 ff.
Begleiterscheinungen, PT- 134
Belastungen, psychosoziale 50
Benedikt 18
Beruhigungsmethode, psychophysische 72
Beruhigungsmittel 89
bewußtes Atmen 52
Bhagavadgita 148
Blitzentspannung 72
Blitzmethode 10
Blitztherapie 72
Blutarmut 37
Blutdruck 178
–, erhöhter 70, 217 ff.
–, niedriger 205, 223 ff.
Blutdruckabfall 78
Blutdruckkontrollen 221
blutdrucksenkende Medikamente 221
Blutdruckstörungen 216 ff.
Bonhoeffer, D. 18
Braid, J. 102
Brustatmung 48, 49
Busch, W. 142

Campbell, C. 153
Cannon, W. B. 181
Carpenter 102
Chevreul 39
Chinesische Atmungsübung 76 f.
Churchill, W. 195
Coué, P. E. 31, 148 f., 175

Darmreizungen 60
Dauerbrause 89
Dauererregung 15
Demokrit 58
Denkblockaden 71
Denken, schöpferisches 182 f.
Depression, endogene 129

Depressionen 192
Depressive 90
Desensibilisierung, systematische 211
Dinnendahl, V. 151
Distanz 72 f., 129
Disstreß 31, 194, 205, 206
Droschkenkutscherstellung 22
Durchschlafhilfe 133
durchschnittliche Gesamtluftmenge 45
Dystonie, vegetative 205
Dystonus 15

Edison, T. A. 185, 195
Eigengewichts-Übung 85 ff.
Eigenwärme 104 ff.
Einatmung 44, 63 ff., 82 f.
Einschlafen 32, 69
–, ungewolltes 32, 203
Einschlafhilfe 133
Elektrokardiogramm (EKG) 96
Elternhaus 38
Emerson, R. W. 186
Emotions-Entladung 79
Endformulierung, PT- 123
endogene Depression 129
Endübung, PT- 120
Entspannung 12, 13, 14 ff., 93 f., 211
Entspannungsmittel 201
Entspannungsreaktion 16 ff.
Epiktet 215
Epstein, H. 219
Erfolge, PT- 129
Erfolgserlebnis 27
erhöhter Blutdruck 70, 217 ff.
Erkrankungen, psychosomatische 60
Erregungsniveau 15
Erregungszustände 70
Erschlaffung 93 f.
Erwartungshaltung 142, 168
Erwartungseinstellung 16, 18
Es-Atmung 51
Eutonus 14

Familienatmosphäre 212
Fehlatmung 50 f.
Fernau-Horn, H. 55
Feuerläufer 152 ff.
flache Atmung 46, 59 f.
Flankenatmung 48
Formatio reticularis 15

Franklin, B. 189, 204
Frankl, V. 214
Friede, innerer 19 f.
Füße, warme 138, 200
Furcht 207 f.

Gähnen 81 f.
Gallenblasenbeschwerden 60
Galton, F. 39
Ganzheit, psychosomatische 14
Ganzheitstraining 10
Gasaustausch 43 f.
Geburtsschmerzen 70
Gedächtnissteigerung 134
Gefäßentspannung 16, 109, 111
Gefäßentspannungsübung 104 f.
Gefäßerweiterung 111
Gelassenheit 17 f.
Gemütsbewegungen 14 f.
Generalisierung 15, 68, 102 f.
Gentleman-Ideal 129
Gesamtluftmenge, durchschnittliche 45
Gesamtumschaltung 97
Gesichtsmuskulatur 127
Gesundheit 11, 18 f., 131
Gesundheitsaufklärung 10
Gesundheitstraining 10
Glaube 148, 181
Goethe, W. v. 44, 79, 142, 181, 186
Gottesgericht 155
Grundübung, PT- 13 ff., 21 ff., 25, 83 f.
Gustav IV A. v. Schweden 113

Hämorrhoiden 51
Haltung 51
Harbsmeier, G. 148
Haut 108 ff.
Hautatmung 44
Hautwärme 109 f.
Haydn, J. 186
Hemmungszirkel 55
Heraklit 79
Herzarbeit 51
Herzbeeinflussung 116 f.
Heß, W. R. 46
Heyer, G. R. 62
Hilfsmaßnahmen 115
Hilfsvorstellungen 115
Hochatmung 48
Hoffen 146 f.

Hoffmann, B. 92, 172
Hormonsystem 19
Houdin-R., J.-E. 152
Hüfte 124, 178
Hüftgelenkarthrose 124 f.
Humboldt, A. v. 195
Hypertonie 216 ff.
Hyperventilationssyndrom 73
Hyperventilationstetanie 73
Hypnose-Blick 101 f.
Hypotonie 223 ff.

Imperative Zurücknahme 29
Indifferenzformel 170
Indikationen, PT- 12, 192 ff.
innerer Friede 19 f.
innere Unruhe 13
innere Widerstände 143 f.
Irrglaube 156 ff.
Isbert, O. A. 163

Jacobs, D. 64
Jencks, B. 82, 83
Jores, A. 152
Jung, C. G. 187

Kékulé v. S., A. 183 f.
Kinderpsychotherapeuten 37
Körpergefühl 18 ff.
Kollapsneigung 224
Konfliktsituationen 145 f.
Konzentration, punktuelle 35
Konzentrationsdauer 36
Konzentrationsfähigkeit 35 ff.
Konzentrationsschulung 134
Konzentrationssteigerung 36, 40
Konzentrationsstörung 33 ff., 199
Konzertierte PT-Aktion 230 ff.
Kopf 127 f.
Kopfschmerzen 226 ff.
Kost, salzreiche 219
Krampfadern 51
Krankengymnastik 20 f.
kreative Leistungen 132
Kunigunde, Kaiserin 156
Kursleiter 10 ff., 26 f., 117 f.
Kursteilnehmer 11 f., 26 f., 67 f., 117 f., 143 ff.
Kurzformulierung, PT- 122
Kurzkurse 12
Kurzschläfer 195 ff.
Kurzübungen 123

Lachen 79 f.
Langschläfer 197 f.
Lebenserfolg 187 f.
Lebensnervensystem 51
Lebensprobleme 145
Leibmitte 111 f.
Leistungen, kreative 132
Leistungserwartung 38
Leistungssteigerung 131 ff.
liegende Haltung 22
Lincoln, A. 187
Lotossitz 22
Lysebeth, A. v. 75

Magen 113 f.
Magenstörungen 60
Magie 152 ff.
mangelndes Selbstvertrauen 162 ff.
Massage 89
Medikamente 206
–, blutdrucksenkende 221
Meniskusschaden 190
mentales Training 132
Migräne 227 ff.
Minderwertigkeitsgefühle 162 ff.
Mittagspause 23
Mohr, F. 39
Montaigne 212
morgendliche Abgespanntheit 205 ff.
Morgenstern, C. 69
Motivationshemmung 37
Motivationsstärkung 37
Mozart, W. A. 186
Muskelentspannung 15 f., 125
Muskelentspannungsübung 85
Muskelhartspann 98 f.
Muskelstoffwechsel 98
Muskeltonus 15
Muskulatur, Spannungszustand der 14 f.
Myogelose 100

Nackengebiet 125 f.
nächtliche Schmerzen 193
Nahrungsmittelintoleranz 228
Napoleon 113, 195
natürliche Zurücknahme 30
Nervensystem 19
Nervosität 51
niedriger Blutdruck 205, 223 ff.
Niesen 81
normale Atemkurve 59

Oberflächliches Atmen 45
Organberuhigung 16
Ovid 144

Paracelsus 80
paradoxes Atmen 61
Pascal, B. 157
Paulus 144
Pendelatmung 60 f.
Pendelversuch 39 f.
Perseus 203
Pettenkofer, M. v. 181
Petzold, H. G. 79
Phobien 209 ff.
physische Zurücknahme 29
Placebos 148 ff.
Plexus solaris 111
Polzien, P. 95 f., 110
positives Selbstbild 179
Pranayama 74 ff.
Protokoll-Beispiel 119
Protokollführen 117
Prüfungsangst 70 ff.
psychische Alltagshilfe 134
Psychohygiene 10
Psychohygiene-Training 10 ff.
psychophysische Beruhigungsmethode 72
Psychosen, akute 129
psychosomatische Erkrankungen 60
psychosomatische Ganzheit 14
psychosoziale Belastungen 50
PT-
– Aktion, konzertierte 230 ff.
– Anwendungsbreite 11
– Anwendungsgebiete 12, 192 ff.
– Atmung 43 ff., 62 ff., 83 f., 199
– Ausatmung 64 ff.
– Endformulierung 123
– Endübung 120
– Erfolge 129
– Grundübung 13 ff., 21 ff., 25, 83 f.
– Indikationen 12, 192 ff.
– Kurzformulierung 122
– Übungen 11 f.
punktuelle Konzentration 35

Realangst 208
Regeneration 131
Reizeinflüsse 14
Residualluft 46
Respirationsluft 46

respiratorische Alkalose 73
richtiges Atmen 45
Rippenatmer 49
Rückenbeschwerden 136, 193
Rückenmuskulatur 51
Rückschläge 187

Salzreiche Kost 219
Sammlung 23, 25
Schizophrenie 129
Schlafbereitschaft 93
Schlafentzug 195 f.
Schlafmangelsymptome 195
Schlafquantität 196
Schlafregeln 202 f.
Schlafrezept 201 f.
Schlafrhythmus 197
Schlafschwierigkeiten 192 ff.
Schlaftabletten 200 ff.
Schlafzimmertemperatur 194
Schmerzen 107, 225 ff.
Schmerzen, nächtliche 193
Schmerzlinderung 133 f.
Schmitt, L. 47, 50
Schubert, F. 186
schöpferisches Denken 182 f.
Schulanfänger 36
Schule 69
Schulkind 36 f., 194
Schulter 124
Schultergebiet 125 f.
Schultz, J. H. 15, 39, 95, 110, 126, 145
Schwere 16, 28 f., 95
Schwindelgefühle 52, 77 f.
Schwitzen 15
Selbstanalyse 144 ff.
Selbstbeobachtung 168
Selbstbild, positives 179
Selbsterfahrungsgruppen 20 f.
Selbstheilungstendenzen 181
Selbsthilfegruppen, Stotterer- 55
Selbsthypnose 152
Selbstruhigstellung 129
Selbstvertrauen 162 ff.
Selbstverwirklichung 13
Sexualleben 131 f.
Shakespeare 204
Sitzhaltung
–, aktive 22
–, aufrechte 22
Sivananda, S. 75
Sonnengeflecht 111, 114

Spannung 13
Spannungssymptome 15
Spannungszustand der Muskulatur 14 f.
Spirometer 45
Sprechbehinderungen 54
Sport 60, 132, 180 f.
Stea 128
Stotterer-Selbsthilfegruppen 55
Stottern 54 ff.
Stottertherapie 55
Streßabbau 64, 81
Streßhormon 225
Streßstabilität 211
Sudeck-Syndrom 171
Suggestologie-Institute 69
Systematische Desensibilisierung 211

Teilatmung 48 f.
Tersteegen, G. 17
therapeutische Wirkung 28
Tiefenmassage 99
Tiefschlaf 195
Tolstoi, Graf 161
Tonus 14
Tonussenkung 95
Träumen 183 ff.
Trainingseffekt 141
Trainingsprotokoll 56
Trainingsstellung 22 ff.
Traumschlaf 197
»Tropfsteinformeln« 57
Tunnelangst 70

Überatmung 73 f.
Überatmungskrampf 73
Überforderung 37
Übergewicht 221
Übungen, PT- 11 f.
Übungsstellung 22
Übungsvorbereitung 21 ff.
Übungsvorgehensweise 26 f.
Übungszeit 23

Übungszeitverkürzung 122 f.
ungewolltes Einschlafen 32, 203
Unruhe, innere 13
Unterforderung 37

Vegetative Dystonie 205
Verdrängungen 98
verlängerte Ausatmung 43 ff.
Versenkungsgrad 79
Versenkungszustand 77
Verstopfung 60
Vigilanz 101
Vitalkapazität 45
Vitamin-B_1-Mangel 38
Vogt, O. 95
Vollatmung 48 f.
Vormitternachtsschlaf 198
Vorsatz 142, 166 ff.

Wärme 16
warme Füße 138, 200
Weinen 80
Weizsäcker, C. F. v. 75
Widerstände, innere 143 f.
Wirkung, therapeutische 28
Wochenendmigräne 178
Wohlbehagen 17
Wortwahl 106

Yoga 14, 16, 20, 29, 35, 59, 60, 62, 74 ff. 87
Yoga-Meditation 23

Zen 54
Zielstrebigkeit 187
Zurücknahme 28 ff., 81 f.
–, imperative 29
–, natürliche 30
–, physische 29
Zweitschmerz 225
Zwerchfell 45, 48
Zwerchfellatmung 48 f.
Zwerchfelltätigkeit 79 ff.
Zwerchfell-Massage 80 f.